청소년 집단상담 프로그램

김춘경 · 김숙희 · 박지현 · 배선윤 · 손은희
유지영 · 전은주 · 조민규 · 진이주 · 한은수 공저

Group Counseling
Program for Adolescents
[2nd ed.]

학지사

2판 머리말

『아동 집단상담 프로그램』의 후속으로 2015년에 출간한 『청소년 집단상담 프로그램』이 출판된 지도 어느덧 6년이 지났다. 그 사이 청소년들의 문제는 자해, 자살, 자퇴, 다양한 중독, 폭력, 괴롭힘 등으로 더 심각화·다양화되었다. 이들을 돕기 위한 청소년상담 분야도 엄청나게 발전하고 있다. 여성가족부에서 발급하는 국가자격증인 청소년상담사제도도 정착되어 배출되는 상담사의 수나 수준이 크게 발전하였고, 교육부에서 주관하는 전문상담교사제도와 학생정신건강지원센터도 청소년의 문제 예방과 치유를 위해 많은 노력을 기울이고 있다. 학생정신건강지원센터에서는 정서행동특성검사를 통해 학생들의 정신건강을 예방적 차원과 치료적 차원에서 적극 지원하고 있고, 이들의 정신건강을 지원하는 다양한 프로그램을 제공하고 있다. 또한 교육부에서는 청소년에게 24시간 무료로 상담을 제공하는 청소년 모바일상담시스템을 구축하여 실시하고 있다.

국가기관뿐 아니라 학계에서도 발 빠르게 청소년의 문제에 대응하고 있다. 유능한 청소년상담사 양성에 노력을 기울이면서 청소년상담 관련 학과와 대학원, 전문대학원 그리고 학회가 늘어나면서 활발한 학문적 연구와 교류가 이루어지고 있다. 또한 청소년 상담이론과 실제(상담기법, 기술, 전략과 방법, 상담매체) 영역의 발달을 위해 많은 연구결과를 쏟아 내고 있다. 그러나 이처럼 국가기관과 학계의 많은 노력에도 불구하고 청소년들의 문제는 감소되지 않고 있다. 많은 스트레스를 받고 있는 청소년들은 그들의 스트레스를 해소하기 위해 게임, 마약, 폭력, 자해 등 더욱 자극적이고 부정적인 방법을 사용하기 때문에 갈수록 문제가 심각해지고 있다.

『청소년 집단상담 프로그램』은 청소년문제의 시대적·사회적 요청에 따라 집필

되었다. 집단상담은 청소년들의 발달적 특성과 청소년들의 문제를 고려할 때 효과가 있는 상담방법이다. 개정의 요청이 있어 초판을 수정·보완하고자 하였고, 프로그램의 분량을 좀 줄이더라도 초판에서 다루지 못한 새로운 프로그램을 몇 가지 더 소개하고자 하였다. 분량이 줄어드는 부분에 문제가 있었다. 초판에서도 좀 더 구체적인 내용을 상세히 알려 줄 것을 요구하는 독자가 있어서 관련 논문을 참고해 줄 것을 부탁드렸는데, 프로그램 내용을 줄이는 것은 내용 이해에 어려움이 있다는 것이다. 그런 이유로 초판의 프로그램 중에서 새롭게 수정·보완된 내용이 없는 프로그램들은 개정판에서 제외하고, 새로운 프로그램을 추가해 넣기로 하였다. 새롭게 추가된 프로그램은 청소년들을 이해하고 그들을 돕는 데 필요한 주제인 자아정체성, 공격성, 진로문제를 다룬 프로그램이다.

이 책은 2부로 구성되었다. 제1부에서는 청소년 집단상담의 이론에 대하여 집필하였고, 제2부에서는 8편의 청소년 집단상담 프로그램을 소개하였다.

청소년기 자아정체성 확립을 위한 문학치료 집단상담 프로그램은 배선윤, 시험불안이 높은 청소년을 위한 인지행동치료 집단상담 프로그램은 박지현, 우울한 청소년을 위한 자기직면법 집단상담 프로그램은 손은희, 공격성이 높은 청소년을 위한 정서조율중심 통합적 집단상담 프로그램은 김숙희, 청소년의 진로가치 향상을 위한 강점기반 집단상담 프로그램은 진이주, 청소년의 스트레스 감소를 위한 이야기치료 집단상담 프로그램은 조민규, 청소년의 또래 괴롭힘 예방을 위한 독서치료 집단상담 프로그램은 한은수, ADHD 청소년의 사회기술 향상을 위한 미술치료 집단상담 프로그램은 유지영, 음악치료 집단상담 프로그램은 전은주 선생님께서 집필하였다.

부디 이 책이 청소년들의 정신건강을 돕는 상담사나 복지사, 교사들에게 도움이 되길 바란다. 또한 상담학 발달에 크게 기여해 주신 학지사의 김진환 사장님과 박용호 전무님, 김순호 편집이사님께 감사드리고, 꼼꼼한 교정과 편집, 디자인에 애써 주신 편집부 여러분, 특히 이영민 대리님께 진심으로 감사드린다.

2021년 5월
저자 대표 김춘경

청소년 집단상담의 이론

01
청소년 집단상담의 기본 개념

1 집단상담의 정의

　인간은 사회적 동물이다. 그래서인지 인간의 문제는 대부분 사회적인 것, 즉 인간관계와 관련되어 있다. 인간은 어릴 적부터 가족과 또래 집단에서의 상호작용을 통해서 자아정체감을 발달시키고, 사회생활에 필요한 기술을 배워 나간다. 상담은 원래 개인상담에서 시작되었지만, 사회적 동물인 인간의 성장과 문제를 해결하기 위해서는 집단이 지닌 치료적 기능을 사용하는 것이 더욱 효과적임을 인식하게 되면서 집단상담이 점점 발전하고 있다. 집단상담을 통하여 집단원들은 집단원들 간에 정서적 유대감 및 소속감을 느끼고, 이타주의적 협동심을 배우며, 일반 사회의 경쟁적인 분위기에서 느끼기 쉬운 열등감을 느껴도 위축되지 않는 집단생활을 경험하게 된다. 또한 집단에서 다양한 집단원과의 교류를 통해 생활의 문제점을 새로운 각도에서 보게 되며, 사회관계에서 자신과 타인을 새롭게 받아들이는 대인관계 양식과 사회기술 양식을 학습하며 실험해 보는 경험을 하게 된다.

　집단상담에 관해서 여러 학자의 정의가 있다. 몇 가지를 소개하면 다음과 같다.

집단상담은 생활과정상의 문제를 해결하고 보다 바람직한 성장·발달을 위하여, 전문적으로 훈련된 상담사의 지도와 동료들과의 역동적인 상호교류를 통해 각자의 감정, 태도, 생각 및 행동 양식 등을 탐색·이해하고, 이를 보다 성숙한 수준으로 향상시키는 과정이다(이장호, 김정희, 1998, p. 4).

집단상담은 적은 수의 비교적 정상인들이 한두 사람 전문가의 지도하에 집단 혹은 상호관계성의 역학을 토대로 하여 믿음직하고 수용적인 분위기 속에서 개인의 태도와 행동의 변화 혹은 한층 높은 수준의 개인의 성장·발달 및 인간관계 발달의 능력을 촉진하려는 의도에서 이루어지는 하나의 역동적 대인관계 과정이다(이형득, 1992, p. 19).

집단상담이란 역동적·상호작용적 과정으로, 허용, 현실에의 적응, 정화, 상호신뢰, 보살핌, 이해, 수용 그리고 지지 등과 같은 치료적 기능을 포함하는 의식적 사고와 행동에 초점을 둔다. 치료적 기능이란 작은 집단 내에서 또래들과 그리고 상담사와 서로 개인적인 관심사를 나눔으로써 형성되고 발전된다. 집단상담의 내담자는 여러 가지 관심사를 지니고 있으나, 근본적으로 정상적인 개인들로서 커다란 인성의 변화를 필요로 하지 않는다. 내담자는 집단의 상호작용을 이용해서 가치와 목표에 대한 이해와 수용을 증가시킬 수 있으며, 특정 태도와 행동을 학습한다(Gazda, Ducan, & Meadows, 1969, p. 306).

집단상담에 관한 몇 가지 정의 중에서 가장 핵심적인 요인은 집단상담은 한 개인의 개인적 성장과 문제해결을 도와주는 데 그 목적이 있다는 점이다. 또 한 가지 지적하고 싶은 것은 집단상담이 '상호작용적·상호역동적 과정'이라는 점이다. 이장호와 김정희(1998)는 이 상호교류가 집단상담의 기본이라고 하고, 집단의 상호교류를 통해서 수용적이고 문제해결적인 집단 분위기가 형성되며, 집단원들이 생활 경험의 의미와 태도를 재정립할 수 있다고 하였다. 상호작용은 집단상담에서 끊임없이 이루어지는 만남의 흐름이고, 이 흐름을 타고 나타나는 힘이 개인을 발견하며 성장시키고 변화시키는 역할을 하게 된다.

견하고 실험할 수 있는 확실한 사회적 장면을 제공한다.
- 여러 명의 청소년은 상담 경험을 실제 세계와 연결시키는 역할을 한다.

3 청소년 대상 집단상담의 강점

청소년기는 갱 세대(gangster age)라고 불릴 정도로 또래의 영향을 크게 받고, 소속감을 중요시하는 시기다. 따라서 청소년들은 혼자 자신의 이야기를 하는 개인상담보다 다른 또래와 함께 상담할 때 더 쉽게 이야기하기도 한다. 또한 청소년은 권위자에게 적대적이기도 하지만, 다른 한편으로는 권위자의 인정을 받고 싶어 한다. 청소년들은 집단상담에서 지도자의 인정과 수용을 받으며 권위자나 성인과의 효과적인 상호작용 기술을 학습할 수 있다. 집단 내에서 청소년들은 또래들과 의사소통하는 법도 배울 수 있고, 집단지도자와 집단원들에게서 좋은 점을 본받으며, 안전한 분위기 속에서 새로운 행동을 실험해 볼 수도 있다(이장호, 김정희, 1998).

청소년에게 개인상담으로 접근하는 것보다 집단상담을 시행하는 것이 더 유익한 점은 다음과 같다(Carrell, 2000/2005).

■ 집단상담은 자기만의 피해의식을 깰 수 있다

청소년들은 종종 자신 이외에는 누구도 자신과 같은 감정을 느끼지 못했을 것이며, 자신의 경험이 매우 독특하고 유일한 것이라고 생각하는 경향이 있다. 이때 비슷한 감정과 생각을 본인 이외에 다른 또래도 갖고 있음을 알면 청소년들은 안심하고 힘을 얻는다.

집단에서 청소년들은 의존성과 독립성이라는 주제를 연습해 볼 수 있다. 청소년과 신뢰를 형성한 집단상담 지도자가 제공하는 안전한 구조 속에서 청소년들은 독립적인 행동을 실천해 보며 자유와 독립성을 경험해 볼 수 있다.

■ 집단상담은 어른과 10대 간의 불편한 관계를 완화시켜 준다

내담자와 상담사라는 일대일 관계는 청소년들에게 불편할 수 있으며, 권위적인 어른과 좋은 관계를 맺지 못하는 청소년들에게는 위협적이기까지 하다. 이들의 마음속에서 성인이 '적(敵)'으로 규정되어 있을 수 있기 때문이다. 하지만 집단이 주는

힘의 균형은 개인상담에서 나타날 수 있는 불신과 불안을 완화시켜 준다.

■ 집단상담 과정에서 10대들의 나르시시즘 문제가 해결될 수 있다

청소년기는 자기중심적이며 타인에 대한 배려가 적은 시기다. 그러나 집단은 이같은 자기중심적 태도에 제한을 둔다. 집단에서는 자신만의 문제를 오래 다루는 것을 꺼리는 동시에 다른 집단원들은 자기중심적인 청소년들을 무시하게 된다. 이러한 상황은 자기중심적인 청소년의 행동을 변화하도록 한다.

■ 집단상담은 10대들이 새롭게 터득한 사회기술을 연습할 수 있는 공간을 마련해 준다

집단상담의 환경은 청소년들이 새로운 사회기술을 배우는 장(場)이 된다. 집단에서 상담사는 또래 간의 상호작용을 관찰할 수 있으며, 이러한 상호작용이 일어날 때 필요에 따라 즉시 개입할 수 있다. 이 과정을 통해 청소년은 자기주장 훈련, 질투, 지루함 또는 분노 등과 같은 부정적인 감정을 다루는 방법 등을 연습할 수 있다.

02
청소년 집단상담사의 자질과 기능

1 집단상담사의 자질

많은 집단상담 전문가가 지적한 유능한 집단상담사가 갖추어야 할 특징으로는 관심, 개방성, 융통성, 따뜻함, 객관성, 신뢰성, 정직성, 능력, 인내심, 민감성이 있다. 부가적으로 자신과 다른 사람을 위로하는 능력, 지도하는 능력에 대한 확신, 사람의 호감, 권위자 입장에서 위로, 다른 사람의 기분, 반응, 분위기 그리고 말에 조화를 맞추는 능력 등이 함께 거론된다. 효과적인 상담사의 특성에서 가장 중요한 것은 건전한 정신건강이다. Corey(1995)와 Yalom(1996)은 상담사들에게 자신의 개인적 성장을 위해 노력할 것을 강하게 제안했다. 종종 리더십에 필요한 특성을 전혀 가지고 있지 않은 사람들이 집단을 지도하는 불행한 일이 발생하곤 한다. 집단지도자가 지녀야 할 자질로는 다음과 같은 것이 있다.

1) 개인과의 경험

유능한 상담사들은 다양한 사람과 많은 시간을 보내야 한다. 많은 사람과의 경험을 통해 상담사의 삶의 경험 범위를 넓히고, 집단원의 다양성을 이해할 수 있는 기회를 더 많이 가질 수 있다. 많은 집단이 다문화적 집단원들로 이루어지기 때문에, 상담사는 집단원들의 집단문화에 준비가 되어 있어야 한다.

효과적인 집단상담사는 사람들과 함께하는 일반적인 경험뿐만 아니라 일대일 상담의 경험 또한 중요하다. 왜냐하면 집단을 이끄는 동안 여러 상황이 일어날 수 있고, 개인들과의 작업에서 더 많은 경험을 할 수 있으며, 개인과 집단이 연속적으로 함께 작업하는 것이 더욱 용이하기 때문에 일대일 상담의 경험이 필요하다. 개인상담의 경험 없이 집단상담을 잘 이끄는 것은 매우 어렵다.

2) 집단 경험

기술을 발달시키는 데 있어서 연습과 경험은 매우 중요하다. 초보 상담사들은 각 집단에서 실수의 경험을 통해 배우면서 지나치게 자기비판적이지 않아야 한다. 가능하다면 이러한 경험은 4~5명의 적은 수의 집단원으로 구성된 집단으로 연습을 시작하면서 교육, 토론, 지지, 과제집단을 이끄는 역할을 맡아 보는 것이 좋다. 잘 진행될 경우 상담사는 집단원의 수를 증가시키고, 친숙한 주제를 중심으로 한 성장집단을 지도해 볼 수 있다. 상담사가 직접 성장집단을 지도하기 전에 숙련된 상담사가 인도하는 집단에 참여해 보고 나서 상담 또는 치료집단을 시도하는 것도 좋은 방법이다.

3) 계획과 조직 기술

효과적인 상담사는 훌륭한 계획자다. 그들은 집단을 흥미롭고 효과적으로 진행하고, 개인적으로 가치 있는 것을 한 회기에, 또는 일련의 회기에 포함시켜 계획할 수 있다. 토론, 교육, 과제 또는 성장집단을 이끌 때, 유능한 상담사는 핵심문제와 관련된 주제, 활동 그리고 이러한 주제에 관한 연습을 제공한다. 유능한 상담사는 주제를 발견하고, 주제에서 주제로 흐르는 방식으로 회기를 구성한다. 계획은 효과적인 지도에 필수적이다.

할극은 높은 관심을 지속시키고, 집단원 다수를 참가시키며, '지금-여기'에 몰입하도록 하는 훌륭한 방식이다. 역할극을 통해 집단원들은 문제해결력, 감정의 정화와 자신을 효과적으로 표현하는 방법을 배울 수 있다. 특히 청소년 집단상담 초기에는 집단상담사의 활발한 개입과 구성이 필요하다. 따라서 청소년 집단상담사들은 역할극이나 다양한 매체를 활용할 수 있는 능력을 적극적으로 개발할 필요가 있다.

4) 상담에서의 개방 능력과 자기의 활용

집단상담사가 자신의 경험과 생각을 적절히 개방하는 것은 청소년들과 좋은 관계를 맺는 데 도움이 될 수 있다. 청소년상담사가 자신은 상담사라는 이유로 청소년들과 다른 위치에 있을 경우 그 집단상담의 효과는 떨어질 가능성이 높다. 정직함과 직접적인 반응으로 집단원들에게 개별적 신뢰를 얻고, 필요하다면 동등한 위치에서 자신을 개방할 수 있어야 한다. 그렇다고 해서 청소년들과 함께 '갱'의 일원이 될 필요는 없다. 일부러 그들이 쓰는 은어를 사용하는 것은 오히려 부자연스럽다. 청소년은 어떤 면에서 상담사가 그들과 다르게 행동해 줄 것을 기대한다. 청소년 집단상담사는 이 미묘한 기대와 균형을 맞추면서 개방적일 필요가 있다.

5) 역설적 요구에 대한 이해 및 부응

청소년기는 역설(paradox)의 시기다. 그들은 친밀감을 원하면서도 다른 한편으로는 두려워하기도 한다. 통제를 거부하면서도 지시나 조직적인 것을 원하기도 한다. 제한을 거부하고 시험해 보면서도 제한을 돌봄의 표시로 여기기도 한다. 그들에게 완전한 독립이 주어지지 않음에도 불구하고 종종 성숙한 어른으로 행동하기를 요구받는다. 그들은 무척 자기중심적이며 자기의식적이고, 자신의 세계에 몰두해 있으나 자신의 지평을 넓혀서 자기 밖으로 나와 사회의 요구에 직면할 것을 요구받는다. 미래를 생각하고 준비하느라 바쁜 한편, 현재에 충실하고 인생을 즐기고 싶은 강한 충동도 가지고 있다. 청소년기는 질풍노도의 시기이며 빠르게 변모하는 시기다. 또한 외로움과 고립감이 두드러지는 시기이기도 하다. 청소년 집단상담사는 역설적인 청소년들의 요구에 대한 이해를 가지고 있어야 하며, 이에 대해 적절하게 부응할 수 있어야 한다.

3 청소년 집단상담사의 기능

집단상담사의 기본적인 기능으로는 정서적 자극, 개인적 가치 평가의 표현, 설명 제시 그리고 구조화를 들 수 있다(김춘경, 정여주, 2001). 대부분의 집단원이 이상적이라고 생각하는 집단을 가장 효과적으로 지도하기 위해서 상담사는 집단원들에게 적절한 정서적 자극을 주고, 자주 개인적으로 가치 평가를 하며, 충분한 설명을 해 주고, 구조화의 기능을 절제 있게 해야 한다. 반대로 정서적 자극을 매우 적거나 또는 너무 많이 주거나, 집단원에게 너무 적은 관심을 주거나, 그들을 거의 이해하지 못하거나, 전혀 구조화하지 않거나, 지나치게 구조화하는 집단상담사는 집단을 효과적으로 지도하지 못하게 된다.

이러한 기능들이 개별적으로 분리되어서는 안 된다. 집단상담사가 따뜻함과 온화함 그리고 이해만으로는 그 기능을 다 해낼 수 없다. 상담사가 집단원들을 분석하거나 해석하는 것만으로도 그 기능을 다할 수는 없다. 이러한 두 가지 기능 간의 조화로운 관계가 집단원들을 잘 지도하기 위한 기본 전제가 된다. 이러한 조화로운 조합에서는 상담사가 정서적 자극을 선호하는지 그리고 덜 구조화하는 것을 선호하는지, 더 구조화된 것을 선호하는지는 그리 중요한 요소가 아니다. 이는 개인적 선호 양식에 속한 문제라고 보는 것이 더 옳을 듯하고, 실제 집단의 성격에 따라 달라질 수 있는 문제다.

적인 상담사는 청소년들에게 상담사나 청소년들 간에 상호작용하는 방법을 가르쳐 줄 것이다. 대부분의 집단원이 하는 초기 표현은 상담사를 향한 것이고, 다른 집단원들에게 하는 표현은 거의 없을 것이다(Siepker & Kandaras, 1985). 상담사의 첫 번째 과업 중 하나는 집단 응집성을 증진하는 것이다. 집단 응집성은 집단원 간의 상호작용에 기능하므로, 상담사는 집단원들이 서로에게 이야기하도록 적극적으로 반영하고 연결하며 요약해 주어야 한다.

상담사들은 집단원들이 제한을 충분히 시험할 것이라는 것을 예상해야 한다. 어린 청소년들은 다른 집단원들을 밀고 싸울 때 상담사가 어떻게 반응하는지 알기 위해, 상담사를 잠시 쳐다본 후에 행동을 한다. 싸우거나 공격적인 행동뿐 아니라 상스러운 농담, '금기시하는(taboo)' 말을 할 수도 있다. 청소년들이 구조를 탐색함에 따라 그들은 곧 집단 상황에서 허용되는 것을 파악하게 된다. 그래서 그들은 상담 장면에서 허용된다고 말한 것들이 '진실'인지, 또는 교실에서 항상 이루어지는 훈육을 다시 경험하게 될 것인지를 알고자 한다. 제한은 상담과정을 현실과 연결하는 데 있어서 중요하기 때문에 집단 회기에서도 제한은 있어야 한다. 상담사가 이러한 제한을 다루는 방법이 집단의 발달에 중요하다. 예를 들어, 한 집단원이 한 악담(욕설)에 대해 상담사가 굉장히 충격을 받는 모습을 보이면, 집단원들은 감정을 표현하는 것을 억제하게 된다.

시작 단계에서 상담사의 첫 번째 과업 중 하나는 어느 집단에나 존재하는 긴장과 불안을 줄이는 것이다(Johnson & Johnson, 1987; Siepker & Kandaras, 1985). 예를 들어, 한 집단원이 시험에 대한 공포를 표현한다면, 상담사는 그 공포를 여러 사람 앞에서 공개하게 해야 한다. 피상적인 논의라 할지라도 불안을 줄이고 구조를 제공하는 데 효과적이다. 상담사는 강한 어조로 말하는 지배적인 부모와 같은 방식으로 '전문가'가 되려고 해서는 안 된다. 상담사들은 집단원들이 하는 모든 질문에 반응할 필요는 없다.

2 중간 단계

중간 단계 또는 작업 단계라고도 불리는 단계에서는 집단목표 달성을 위해서 집단원들이 목표에 초점을 맞추어 활동을 한다. 이 단계에서 집단원들은 새로운 자료에 대해 배우고, 다양한 주제에 대해 철저히 논의하며, 과제를 완성하고, 개인적인 나눔을 가지며, 치료적인 작업에 참여한다. 이 단계는 집단과정(process)의 핵심 단계로 집단원들이 집단활동을 통해 유익을 얻는 단계다.

작업 단계에서는 집단원의 서로 다른 상호작용이 다양한 역동을 만들어 낸다. 상담사는 집단원들과 상담사를 향한 집단원들의 상호작용 양식과 태도에 특별히 주의를 기울여야 한다. 상담사는 중간 단계 동안에 주기적으로 집단원들에게 집단의 가치를 평가하게 한다. 이는 집단을 지도하는 데 있어서 필수적인 것이고 만약 집단에 이득이 되지 않는다면 이를 조정해야 한다. 상담사는 집단원들이 느끼는 유익의 수준을 잘 이해할 수 있어야 한다. 이것은 다음 번 회기를 향상시키는 데 도움이 된다.

중간 단계 동안 상담사가 해야 할 또 다른 중요한 평가는 집단원의 흥미와 참여 수준에 대한 평가다. 이 평가를 위해 상담사는 출석과 지각의 빈도를 조사하는데, 그것은 흔히 하나의 암시가 된다. 또한 상담사는 회기 전체를 통해 에너지(활기)를 조사한다. 집단원의 흥미가 감퇴하는 것이 보일 때, 상담사는 모든 사람이 흥미의 감퇴를 보이는지, 단지 몇 명의 집단원만이 그런 조짐이 보이는지를 평가해야 한다.

상담사는 각 집단원들의 참여 빈도와 참여 스타일에 대해서도 관심을 가져야 한다. 집단에 참여하는 데 '올바른' 방법은 없지만, 단지 관찰이나 가끔씩 이야기하는 것으로만 끝나기보다는 집단원 대부분의 보다 적극적인 언어적 참여가 훨씬 더 좋다. 상담사는 집단원을 더 참여시킬 필요성을 느낄 것이다. 대체로 조용한 집단원들이 집단 내에서 더 편안한 마음으로 공유할 수 있기를 바라면서, 자신들의 생각과 감정을 나누려 한다. 집단원들은 더 이상 나누는 것을 바라지 않거나, 나눌 수 없다고 느낄 때가 있다. 일부 집단원에게는 집단을 경험하는 데 있어서 언어적 참여가 거의 없는 관찰 참여가 가장 좋은 방법이 될 수도 있다.

작업 단계 동안에 상담사는 집단원들이 느끼고 있는 신뢰 수준을 인식할 필요가 있다. 긍정적인 환경일 때 신뢰가 가장 많이 향상되며, 상담사는 집단원들이 다른 집단원들에게 지지와 관심을 표현하도록 격려하면서, 다른 사람을 공격하는 것과 비난하는 것을 중지시켜야 한다. 상담사가 집단원들의 신뢰를 향상시키는 데 충분히 관심을 갖지 않으면 신뢰 수준이 떨어지고 집단 내에서 집단원들이 불편함을 느끼게 될 것이다.

작업 단계 동안에 상담사는 집단의 내용과 집단과정 모두에 관심을 가져야 하고, 계속적으로 이 둘 사이에 적절한 균형을 맞추어야 한다. 일반적으로 상담사들은 과정을 무시하고 내용에만 중점을 두는 경향이 있다. 몇 명의 집단원이 집단을 지배하는 것, 집단원들이 서로를 신뢰하지 못하는 것 또는 집단원들이 공격당하고, 비난받고, 열등의식을 느끼는 것과 같은 역동이 존재할 때 집단과정에 초점을 맞추어야 한다. 그렇지 않으면 집단이 매우 피상적으로 흘러갈 수 있다.

집단 내에서 한 명이나 그 이상의 집단원이 비밀의 규칙을 깰 때가 있을 수 있다. 이런 상황에 대해서는 깊이 생각해야 한다. 무엇보다 먼저 상담사는 무슨 일이 일어났는지, 그리고 왜 일어났는지를 알기 위해서 비밀을 지키지 못한 사람에게 이야기해야 한다. 만약 사건이 우연히 발생한 것, 즉 악의가 없는 것이었다면 상담사는 그 집단원이 집단에 남을 수 있도록 고려할 것이다. 어떤 결정을 내리기 전에, 상담사는 분명히 다른 집단원들이 다음 회기에 그 집단원을 받아들이는 것에 대해 어떻게 생각하는지 의견을 알아야 한다. 그래야 그 집단원들을 다음 회기에 출석시킬지, 안 시킬지를 결정할 수 있다. 그 집단원이 계속 집단에 남아 있는지는 집단의 상황, 다른 집단원들 그리고 비밀을 지키지 못한 그 집단원에 의해 결정된다. 만약 그 집단원이 머물게 된다면 그는 일부 집단원 또는 모든 집단원에게 공격당할 수 있는데(특별히 10대일 경우), 이때 그 집단원은 더 이상 공격을 견뎌 낼 수 없을 수도 있고, 또 다른 집단원의 피드백과 반응으로부터 큰 배움이나 깨달음을 얻을 수도 있다. 상담사는 자신의 판단이 집단과 그 집단원들에게 가장 도움이 될 것이라는 확신을 가지고 집단을 이끌어야 한다.

집단상담이 소중하고 가치 있는 경험이 되기 위해서 작업 단계에서 사용되는 중요한 기술로는 중단시키기, 유도하기, 유지하기, 이동하기, 초점 심화하기 등이 있다. 청소년을 위한 집단상담에서는 다양한 음악, 미술, 문학, 게임, 놀이 등의 활동이 사용된다. 이들 기법이 사용될 때 함께 사용할 수 있는 기술로는 토론을 위한 주제 소개하기, 진행 보고서(progress report) 사용하기, 형태(format) 바꾸기, 필요한 경우 리더십 스타일과 집단 구조 바꾸기, 자료와 할당 과제 이외의 것을 사용하기, 개별적으로 집단원들과 만나기, 미리 집단원에게 집단 종결을 알려 주기 등이 사용될 수 있다. 상담사는 중간 단계 동안에 흔히 과잉 지도(overleading), 과소 지도(underleading), 워밍업 부분을 너무 길게 지속하는 것, 초점을 너무 자주 변경하는 것, 한 명에게 너무 길게 집중하는 것, 단지 한두 명에게만 집중하는 것, 한두 가지 활동만 계획하는 것, 활동을 진행시켜 나가는 데 충분한 시간을 제공하지 못하는 것 등의 실수를 할 수 있다(Jacobs et al., 2016).

3 종결 단계

종결 단계는 집단의 종결에 초점을 둔다. 이 단계에서 집단원들은 그들이 배웠던 것, 그들의 변화 그리고 집단원들이 배운 바를 어떻게 실제 생활에 적용할지에 대한 계획을 함께 나눈다. 집단상담의 마지막 단계에서는 집단원들이 타인들과 함께하는 과정에서 배운 것을 재검토하는 데 어느 정도의 시간을 보내는 것이 유용하다. 각 청소년들이 "나는 이 집단에서 ……을 배웠다." 또는 "나는 이 집단에서 ……을 다시 배웠다."에 대해 말하는 '돌아가며 말하기'는 효과적인 종결활동이 된다.

일부 집단원은 집단상담이 끝나 간다는 것을 알고 슬픔을 표현할 것이다. 이것은 가정이나 교실 또는 두 군데 모두에서 거부를 경험했던 청소년들의 경우 특히 절실할 것이다. 집단 경험의 결과로서 청소년들이 시도할 새로운 행동을 결정할 때, 어떤 집단원들은 "그것이 잘 된다면, 나는 누구에게 말하지?"라는 표현을 할 수도 있다. 이런 표현은 상담집단의 지지를 잃는 것이 걱정이라는 의미다. 청소년들은 종종 집단을 계속하자고 요청한다. 대부분의 청소년은 새로 형성되는 집단에 자발적으로 참여하고자 한다.

상담사들은 집단의 마지막에 나타날 수 있는 불안감을 다루어야 한다. 상담사들은 지지적이어야 하고, 적절할 때 긍정적인 피드백을 제공해야 하며, 격려의 기법을 적극적으로 사용해야 한다.

04
청소년 집단상담의 치료적 요인

상담자는 집단에서 집단원들 간의 언어적 교환만이 아니라 더 많은 교환이 필요하다는 사실을 알아야만 한다. Hansen, Warner와 Smith(1980)는 집단원에게 영향을 끼치는 '강력한 집단 흐름(potent group currents)'을 세밀히 관찰하는 사람을 '집단역동가'라고 명하였다. 집단에서 나타나는 일부 흐름으로는 신뢰 부족, 관여 부족, 권력 게임, 집단원들 간의 갈등과 강한 동맹, 관심 추구 행동 등이 있다. 이 치료에 영향을 주는 요소를 의식하는 것은 집단을 이끌어 가기 위해서 필수적이다. Ohlsen, Home과 Lawe(1988)는 수많은 영향 요소가 어느 집단 상황에서나 나타난다고 한다. 집단원들은, ① 집단에서 수용되었음을 느끼기를 원하고, ② 기대되는 바를 알기를 원하며, ③ 그들이 소속됨을 느끼기를 원하고, ④ 안전함을 느끼기를 원한다. 이러한 요소가 부재할 때 집단원들은 부정적이고, 적대적이며, 위축되고, 냉담함을 느끼게 된다. 부정적인 영향을 주는 요소는 상담사의 관심을 요구하는 역동을 만들어 낸다. 상담사는 다음에 제시된 질문을 고려하여 일부 집단역동과 치료에 영향을 주는 요소를 조정할 수 있다.

다음과 같은 질문은 집단원들이 집단과 상담사를 어떻게 생각하는지를 이해하는 데 도움이 된다.

- 각 집단원들은 집단에 있을 때 어떻게 느끼는가?
- 집단 내에서 기대되는 것을 각 집단원들이 알고 있는 것 같은가?
- 각 집단원들은 그들이 왜 그 집단에 있는지 분명히 알고 있는가?
- 각 집단원들이 집단 내에 있을 때 어떻게 다루어지는가?
- 집단원들이 다른 집단원을 좋아하는 것 같은가?
- 집단원들은 다른 집단원들과 편안한 관계인가?
- 집단원들이 집단 내에서 소속감을 가지고 있는가?
- 집단원들이 상담사와 편안한 관계를 유지하고 있는가?
- 지도자의 역할 때문에 어떤 권력 게임이 일어나고 있는가?

Yalom(1996)은 집단 내에서 작용하는 '치료 효과가 있는 요인'에 대해서 논의하였다. 그는 이타주의(다른 집단원들에게 베푸는 것), 카타르시스(정서, 감정을 해소하는 것), 동일시(집단원이나 지도자를 모델링하는 것), 가족 재연(마치 어떤 사람이 가족 내에 있는 것처럼 느끼고, 그런 경험으로부터 배우는 것), 희망의 주입(삶에 희망을 느끼게 하는 것) 등을 비롯하여 다양한 요소를 예로 들었다. Yalom의 요소는 지지ㆍ상담ㆍ치료 집단 내에서 치료에 영향을 주는 요소를 주목할 때 특별히 도움이 된다. 치료 효과가 있는 요인들이 집단 내에서 작용한다면, 집단원들에게 훨씬 더 큰 도움이 될 것이다.

■ 단계 5: 사전 집단 면담하기

사전 집단을 면담하는 주요한 이유는, 첫째, 청소년으로부터 동의를 받기 위해, 둘째, 청소년의 서약을 요청하기 위해, 셋째, 집단원 선정을 결정하는 데 있어서 도움이 될 자료를 획득하기 위해서다. 집단상담에 참여를 희망하는 청소년들을 개별적으로 면담하는 것은 매우 까다로울 수 있고 시간 낭비가 될 수도 있다. 면담을 할 때는 먼저 집단 참가에 대한 청소년들의 흥미와 기대를 미리 듣는 것이 좋다.

■ 단계 6: 집단원 선정하기

집단상담을 준비하는 데 있어서 가장 중요한 요소 중 하나는 누구를 집단원으로 구성할 것인가 하는 선정과 관련된 것이다. 집단이 어떤 집단원으로 형성되었는가가 집단상담 결과에 결정적인 영향을 미치기 때문에 집단원 선정은 집단상담사의 책임이다.

집단 작업을 순조롭게 진행하기 위해서는 집단원을 선정하는 데 있어서 집단원들의 동질성과 이질성의 요소가 고려되어야 한다. 학교상담사들은 집단상담을 하기 위해 무단결석, 학습 부진, 학교폭력, 공격성과 같은 문제를 가진 청소년들을 집단원으로 선정하는 데 있어서 각별한 주의가 필요하다. 동질성 집단을 선정하는 것은 집단원이나 상담사 모두에게 부정적인 집단 경험을 초래할 수도 있기 때문이다. 집단원 선정에 있어 고려할 사항은 각각의 집단원이 합당한 행동을 배울 수 있는 집단원들을 필요로 한다는 것이다. 만약 모든 집단원이 똑같이 부정적인 행동을 한다면, 긍정적인 모델을 볼 수 없으며, 집단에서 하는 작업의 가치가 부정적인 방향으로 흐를 수 있다.

■ 단계 7: 사전검사 실시하기

사전검사는 집단의 성격과 집단원들의 특성을 이해하는 데 도움이 된다. 또한 사전검사 결과는 지도자와 집단원 그리고 상담사가 이 집단상담에 대해서 설명해 주어야 할 사람들에게 집단 경험에 대해서 가치 있는 정보를 제공해 준다. 특히 이 정보는 집단상담의 결과로 개인 혹은 집단의 태도나 행동의 변화가 있었는지를 평가하는 기초 자료가 된다.

■ 단계 8: 집단활동 실시하기

다음 단계는 각 회기를 실시하는 것이다. 상담사는 회기의 수, 활동의 주제, 시간 스케줄에 적당한 길이로 다양하게 실시할 수 있다. 청소년상담에서는 8~12회기 정도가 적당하며, 8회기보다 적게 실시했을 경우에는 집단과정의 역동성을 충분히 깊이 있게 다루지 못한다.

■ 단계 9: 사후검사 실시하기

집단상담이 종결되고 난 후에 상담사는 사전검사에 사용했던 것과 똑같은 도구를 사후검사에도 사용하게 된다. 사후검사를 하기 위해 한두 주 이상을 넘기지 말아야 한다. 만약 그 이상을 넘기게 된다면, 상담사는 청소년들이 집단상담의 효과 외에 그 기간 동안의 다른 영향으로 인한 학습의 결과를 측정할 수도 있으므로, 이러한 경우에는 집단상담의 효과를 정확히 알 수 없다.

■ 단계 10: 집단에 대한 추후지도와 평가하기

마지막 회기 후 약 4~8주가 지난 후에 추후지도를 하는 것이 적당하다. 이 지도는 청소년들에게 그들의 성취와 집단에서 일어났던 일에 대한 생각을 나누는 기회를 가지게 하고, 집단에서 주요하게 다룬 점을 앞으로도 어떻게 지속할지에 대한 새로운 아이디어를 얻는 기회를 제공한다. 또한 추후지도는 청소년들이 행동 변화의 목표를 달성하는 것, 새로운 목표를 정하는 것, 방해를 극복하는 것에 관해서 상호 간의 지지를 제공할 기회를 준다. 청소년들이 변화하기로 한 약속을 재다짐하고 서로 격려함으로써 더 강화되고 도움을 받는다.

07
청소년 집단상담의 활동

집단상담 과정 중에 적당한 활동을 사용하면 집단상담 진행에 크게 도움이 된다. 유능한 상담사들은 왜 활동을 하고 언제 활동을 해야 하는지를 잘 이해하고 있다. 집단활동으로는 쓰기, 동작, 2인 체계, 3인 체계, 라운드, 창조적인 보조도구, 예술과 공예, 상상, 읽기, 피드백, 신뢰, 경험적인 것, 도덕적 딜레마, 집단의 결정 그리고 접촉 등이 있다. 집단상담에서 이와 같이 다양한 활동을 하는 이유로는 다음의 일곱 가지를 생각해 볼 수 있다(Jacobs et al., 2002).

■ 활동은 안정된 수준을 증가시키도록 돕는다

활동은 집단원들의 안정된 수준을 증가시키기 위해 사용할 수 있다. 많은 집단원은 첫 번째 집단 회기 동안 어느 정도의 불안을 경험한다. 집단원이 서로를 알게 하는 활동은 종종 집단원들 간의 안정감을 증가시킨다. 두 사람씩 짝을 짓는 것은 개인적인 주제를 토론하기 위한 것뿐만 아니라, 초기 회기 동안 안정감을 증가시키는 데 도움이 될 수 있다. 쓰기 활동은 집단원들이 대개 내용을 공유하는 것을 꺼리기 때문에 자신의 생각을 밝히지 않는다는 안정감을 가지는 데 도움이 된다.

■ 활동은 상담사에게 유용한 정보를 제공한다

활동은 집단원들에 대한 정보를 얻는 데 사용할 수 있다. 돌아가면서 말하기가 종종 이러한 방법으로 사용되었다. 예를 들어, 상담사는 그들이 성장할 때의 가정환경을 한 단어를 사용해서 기술하라고 요구할 수 있다. 집단원들은 '재미있는' '따뜻한' '적대적' '추운' '협동적인' '학대' '건강한'과 같은 단어를 사용할 수 있다. 각 집단원이 자신의 어릴 때 환경을 어떻게 기술하는지를 듣는 것은 상담사가 그 집단에 초점을 맞추는 데 도움을 준다. 가정환경에 대해 정보를 수집하기 위한 또 다른 방법은 집단원에게 가계도를 그리게 하는 것이다. 그들이 어떤 종류의 동물을 좋아하는지에 대해 말하는 활동 또한 상담사에게 정보가 될 수 있다.

■ 활동은 토론을 할 수 있게 하고, 집단을 집중시키는 데 도움이 된다.

집단활동은 종종 일반적인 경험을 제공하는 것으로, 집단원의 참여를 증가시킨다. 또한 활동들은 집단원들의 흥미와 에너지를 자극하는 데에 도움을 준다. 몇몇 활동은 더 시각적이고 실제적인 개념을 만들기 때문에, 다른 문화 출신의 집단원들을 다룰 때 도움이 될 수 있다. 특정한 문제 또는 주제에 초점을 둔 집단원들에게 사용할 수 있는 활동도 있다.

■ 활동은 초점을 이동시킬 수 있다

상담사는 새로운 주제가 필요하다고 느낄 때, 초점을 이동시키기 위한 활동을 사용할 수 있다.

■ 활동은 초점을 심화시킬 수 있다

활동은 집단원이 자신에 대한 통찰력을 얻게 하는 데 도움이 된다. 어떤 활동들은 집단원에게 그들이 누구이고 그들이 어떻게 상호 활동하는지를 직면하게 해 준다. 많은 피드백, 신뢰, 창조, 상상, 동작활동도 집단원들이 더 격렬한 수준에서 어떤 것을 공유하거나 경험하도록 요구하기 때문에, 그 초점을 더 깊게 설계하도록 해 준다.

08
청소년기 자아정체성 확립을 위한
문학치료 집단상담 프로그램

　발달주기상 청소년기는 아이에서 어른이 되어 가는 과도기다. 한 개인이 특정 환경 내에서 경험하는 특수한 문제뿐만 아니라, 발달과정에서 경험하게 되는 여러 문제가 청소년들에게 발생할 수 있다. 특히 아동기의 자기중심성에서 벗어나 자기를 객체나 대상으로 보게 되는 시점의 변화는 청소년기 핵심 과업인 자아정체성 확립으로 이어진다. 청소년기에 자기의 고유성을 갖지 못하고 자기에 대한 통합된 일관성을 형성하지 못하면, 성인이 되어도 독립된 자율적 존재로서 살아가기 힘들다.

　여러 학파에서 청소년기를 서로 다른 용어로 정의하지만, 변화와 적응이라는 대전제하에 자아의 적응적이고 통합적인 기능을 획득해야 한다는 점에서는 이견이 없다. 인간은 본질적으로 반영적 존재이기 때문에 통합된 자기를 정의하기 위해서는 자기를 비추어 볼 대상이 필요하다. 거울 앞에 서서 자기를 확인하듯 문학은 인간의 본질과 자기 고유성을 비춰 주는 은유의 역할을 한다. 특히 집단상담에서 경험하는 문학적 행위들은 또래 집단의 상호작용이 활발한 청소년들에게 서로를 위로하고 서로를 반영하는 효과적인 치료 수단으로 작용할 수 있다. 이 장의 프로그램은 문학의 이런 효용성을 매개로 하여 청소년 자아정체성 확립을 위해 전체 12회기로 고안되었다.

1 청소년기 자아정체성 확립의 중요성

Erikson에 의하면 청소년기는 정체성의 위기다(김춘경 외, 2006). 청소년기에 이르러 인간은 비로소 '나는 누구인가'라는 질문을 스스로에게 던진다. '나는 누구인가'라는 질문에서 얻는 답이 곧 자아정체성이다. 아동기까지는 부모나 주변의 반영으로 자기의 가치를 매겼다면, 인지적으로 형식적 조작기에 이른 청소년들은 가설을 설정할 줄 알고 관념을 가질 수 있기 때문에 자기 가치를 스스로 매길 수 있는 능력이 생긴다.

자아는 인격을 통합하고 균형을 이루는 과정에 관계되어, 충동과 양심 사이뿐만 아니라 사적이고 공적인 실존의 영역 사이를 중재한다(이정기, 2003). 청소년기에 이런 자아가 제대로 정립되지 않으면 성인이 되어서 감당해야 할 사회적 역할을 견딜 기반을 형성할 수 없다. 청소년들은 자기가 누구인가에 대한 본질적 물음과 자기 존재 및 그 가치에 대한 고민으로 혼란을 경험하고, 주변 환경에 반응하고 수용하는 과정을 거치면서 자아를 재구조화하고 다시 조직한다(이종석, 김은수, 정득, 2017).

현대의 청소년들은 세계화의 시기, 디지털 매체가 만든 초국적 문화 환경 속에 있다. 청소년들의 자아정체성이 혼종적이면서 초지역적인 상태로 형성되고 있다는 것이다(김수미, 최숙, 2014). 이런 현상은 근대 계몽주의적 배경에서보다 더욱 혼합적이고 열려 있고 관계적이면서 파편화된 상태로 자아를 인식하게 만든다. 차이를 인정하는 듯하지만, SNS상에서 만드는 사회적 분위기에 속하지 못하는 또 다른 소외를 야기하고, 가상의 환경 속에서 환상 속 자아가 실존적 자아를 위협한다. 점점 양극적으로 치닫는 빈부의 격차 또한 청소년들이 비교와 차별을 경험하게 하여 자아정체성 확립을 힘들게 만들기도 한다. 청소년기에 자아정체성이 제대로 확립되지 못하면, 타인의 시선에서 자기를 찾으려 하고 외적 자원에 의존하여 자기를 평가하는 혼미적인 사람이 되기 쉽다(Cote & Levine, 1988: 구자경, 황진숙, 2007에서 재인용).

이 외에도 우리나라의 청소년들은 입시라는 압박 속에서 청소년기를 지나가야 하는 특수한 상황에 처해 있다. 10대라는 사춘기를 성적을 비롯한 평가적 상황에 지배당하기 때문에 자아정체성의 확립이 현실적으로 더 어렵다. Cooley는 자아정체성을 타인들과의 상호작용을 통해서 발생되는 사회적 생산물이라고 정의하기도 한다. 문화적 양상에서 볼 때, 서구에 비해 부모로부터의 개인 독립 시기가 늦은 우리나라는 부모에 대한 의존 또한 높은 편이다(김은정, 2009). 부모에 대한 의존도가 높으면 정체성 확립이 더 어렵다.

2 청소년기 자아정체성 확립을 위한 집단상담 프로그램

1) 선행 연구

청소년기 자아정체성과 관련된 문학치료 프로그램에 대한 연구는 찾아보기 어렵다. 자아정체성 형성 자체의 문제(이정기, 2003), 자아정체성과 다문화, 부적응, 관계 등과 같은 특정 주제와의 관련성(김수미, 최숙, 2014; 백승대, 안태준, 2015; 신은진, 구자경, 2010; 이종석 외, 2017; 조민자, 유진이, 2006; 조아미, 2012)을 다루는 것에 연구가 치중되어 있었다. 그나마 자아정체성과 문학행위가 연결된 프로그램으로 저널 쓰기 중 '대화' 쓰기를 활용한 박태진(2010)의 연구가 있었다.

문학치료는 독서치료, 글쓰기치료, 시치료, 이야기치료 등을 아우르는 상위개념이다. 읽기와 쓰기, 말하기라는 문학적 행위를 매개로 하는 모든 치료를 문학치료의 범주에 넣을 수 있다. 문학치료를 한 마디로 정의하면 문학의 힘을 활용하여 인간 심리에 접근하는 상담 및 심리치료의 한 영역이다(김춘경 외, 2009). 언어는 인간이 쓰는 하나의 도구가 아니라 인간의 본질이다. Lacan은 인간 주체를 두고 '말하는 주체(parlêtre)'라고 한다. 언어가 아니고서는 인간이 자기를 드러낼 길은 없다는 뜻이다. 문학이 치료적 매체로 쓰일 수 있는 근거는 여기서 출발한다. 인간의 본질인 언어로 인간의 본성을 여러 은유적 장치로 드러내고 있기 때문에 문학은 체험이 되는 그 순간 치유의 힘을 발휘한다. 장석주와 같은 비평가들은 한 사람이 하나의 책을 읽고 나면, 그 책을 읽기 전과 같은 사람일 수 없다고 말한다. 문학 작품에 담긴 은유나 상징은 그것을 경험하는 참여자로 하여금 자기를 들여다보고 나아갈 수 있는 길을 열어 준다.

문학치료는 읽는 과정, 쓰는 과정, 말하는 과정을 모두 통합하는 단계를 거친다. 기존의 작품을 읽는 과정에서 등장인물이나 사건에 자기를 동일시하고 자기 성찰의 기회를 갖는다. 글쓰기 과정에서는 독서 과정을 경험하면서 일어난 사유를 기록하는 활동을 통해서 객관화 및 카타르시스를 경험한다. 말하는 과정은 집단원들이 자기의 글을 발표하거나 치료 중 서로의 느낌을 말하면서 소통과 위로를 경험하게 한다.

인간이란 자신의 삶에 대해 끊임없이 의미를 부여하고 해석하여 이야기하는 존재(호모 나랜스, Homo Narrans)다(백세영, 2020). 성인보다 상상력이 풍부할 뿐만 아니라 '상상적 청중'이나 '개인적 우화'라는 인지적 왜곡으로 인한 가상적 상황을 만들어 낼 수 있는 청소년의 경우 더욱 그러한 경향이 짙을 수 있다. 문학을 읽고 자기 이야기를 쓰는 과정은 청소년들이 자기 문제에서 벗어나 자유로운 시선으로 자기를 볼 수 있는 거리를 확보하게 해 준다. 문학 행위는 청소년이 지니고 있는 문제와 사건들, 그리고 더 넓은 사회의 장 안에서의 관계와 서로에게 미치는 영향력을 파악하는 과정을 경험하게 하여 정체성을 찾도록 이끈다(백세영, 2020).

2) 프로그램의 목표

말하는 주체로서의 인간 삶이 언어적 환경 속에서 언어를 통해 표현된다는 사실을 기반으로 할 때, 인간의 개별 혹은 집단적 삶의 양상은 모두 하나의 문학적 텍스트가 된다(변학수 외, 2006). 이 프로그램에서는 청소년들이 자기 삶을 하나의 텍스트로 볼 수 있는 거리를 확보하게 한다. 이를 기반으로 기존의 문학 작품을 읽는 과정을 거치면서 자기의 고유성에 대한 가치를 인정할 수 있도록 돕고, 직접 쓰는 글로 자기 고유성의 가치를 확인한 후, 서로 나누면서 말하는 과정을 통해서 서로의 차이까지 인정하는 데에 이르도록 하는 것이 이 프로그램의 최종 목표다. 프로그램의 세부 목표 사항을 정리하면 다음과 같다.

- 자아정체성에 대한 개념을 이해한다.
- 사람은 저마다 다름을 이해한다.
- 또래 다른 사람과의 차이가 자기의 고유한 특성임을 인식한다.
- 또래 다른 사람과의 차이점이 곧 강점이 되었던 경험을 찾아 자기에 대한 긍정적 인식을 높인다.
- 또래 집단활동을 통해서 서로 다름의 인식이 긍정적 대인관계 형성에 도움이

표 1-1 청소년기 자아정체성 확립을 위한 문학치료 집단상담 프로그램의 전체 구성

단계	회기	주제	활동 목표	활동 내용
관계 형성	1	방가! 방가!	• 프로그램 참여 유도 • 프로그램의 목적과 성격 이해 • 집단원 간의 친밀감과 신뢰감 형성	- 프로그램의 목적과 진행과정을 소개한다. - 책 『쫌 이상한 사람들』을 읽은 후, '쫌 이상한' 자기소개를 한다. - 회기 중 규칙 서약을 한다. - 한국형자아정체감검사를 실시한다.
자기 고유성 인식	2	나는 달라	• 나의 고유성 탐색 및 이해 • 집단원 간의 친밀감과 신뢰감 형성	- 불리고 싶은 이름을 만든다. - 자아개념측정검사로 자아개념에 대한 이해 및 확립 정도를 확인한다. - '남과 다른 점' 열 가지 목록을 만든다.
	3	어때 보여?	• '보이는 나'와 '간직한 나'의 차이 인지	- '남이 말하는 나' 열 가지 목록을 만든다. - 『안데르센 동화전집』 중, 「못생긴 새끼오리」를 함께 나누면서 나의 가치와 남의 평가 간 차이를 확인한다.
자기 고유성 표현	4	나의 냄비는?	• 나의 고유성 인정	- Montchaud의 5분 영화 〈아나톨의 작은 냄비〉(2014)를 함께 보고 나눈다. - 나에게 아나톨의 냄비는 무엇인지 형상화시킨다. - 서로의 고유성이 형상화된 사물에 대해서 나눈다.
	5	냄비 안에 무얼 담을까?	• 나의 고유성에 긍정적 의미 부여	- 책 『아나톨의 작은 냄비』를 함께 나눈다. - 고유성이 형상화된 사물로 은유적 이야기를 만든다. - 아나톨의 냄비와 내가 만든 사물의 의미를 탐색한다.
	6	냄비를 어떻게 쓸까?	• 나의 고유성이 자원임을 인정	- 내가 쓴 고유성 사물의 이야기를 발표하고 부정적인 부분을 드러낸다. - 발표자의 부정적 자기인식에 대해서 집단원들이 반론을 제기해 본다.
고유성 발휘 경험 탐색	7	냄비 안의 꽃	• 고유성을 발휘해서 얻었던 긍정적 결과 떠올리기 • 차이가 다른 결과를 낳을 수 있음을 확인하기	- 책 『어디, 뚱보 맛 좀 볼래?』를 함께 나눈다. - 과거부터 현재까지의 경험에서 자기 고유성으로 얻은 긍정적 결과에 대한 경험을 탐색한다. - 아나톨의 냄비나 앙리의 경험과 같이 자기 경험을 형상으로 만들어 본다.
	8	다시 떨어진 씨앗	• 지나온 사건들 중에서 자기만의 방법이나 생각으로 해결한 작은 일들에 대한 가치 부여	- 책 『나는 나의 주인』을 함께 나눈다. - 내가 나의 주인이 된 경험을 발표한다. - 고유성 경험 모음집을 만든다.

(계속)

타인의 고유성 인정	9	너의 냄비는?	• 타인의 고유성에 대한 인정	- 하현우의 노래, '돌덩이'를 함께 들어 본다. - 미완성 문장 기법을 활용하여 집단원들이 서로에 대한 고유성을 소재로 '돌덩이'를 개사하여 선물한다. - 자기에 대한 집단원의 인정에 감사 인사를 전한다.
서로 다른 고유성 조화	10	따로 또 같이!	• 우리는 모두 고유성을 지니고 함께 하는 사회 속에 살고 있음을 인정	- '나'로 협동시를 써 본다. - 협동시로 협력하여 시화를 만든다.
	11	나는 누구 인가?	• 자기의 고유성을 통해서 자아정체감 확립 • 자신이 바라는 미래의 자아상 확립	- 10회기까지 활동 내용을 돌아본다. - 고유성 모음집을 글감으로 해서 '나는 누구인가'라는 주제로 하나의 완성된 글을 한 편 쓴다. - 자기의 미래상을 그려 본다.
종결	12	내일의 나에게	• 프로그램 정리	- 고유성 모음집을 정리한다. - 미래의 자기에게 편지를 쓴다. - 고유성 모음집 표지를 만든다. - 프로그램에 대한 소감을 나누고, 집단지도자의 응원 메시지를 전달한다. - 서로에 대한 지지의 박수로 회기를 종료한다.

방가! 방가!

🗇 활동 목표

• 프로그램에 대한 소개를 하고, 집단원들간의 친밀감과 신뢰감을 형성한다.

🗇 준비물　서약서, 명찰케이스와 양면 속지, 색연필, A4 용지, 연필, 지우개

🗇 활동 내용

1. 집단지도자가 먼저 집단원들을 환영하는 인사를 건네고, 문학치료 집단상담 프로그램에 대한 소개와 집단상담의 목적 및 진행과정에 대해 이야기한다.
2. 집단원들이 돌아가면서 간단히 자기소개를 한다.
3. 집단활동 진행 전반에 지켜야 할 서로 간의 약속에 어떤 것이 있을지에 대해서 이야기를 나누고 함께 의견을 모아서 '우리가 지켜야 할 약속'에 대한 서약서를 만든다. 서약서를 함께 읽고 집단지도자가 약속 내용에 대해 명료화한다.
4. 명찰케이스와 속지를 나눠 주고, 자기 이름을 속지 한쪽 면에 써서 끼우고 명찰을 목에 건다.
5. 명찰을 목에 걸고 집단원들이 돌아가면서 서로 프로그램에 참여한 동기와 기대에 대해서 이야기를 나눈다.
6. 집단지도자가 A4 용지를 한 장씩 나눠 주고, 집단원들이 생각하는 '자아'가 무엇인지에 대해서 원하는 만큼만 쓰도록 한다.
7. 사전검사로 한국형자아정체감검사를 실시한다.

🗇 마무리 활동

1. 첫 회기에 대한 소감을 나눈다.
2. 우리가 지켜야 할 약속을 다시 한번 읽고, 서약서에 자기 사인을 한다.
3. 집단지도자는 다음 회기의 주제와 시간을 알려 준다.

우리가 지켜야 할 약속

첫째, 나는 이 프로그램의 주인이니까, 모든 프로그램 활동에 적극적으로 참여할 것입니다.

둘째, 나는 서로의 다름을 인정하고 모든 집단원의 이야기에 판단이나 평가를 하지 않겠습니다.

셋째, 나는 다른 집단원이 말을 하고 있을 때는 존중하는 마음으로 끼어들지 않겠습니다.

넷째, 나는 시간 약속을 잘 지키겠습니다.

다섯째, 나는 나와 집단원들을 존중하는 마음으로 프로그램 끝까지 비속어나 욕설을 사용하지 않겠습니다.

우리, _____ _____

_____ _____

_____ _____은(는)

문학치료 집단상담 프로그램에 참여하면서

위의 사항을 모두 지킬 것을 서로 약속합니다.

년   월   일

서명, _____ _____

_____ _____

_____ _____

나의 냄비는?

활동 목표

• 자신의 고유성이 평가의 대상이 아닌 자아정체성임을 이해하고 자기 자원으로 쓸 수 있음을 인식한다.

준비물   16절 마분지, 3색 매직, 8절 마분지, 사인펜(12색 이상), 색연필(12색 이상), Montchaud 감독 및 각본 〈아나톨의 작은 냄비〉 영상

활동 내용

1. '지금 나는~'이라는 유도문으로 프로그램 시작 당시의 자기 몸과 정서 상태를 확인하고, 그 느낌을 16절 마분지 위에 3색 매직으로 표현하고 나서 세 가지 색으로 표현된 만큼만 이야기를 나눈다.
2. 〈아나톨의 작은 냄비〉 영상을 함께 보고 이야기를 나눈다.
3. 아나톨의 냄비와 같은 것이 나에게는 어떤 것이 있는지 생각해 보는 시간을 가진 후, 머릿속에 떠오른 자기만의 특성이 아나톨에게는 냄비라면, 자기에게는 어떤 형상으로 표현될 수 있을지 8절 마분지에 12색 이상의 사인펜이나 색연필로 그려 본다.
4. 기분이나 느낌을 세 가지 색으로만 표현할 때와 열두 가지 이상의 색으로 표현할 때의 차이점을 느껴 보고 서로 나누면서 겉으로 보이는 것과 유형화시키는 것이 어떤 오해를 낳게 되는지까지 대화를 진행해 나간다.
5. 아나톨에게 전하고 싶은 자기의 이야기를 편지로 쓴다.

마무리 활동

1. 자기가 그린 고유성 형상을 발표한다. 원하지 않는 집단원은 그냥 넘어간다.
2. 평가와 고유성의 차이에 대해서 이야기를 나눈다.
3. 집단지도자는 다음 회기의 주제와 시간을 알려 준다.

아나톨에게

아나톨 안녕?

나는 ○○○야……

너에게 따라 다니는 냄비가 있지?

나에게는 ○○○이 있어, 너처럼.

하지만, ……

년 월 일

○○를 가진 ○○○이

5회기 | **냄비 안에 무얼 담을까?**

🗇 **활동 목표**

• 자신의 고유성에 대한 의미는 스스로 부여하는 것임을 알고 긍정적 의미를 부여한다.

🗇 **준비물** 줄이 있는 A4 용지, 그림책 『아나톨의 작은 냄비』, 연필, 지우개

🗇 **활동 내용**

1. 짝을 지어 '지금 나는~'이라는 유도문으로 프로그램 시작 당시의 자기 몸과 정서 상태를 확인하고, 말없이 몸짓으로 표현하면서 소통을 한다.
2. 그림책 『아나톨의 작은 냄비』를 함께 읽고 이야기를 나눈다.
3. 4회기에서 자신이 그린 고유성의 형상으로 은유적 이야기를 만든다.
4. 아나톨의 냄비로 만든 이야기와 자기 이야기를 비교하면서 자기 이야기에 대한 느낌을 서로 나눈다.
5. 자기의 고유성 때문에 일어났던 사건을 떠올린다.

🗇 **마무리 활동**

1. 은유적 이야기를 발표한다. 원하지 않으면 그냥 넘어간다.
2. 다름이 나쁨이 아니라는 것을 서로의 지지를 통해 확인한다.
3. 집단지도자는 다음 회기의 주제와 시간을 알려 준다.

아! 다르고, 어! 다르지.

다름		나쁨
• 너는 분홍색을 좋아하나 봐.	→	• 아유, 분홍색, 촌스러워.
• 너는 키가 153cm네.	→	• 넌 키가 작구나(넌 키가 크구나).
• _____	→	• _____
•	→	•
•	→	•
•	→	•
•	→	•
•	→	•
•	→	•
•	→	•
•	→	•
•	→	•
•	→	•
•	→	•
•	→	•
•	→	•
•	→	•
•	→	•
•	→	•
•	→	•
•	→	•
•	→	•
•	→	•
•	→	•

다시 떨어진 씨앗

☐ 활동 목표

• 자기가 자신의 주인임을 확인한다.

☐ 준비물 과일 모양 마분지, 펀칭, 고리, 네임펜, A4 용지, 연필, 지우개, 좋아
요 스티커, 책『나는 나의 주인』

☐ 활동 내용

1. 짝을 지어 '지금 나는~'이라는 유도문으로 프로그램 시작 당시의 자기 몸과
정서 상태를 확인하고, 한 낱말로 표현한 뒤 이야기를 나눈다.

2. 과제로 읽어온 책『나는 나의 주인』에 대해서 함께 이야기한다.

3. 다른 사람의 판단이나 평가가 아니라 내가 선택해서 긍정적인 결과를 얻은 경
험을 떠올려 보고, 돌아가면서 발표한다. 발표를 원하지 않으면 종이에 글로
써도 된다.

4. 자기의 고유성을 하나의 씨앗으로 그리고, 그 씨앗에서 열리는 긍정적 결과를
열매로 표현하면서 과일 모양 마분지 위에 씨앗의 이름을 쓰고, 고리로 함께
묶는다.

5. 서로의 모음집을 돌려 보면서 좋아요 스티커를 붙여 준다.

☐ 마무리 활동

1. 이번 회기가 다른 회기와 달랐던 점에 대해 서로 이야기를 나눈다.

2. 자기 모음집에 자기도 좋아요 스티커를 붙이고, "그냥 나여서 좋아."라고 말
한다.

3. 집단지도자는 다음 회기의 주제와 시간을 알려 준다.

서로 다른 씨앗, 서로 다른 열매

오렌지 씨앗

오렌지

복숭아 씨앗

복숭아

아보카도 씨앗

아보카도

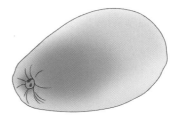

9회기   **너의 냄비는?**

🗇 **활동 목표**
• 자아정체성은 나만이 아니라 남에게도 같은 가치로 인정되어야 함을 인식한다.

🗇 **준비물** 꽃편지지, 꽃봉투, 스티커, 하현우의 노래 〈돌덩이〉 음악 파일, 여러 가지 색깔 펜

🗇 **활동 내용**
1. 짝을 지어 '지금 나는~'이라는 유도문으로 프로그램 시작 당시의 자기 몸과 정서 상태를 확인하고, 색깔로 표현하면서 서로 이야기를 나눈다.
2. 하현우의 노래 〈돌덩이〉를 함께 듣고 이야기를 나눈다.
3. 짝이 된 집단원의 이미지에 맞춰 가면서 〈돌덩이〉의 가사 중에서 괄호를 치고 싶은 부분에 괄호를 친다.
4. 괄호 속에 들어간 부분의 가사를 짝이 된 집단원의 이미지에 맞도록 개사하여 꽃편지지에 옮겨 쓴다.
5. 개사가 완성된 가사 밑에 짝이 된 집단원에게 하고 싶은 말을 간단하게 써서 꽃봉투에 넣고 스티커로 봉한다.

🗇 **마무리 활동**
1. 서로에게 편지를 선물한다.
2. 자기에 대한 짝 집단원의 인정에 감사 인사를 한다.
3. 집단지도자는 다음 회기의 주제와 시간을 알려 준다.

〈돌덩이〉

Hit me harder Make me strong

......

뜨겁게 지져 봐 절대 꼼짝 않고 나는 버텨 낼 테니까
거세게 때려 봐 네 손만 다칠 테니까

......

난 말야 똑똑히 봐 깎일수록 깨질수록 더욱 세지고 강해지는 돌덩이

감당할 수 없게 벅찬 이 세상 유독 내게만 더 모진 이 세상
모두가 나를 돌아섰고 비웃었고 아픔이 곧 나였지

......

나를 봐 끄떡없어 쓰러지고 떨어져도 다시 일어나 오를 뿐야

......

누가 뭐라 해도 나의 길 오직 하나뿐인 나의 길 내 전부를 내걸고서 Hey

걸어가

......

언젠가 이 길 끝에 서서 나도 한번 크게 한번 목이 터져라 울 수 있을 때까지

하현우, 〈돌덩이〉 가사 중 일부를 발췌함

10회기 **따로 또 같이!**

▢ 활동 목표
• 나와 너의 서로 다름이 모여서 하나의 큰 질서를 이루는 조화를 이해한다.

▢ 준비물 4절 도화지, 사인펜, 색연필, 파스텔, 정착액 스프레이, 4절 액자, 스펀지, 대형 돗자리, 물휴지

▢ 활동 내용
1. '지금 나는~'이라는 유도문으로 프로그램 시작 당시의 자기 몸과 정서 상태를 확인한다.
2. 대형 돗자리를 깔고 집단원들이 모두 둘러 앉아 4절 도화지를 가운데 두고 '나'라는 말에 떠오르는 대로 한 행씩 협동시를 쓴다.
3. 시를 쓸 때 필기도구는 주어진 재료 안에서 각자가 원하는 대로 선택하고, 필체나 시행의 순서도 서로 이야기를 나누면서 원하는 대로 하되, 각자 총 5행씩 쓰고, 함께 의논하여 제목을 정하고 마지막에 제목을 쓴다.
4. 시와 집단의 성격에 맞는 집단의 이름을 함께 의논하여 정한다.
5. 완성한 시의 배경을 협동하여 파스텔로 그리고, 정착액을 뿌려 완성한다. 물휴지로 손을 깨끗이 닦은 뒤, 서로 힘을 모아 액자 안에 시화를 잘 넣는다.

▢ 마무리 활동
1. 액자에 들어간 완성된 시를 다섯 행씩 순서대로 읽는다.
2. 시에 대한 느낌을 함께 나눈다.
3. 집단지도자는 다음 회기의 주제와 시간을 알려 주되, 프로그램의 종료가 다가오고 있음을 미리 고지하여 상담종결에 대한 마음의 준비를 할 수 있게 한다.

우리는 모두 나야!

집단 이름: _____

집단원 1. _____

집단원 2. _____

집단원 3. _____

집단원 4. _____

집단원 5. _____

집단원 6. _____

집단원 7. _____

집단원 8. _____

집단원 9. _____

집단원 10. _____

나는 누구인가?

☐ 활동 목표
• 자기의 고유성을 통해서 자아정체감을 확립하고 미래의 자기상을 세울 수 있다.

☐ 준비물 A4 용지, 연필, 지우개, 네임펜, 사인펜, 색연필

☐ 활동 내용
1. 짝을 지어 '지금 나는~'이라는 유도문으로 프로그램 시작 당시의 자기 몸과 정서 상태를 확인하고, 한 문장으로 표현하고 서로 나눈다.
2. 10회기까지의 프로그램에 대한 전체적인 느낌과 감상을 나눈다.
3. 지금까지 진행해 온 모든 과정을 통해서 알게 된 자기의 고유성을 글감으로 하여 '나는 누구인가'라는 주제로 과거와 현재의 나에 대한 글을 쓴다.
4. 글을 통해서 확인한 자기만의 고유한 성품과 특성을 기반으로 하는 미래의 자기를 가만히 생각해 보고, A4 용지에 미래의 자기를 그려 본다.
5. 미래의 자기를 소개하는 발표를 한다. 원하지 않으면 그냥 넘어간다.

☐ 마무리 활동
1. 가장 자기다운 말이 무엇인지 한 마디로 표현해 보고 서로 지지해 준다.
2. 집단지도자는 다음 회기가 상담의 종결이 됨을 고지하고, 집단원들이 종결에 대한 마음의 준비를 할 수 있도록 격려한다.

나는 누구인가?

• 과거의 나

_____

_____

_____

_____

_____

• 현재의 나

_____

_____

_____

_____

_____

• 미래의 나

_____

_____

_____

_____

_____

내일의 나에게

🗇 **활동 목표**
• 프로그램을 모두 정리한다.

🗇 **준비물** 응원 메시지 카드, 16절 두꺼운 색마분지, 꽃편지지, 꽃봉투, 사인
       펜, 네임펜

🗇 **활동 내용**
1. '지금 나는~'이라는 유도문으로 프로그램 시작 당시의 자기 몸과 정서 상태를
   확인하고 서로 이야기를 나눈다.
2. 11회기에서 그린 미래의 자기상을 다시 떠올리면서 미래의 자기에게 현재의
   자기가 편지를 써서 꽃봉투 안에 넣는다.
3. 미리 만들어 두었던 고유성 모음집에 두꺼운 색마분지로 표지를 만들고, 자기
   에게 어울리는 제목을 쓴다.
4. 서로의 모음집을 소개하고 격려와 지지를 나눈다.
5. 집단지도자가 응원메시지 카드를 집단원들에게 한 명씩 전달한다.

🗇 **마무리 활동**
1. 프로그램 전반에 대한 생각과 느낌을 서로 나누는 시간을 가진다.
2. 프로그램 전체 회기 중 가장 기억에 남는 순간에 대해서 서로 이야기를 나
   눈다.
3. 집단지도자의 감사인사로 전체 프로그램을 종결한다.
4. 추후에 다시 모여 사후검사를 하기로 약속한다.

내일의 나에게

○○세의 나, ○○에게

안녕?

20○○년도의 나는 어떤 모습이니?

지금 나는 한창 사춘기를 지나고 있어.

2021년 ○○세의 나,

_____가

20○○년 ○○세의 나에게

Thank you

○○○에게

세상에 하나뿐인 ○○○!

너는 너인 채로 늘 아름답고 귀하단다.

너를 만나 감사했고,

앞으로 너로 우뚝 서서 너답게 나아가는

모습을 볼 수 있으리라는 기대에

설렌단다.

가끔 따끔거리는 시선에 주춤할 때가

있을지도 모르지만,

그때마다 오늘이

너에게 힘을 주는 기억이 되기를 매일

매 순간 응원할게!

09
시험불안이 높은 청소년을 위한
인지행동치료 집단상담 프로그램

　'성장하다' '성숙하다'라는 의미의 'Adolescere' 단어에서 유래된 청소년기 (Adolescence)는 '성인' 혹은 '성숙으로서의 성장'을 의미한다. 청소년기에는 2차 성징을 시작으로 신장과 체중의 급격한 성장과 성적인 성숙이 나타난다. 급격한 신체적·성적 변화에 청소년들은 당황하고 불안해하는 경향과 함께 정서적 기복, 불안과 혼돈, 자신감의 상실 등과 같은 정서적 불안정을 보이기도 한다. 뿐만 아니라 정서·인지·사회성의 급격한 발달이 이러한 불안정한 심리적 특성을 더 강화하기도 한다. 청소년기의 발달적 특성 외에도 우리나라 청소년들은 입시 위주 교육과 높은 교육열로 상당한 학업 스트레스를 겪고 있다. 이러한 환경 속에서 청소년이 자아정체성을 확립하며 심리적·사회적 과제를 수행하기는 어렵다. 발달심리학, 상담, 교육 등 다양한 분야에서 아동기에서 성인기로 이행하는 과도기 단계인 청소년기를 중요하게 다루고 그들의 당면한 문제에 관심을 두고 조력하고자 한다. 청소년 집단상담 프로그램은 그 노력의 일환으로 청소년을 대상으로 집단상담을 진행함으로써 그들의 심리적·사회적인 성숙과 정신건강을 촉진하도록 도와주는 전문적인 활동이다. 한국교육학술정보원에 게재된 청소년 집단상담 관련 연구물의 양적 증가는 청소년의 건전한 성장과 발달을 돕기 위한 상담 현장의 노력이 반영된 것으로 해석될 수 있다.

청소년기는 '독립'을 위한 다양한 시도를 하는 과정이지만 인지적·신체적으로 급격한 발달이 진행되는 중이기 때문에 자신과 타인을 객관적으로 인식하기 어렵고, 현실 인식능력 또한 현저하게 저하되는 경향이 있다. 청소년들은 기존의 권위에 대해 무조건 거부하는 행동을 보이면서, 불안감을 낮출 수 있는 또래관계에 의지하며 영향을 주고받는 경향이 있다. 청소년들에게 개인상담보다 집단상담이 더 효과적인 이유에 대해 Carrell(2000)은 다음과 같이 설명하고 있다. 첫째, 청소년들은 집단상담을 통해 자신만의 피해의식을 깰 수 있다. 청소년들은 종종 자신만 힘들다고 생각하는 경향이 있는데, 친구와의 집단상담을 통해 혼자라는 감정에서 벗어날 수 있다. 둘째, 청소년 집단상담은 성인들과의 불편한 관계를 완화시켜 준다. 집단이 주는 힘의 균형을 통해 청소년들은 집단상담을 통해 성인들과의 관계를 맺어 갈 수 있다. 셋째, 청소년들은 새로운 사회기술을 습득한다. 집단상담은 청소년들에게 새로운 사회기술을 배울 수 있는 환경을 제공해 준다. 청소년들은 집단상담을 통해 자기주장 훈련, 우울과 불안, 분노 등의 부정적 감정을 다루는 방법을 배울 수 있다(원재순, 2018에서 재인용). 천성문 등(2004)의 연구에서도 청소년 집단상담에 대한 이점을 동일하게 보고하고 있다.

급격한 신체 발달과 인지, 정서, 행동의 변화 및 사회적 역할의 갈등을 경험하고 있는 청소년들을 위한 우리나라 청소년 집단상담 프로그램은 진로탐색 집단상담, 대인관계 능력증진 집단상담, 자아성장 및 탐색 집단상담, 인터넷 게임중독 예방집단, 시험불안 감소 집단상담, 정서조절 프로그램 등으로 종류가 매우 다양하다(천성문 외, 2017). 이들 프로그램은 이미 효과가 검증되어 널리 활용되고 있다.

1 시험불안이 높은 청소년의 특성

학교 성적 비관으로 인한 청소년의 자살 소식은 우리에게 그다지 낯설지 않은 '슬픈 사실'이 되어 사회문제로 급부상하고 있다. 특히 우리나라 고등학생의 경우, 입시와 직결된 시험에 대한 부담과 압박 때문에 심한 정신적 스트레스를 경험하고 있으며, 학업 문제와 진로 문제를 가장 크게 고민하고 있다(통계청, 2019b). 시험 스트레스를 겪는 청소년들은 불안 및 스트레스와 같은 심리적 문제와 신체적 문제를 겪고 있다.

시험불안과 관련한 선행 연구들을 바탕으로 완벽주의와 비합리적 신념을 시험 불안의 준거로 들 수 있다. Sarason(1972)은 일반불안과 시험불안을 구분하여 각각 의 불안 수준에 따른 학업성취를 조사하여 본 결과, 시험불안은 학업성취와 관련이 있음을 발견하였다. 즉, 평가적 상황에서 시험불안이 높은 사람들은 과제와 관련된 것과 과제와 관련되지 않은 걱정, 자기비하 등으로 주의를 분산시킨다. 따라서 많 은 주의량을 요구하는 문제를 풀 때 시험불안이 높은 사람이 시험불안이 낮은 사람 보다 더 낮은 수행을 보이는 것이다.

시험불안 수준이 높은 학생이 낮은 학생에 비해 낮은 학업 성적을 보인다는 국내 의 연구들은 앞서 언급한 해외 연구와 비슷한 결과를 보이고 있다. 과제 수행과 관 련된 시험불안의 특성 연구 역시 높은 시험불안이 평가 상황에서 사고와 정서에 부 정적인 영향을 미치며 과제 수행도를 떨어뜨린다는 점에서 동일한 결과를 보이고 있다.

2 시험불안이 높은 청소년을 위한 집단상담 프로그램

1) 선행 연구

높은 시험불안이 인지와 정동에 영향을 주어 시험공부에 지장을 주거나, 시 험 시 자신의 실력을 충분히 발휘하지 못하는 경우 문제가 될 수 있다. 시험불안 의 두 가지 요인을 모두 강조하는 인지행동 프로그램으로 시험불안의 정동 요인 을 고려하여 Wolpe의 체계적 둔감법(systematic desensitization)과 Jacobson의 점진 적 이완 훈련(progressive relaxation) 등을 활용하며, 시험불안의 인지적 요인을 고 려하여 Ellis(1962)의 합리정서행동치료와 Wine(1980)의 인지주의 모형(cognitive-attentional model)에 근거한 인지수정법(cognitive modification)을 활용하고 있으며 많은 연구가 인지행동 프로그램이 시험불안 감소에 효과가 있음을 지지해 준다. 그 러나 대부분의 인지행동 집단상담 프로그램은 인지행동 수정이론에 근거해서 프로 그램을 실시하여 그 효과를 검증하는 데 그치고 있을 뿐, 시험불안에 영향을 미친 다고 알려진 변인인 완벽주의와 비합리적 신념에 대한 내용을 체계적으로 포함하고 있는 인지행동 프로그램은 없다는 한계를 지니고 있다.

따라서 시험불안과 관련한 선행 연구의 한계점을 보완하기 위해서는 시험불안에 영향을 주는 구체적인 요인을 포함한 인지행동 프로그램의 개발이 필요하다.

2) 프로그램의 이론적 배경

시험불안의 기저에는 완벽주의가 내재해 있는데, 완벽주의는 부정적 측면뿐만 아니라 긍정적인 측면도 포함하고 있다. Adler는 완벽을 추구하는 것은 인간의 경험에 있어서 반드시 필요한 부분이며, 완벽주의가 인간 존재로서 없어서는 안 될 개개인의 타고난 충동이라고 말했다. 그러나 우리 사회에서 완벽주의는 지나친 교육열과 입시 위주 교육제도의 현실 상황과 더불어, 청소년들에게 있어서 긍정적인 측면으로만 작용하는 것은 아니다. 신경증적 완벽주의자는 평가 스트레스 상황인 시험 장면에서 높은 수준의 불안을 경험할 가능성이 크다. 시험불안의 하위 요소인 걱정과 정서성은 완벽주의의 역기능적 측면인 자신과 타인에 대한 비판적 평가, 과제 수행에 대한 예민성 등과 높은 상관이 있다.

시험불안 감소 프로그램의 또 다른 준거는 개인마다 다른 시험에 대한 주관적·인지적 관점이다. 개인의 인지적 과정이 적응과 밀접한 관계가 있고, 특히 비합리적 신념이 부적응의 중요한 요인이 될 수 있음을 고찰한 연구들이 있다(강이순, 김명식, 2005). 개인이 시험이라는 스트레스 상황을 '어떻게 자각하느냐' 하는 인지적 평가 수준이 시험불안에 중요한 영향을 끼친다는 것이다.

이 프로그램은 시험불안 감소 프로그램을 구성하는 데 있어 시험불안 예언변인인 완벽주의와 비합리적 신념을 포함해야 한다는 관점으로, 그들을 위한 인지행동치료를 개발하게 되었다.

3) 시험불안이 높은 청소년을 위한 인지행동 집단상담의 이론적 배경

인지행동 상담에 대한 연구는 다음의 네 가지 측면을 포함한다. 첫째, 외현적 행동이 학습 원리에 의해 통제되듯이 내면적 행동도 학습 원리에 의해 통제될 수 있다는 것이다. 둘째, 정신요법에서의 인지학습이론으로 Ellis(1962)의 합리정서행동치료 및 Beck(1970)의 인지치료다. 이들은 신념, 태도, 귀인 및 기타 인지적 활동이 인간의 행동 변화에 중심적 역할을 한다는 입장이다. 셋째, Kanfer(1970)의 자기규제(self-regulation)와 자기효율성(self-efficacy)으로 동기나 기대와 같은 인지적 요소가 행동 변화의 기본 과정을 지배한다고 보는 입장이다. 넷째, 인지적 방법을 함께 활용함으로써 인지와 행동 모두를 변화시킬 수 있다고 보는 관점이다(고지희, 2000에서 재인용).

이 연구에서는 인지적 방법으로 Ellis와 Wine의 이론을 바탕으로 한 인지 재구조화와 Meichenbaum의 자기교시법을 사용하였으며, 행동적 방법으로 Jacobson의 점진적 이완 훈련과 Wolpe의 체계적 둔감법을 대표적으로 사용하였다.

(1) 인지 재구조화(cognitive restructuring)

이 기법은 부적절한 행동 양식이 그 사람의 사고방식과 부적절한 정서적 특징에서 비롯되므로, 부적절한 행동의 수정을 위해서는 비합리적인 사고 유형을 합리적이고 체계적으로 재구성해야 한다는 이론적 관점에서 출발한다. 일반적인 절차는 인지 재구조화의 원리 이해, 비합리적 사고의 탐색, 대처행동 탐색 그리고 대처행동의 활용 순으로 이루어진다.

심상법(imagination)이란, 내담자로 하여금 불안이 유발되는 상황을 상상하게 함으로써 그 상황을 극복시키는 것이다. 개인이 가지고 있는 특수한 불안 유발 상황이라는 것에 주의해야 한다. 불안 유발 상황을 다룰 때에는 체계적 둔감법의 불안 위계표를 작성하듯이, 불안이 제일 낮은 상태부터 제일 높은 상태까지 정해 놓고, 한 단계씩 점차적으로 극복해 나가도록 한다.

(2) 자기교시법(self-instruction)

이 기법은 Meichenbaum에 의해 개발된 인지 재구조화 자기 훈련으로서, 비합리적 자기진술을 합리적 자기진술로 이끌어 가는 방법으로 내적 인지 요인으로서의 언어 지도 과정을 활용한 방법이다.

(3) 점진적 이완 훈련(progresssive relaxation training)

체계적인 이완 훈련을 제시한 Jacobson은 모든 종류의 심리적 긴장감은 반드시 신체적 긴장 상태를 수반하므로, 근육의 긴장을 점진적으로 이완시키면 심리적 긴장감 역시 해소된다는 원리에서 점진적 이완 훈련을 발전시켰다. 이 기법은 다각적으로 검증되고 그 실효성이 입증되었다.

(4) 체계적 둔감법(systematic desensitization)

Wolpe가 발전시킨 이 기법은 근육의 긴장을 이완시키기 위한 이완 훈련 단계, 불안 위계 목록을 작성하고 순서를 정하는 단계 그리고 불안 유발 장면을 상상하면서 이를 극복하는 방법을 터득하는 단계로 구성된다.

4) 프로그램의 목표

이 프로그램은 청소년이 자신과 시험에 대한 합리적이고 긍정적인 사고와 태도를 갖고 생활하는 것을 목적으로 한다. 이 프로그램의 구체적인 하위 목표는 다음과 같다.

- 자신에 대한 신뢰와 통제력을 바탕으로, 자신의 능력에 적절하며 실현 가능한 목표에 동일시할 수 있도록 한다.
- 사람은 실수를 할 수 있는 존재이며, 그런 실수에 대해 합리적으로 수용함으로써 긍정적 태도로 자신의 가치감을 자각할 수 있도록 한다.
- 자신에 대한 신뢰를 갖고, 그동안의 수행에 대해 만족함으로써 당당한 태도와 기쁨을 느낄 수 있도록 한다.
- 과거에 대한 수용을 바탕으로 새로운 생활 각본을 선택하고, 책임을 짐으로써 삶에 긍정적 태도를 지닐 수 있도록 한다.
- 상황을 고려한 합리적 태도를 바탕으로 객관적인 해석을 하며, 갈등과 직면하는 해결 습관을 기를 수 있도록 한다.
- 불확실한 위험에 대해 지속적으로 유의해야 한다는 생각을 수정함으로써 자신의 삶을 편안하게 수용할 수 있도록 한다.
- 합리적 목표에 동일시하여 성공감을 경험하고, 자신에 대한 긍정적인 태도를 가지도록 한다.
- 과거의 영향에 대해 비합리적으로 고착된 사고를 수정함으로써 지금-여기에 충실한 태도를 바탕으로 상황에 대한 적극성을 갖도록 한다.
- 시험과 관련된 상황을 편안하게 수용할 수 있도록 한다.

5) 프로그램의 구성

이 시험불안 감소를 위한 인지행동 집단상담은 관계 형성 단계, 자기인식 단계, 문제해결 단계, 재교육 단계의 4단계로 구성하였고, 구체적으로 살펴보면 다음과 같다. 이 프로그램의 각 회기에서는 이완 훈련이 병행되었으며, 이전의 시험불안 감소를 위한 인지행동 집단상담 프로그램에서 실시되지 않았던 그리기 활동, 이야기 쓰기, 이야기 다시 쓰기, 게임, 역할극 등 다양한 기법이 더 효과적인 프로그램의 목적 달성을 위해 사용되었다.

(1) 관계 형성 단계(1회기)

첫 번째 단계는 프로그램에 대한 이해와 집단원들 간의 라포 형성이 이루어지는 단계다. 이 단계는 청소년과 상담사 간에 신뢰감을 형성하고, 집단원들 간에 친밀감을 형성하여 어색하고 긴장된 분위기를 해소하기 위한 단계로, 집단원에게 프로그램의 목표와 내용을 이해시켜 프로그램에 대한 참여 동기를 부여한다.

(2) 자기인식 단계(2~4회기)

두 번째 단계는 자기인식 단계다. 이 단계에서는 자신의 감정과 시험 상황에 대한 자기인식 및 완벽주의와 관련된 자신의 성장 과정, 가족, 학교 상황, 친구 등에 대한 탐색을 통한 자기 자각을 높일 수 있다. 2회기에서는 불안이 일어나는 상황에서의 생각과 행동에 대해 이야기하고, 그때의 느낌을 '그리기'로 표현함으로써 자신의 불안을 외현화한다. 3회기에서는 〈한 아이가 성장했다네〉라는 시를 통해 부모의 평가적 태도가 자신과 집단원들에게 어떠한 영향을 미쳤는지에 대한 이해를 높인다. 4회기에서는 '교실에서 걷기'와 '레슬리' 사례를 통해 실수에 대한 염려를 다루고, 이를 통해 긍정적 인식의 변화를 시도한다.

(3) 문제해결 단계(5~10회기)

세 번째 단계는 문제해결 단계다. 문제해결 단계에서는 이완 활동, 자동적 사고, 비합리적 신념 및 자기교시를 통한 구체적 접근으로 시험불안에 영향을 주는 요소들에 대한 인지행동 수정이 이루어진다. 5회기에서는 시험불안과 관련된 과잉 불안 염려를 시험불안 위계표를 작성해 이완 활동을 한다. 6회기에서는 '보아 뱀'에게 편지 쓰기를 통해 완벽주의와 관련된 자동적 사고를 직면하고 대처하는 연습을 한다. 7회기에서는 작성된 시험불안 위계표를 바탕으로 시험불안 뒤에 있는 완벽주의에 대한 사고를 인식하고 자동적 사고를 직면하고 대처하는 연습을 한다. 8~10회기에서는 '아하 ABC'를 통해 자신의 비합리적 신념을 탐색하고 변화시키는 방법을 생각해 본다.

(4) 재교육 단계(11~12회기)

네 번째 단계는 재교육 단계다. 마지막 재교육 단계에서는 그동안의 활동을 다시 한번 정리하고, 서로의 목표 성취도를 점검하고자 한다. 이 단계에서 지도자는 종결과 관련된 집단의 심리적 · 정서적 부분을 다루고, 앞으로의 생활에 더 잘 적응할 수 있도록 격려와 긍정적 지지로 프로그램을 마무리할 것이다. 재교육 단계인 11회기에서는 시험불안이 일어났던 상황을 '우리가 이렇게 변했어요' 역할극을 통해 표현함으로써 새로워진 자신의 생각, 느낌, 행동에 대한 자각을 강화한다. 12회기에서는 그동안 실시한 프로그램에 대한 서로의 경험을 나누고, 집단원들이 편지를 통해 서로 긍정적인 피드백을 나누며 집단을 정리해 보는 시간을 가진다. 자신의 새로운 각오를 카드로 작성하고, 지갑에 넣어 다님으로써 앞으로의 생활에 대한 긍정적인 변화를 유지하도록 지지하며 회기를 마무리한다.

표 2-1 시험불안이 높은 청소년을 위한 인지행동치료 집단상담 프로그램의 전체 구성

단계	회기	주제	활동 목표	활동 내용
관계 형성	1	서로 친해 져요	• 프로그램에 대한 참여동기 유발 • 긴장된 분위기를 해소 • 프로그램에 대한 이해를 높이고 집단원 간의 친밀감과 신뢰감 형성	- 프로그램의 목표와 내용을 소개한다. - 자기소개서를 작성하고 발표한다. - 규칙을 정하고 서약서를 작성한다. - 마무리한다.
자기 인식 및 타인 인식	2	이럴 땐 이런 감정이 들어요	• 불안과 관련된 상황과 그때의 감정, 행동에 대한 인식 • (시험)불안한 감정과 완벽주의의 관련에 대한 인식 • 긴장된 신체에 대한 자각과 이완	- 긴장-이완 활동을 한다. - 자신이 아는 감정들을 바탕으로 빙고 게임을 한다. - 여러 가지 감정을 정리하고 불안, 초조, 걱정스러움 등이 발생하는 상황들을 생각해 본다. - 불안한 감정이 일어나는 상황에서, 어떤 생각이 들고, 어떤 행동을 하는지 이야기를 나눈다. - 그때의 느낌을 그림으로 표현하고 이름을 붙인다. - 앞으로 이름 붙인 그 느낌을 다룰 것이라는 것을 알리며 정리한다.
	3	한 아이가 성장했 다네	• 긴장된 신체에 대한 자각과 이완 • 완벽주의에 영향을 미치는 요인 탐색 • 자신을 과소평가하고 완벽해지려는 경향과 불안에 대해 인식	- 긴장-이완 활동을 한다. - 간단한 문장완성검사를 실시한다(부모, 시험과 관련해서). - 〈한 아이가 성장했다네〉 시를 읽는다. - 자신의 시를 써 봄으로써, 자신과 집단원에 대한 이해를 높인다. - 활동지를 통해 자신의 완벽주의에 영향을 미치는 요인을 찾아본다. - 자신의 성장 과정에서 완벽주의와 관련된 이야기를 나눈다. 그것이 현재 자신에게 어떻게 영향을 주는가에 대해서 집단원들과 이야기를 나눈다. - 과제를 준다(자신들의 지연행동 목록을 작성하고 지연행동에 대한 이유와 앞으로 계획을 적어 오기).
	4	나의 인생 살펴 보기	• 긴장된 신체에 대한 자각과 이완 • 완벽주의가 미치는 영향에 대한 탐색 • 완벽주의와 관련된 모습 통찰	- 긴장-이완 활동을 한다. - 과제에 대해 이야기를 나누고, 완벽주의가 지연행동에 영향을 준다는 사실에 대해 이야기를 나누고 정리한다. - 한 명씩, 실수 없이 완벽하게 교실 끝에서 끝까지 걸어 보고 간단하게 형용사로 느낌을 표현한다. 지도자가 구성원들에게 부담을 느끼지 않도록 심리적 안정을 준 다음, 걸어 보게 한다. 그 후 첫 번째 걸음과 두 번째 걸음 활동 시, 들었던 생각들을 나누어 본다. - 완벽하게 행동하려는 사람의 사례를 읽고 어떤 느낌이 들었는지 이야기를 나눈다.

(계속)

			• 완벽주의에 대한 이해를 바탕으로 삶의 변화를 위한 긍정적 인식 형성	– 조별로 자신들의 생활 속에서 완벽주의와 관련된 경험을 나누고 그때의 느낌을 역할극으로 표현한다. – '몸에 밴 어린 시절'을 읽고 이야기를 나눈다.(레슬리에게 하고 싶은 말, 레슬리 어머니께 하고 싶은 말, 내가 레슬리라면…… 등) – '꼬마 완벽이' 이야기 만들어 오기를 과제로 준다.
문제해결(1)	5	시험불안이 찾아올 때 이완하기	• 긴장된 신체에 대한 자각과 이완 • 시험불안 위계표 구성 • 시험불안 시, 신체의 긴장을 인식하고 이완 활동을 통한 신체 긴장 해소	– 긴장-이완 활동을 한다. – 시험불안 목록카드로 집단원끼리 상의하여 전체 불안 위계표를 작성한다. – 위계표를 바탕으로 긴장-이완 활동을 한다(보아 뱀과 연관시킨 심상훈련). – 느낌을 나눈다. – 과제를 준다.
문제해결(2)	6	보아 뱀에게	• 긴장된 신체에 대한 자각과 이완 • 완벽주의와 관련된 자동적 사고를 직면하고 이에 대한 대처 방식 연습	– 긴장-이완 활동을 한다. – '보아 뱀' 그림을 보고 '보아 뱀에게' '소녀에게' 글을 쓴다. – 쓴 내용을 바탕으로 완벽을 추구하려는 자신의 사고에 대한 이야기를 나눈다. – 활동에 대한 피드백을 주며 마무리한다. – 과제를 준다.
	7	시험이 다가오면……	• 긴장된 신체에 대한 자각과 이완 • 시험불안의 뒤에 있는 완벽주의에 대한 사고를 인식 • 완벽주의에 대한 자동적 사고를 직면하고 오류 확인을 통해 대처방식 연습	– 긴장-이완 활동을 한다. – 단어 연상 활동을 통해 자동적 사고에 대한 이해를 돕는다. – 작성된 시험불안 위계표를 바탕으로(시험불안 위계표 카드 목록 준비) 각 단계마다 일어나는 생각들을 적어 본다. – 불안 뒤에 있는 생각들에 대해 집단원들과 이야기를 나누고 오류가 있음을 확인한다. – 과제를 준다.
문제해결(3)	8	아하! ABC	• 긴장된 신체에 대한 자각과 이완 • ABC이론에 대한 이해 • 비합리적 생각이 문제행동을 야기시킨다는 것에 대한 이해 • 합리적 신념과 비합리적 신념을 구분	– 시험불안 목록을 바탕으로 긴장-이완 활동을 실시한다. – 감정차트를 보고 최근의 자기 감정과 관련된 것에 체크한다. – 그 감정을 바탕으로 이야기를 나눈다(무슨 일이 있었으며 왜 그런 감정이 들었는지, 이야기를 나눈다). – A, B, C에 속하는 예가 적혀 있는 카드를 순서대로 나열해 보고 ABC이론에 대한 설명을 듣는다. – 자신의 경험을 ABC이론에 맞게 이야기해 본다. – 자신이 가지고 있는 비합리적 신념들을 점검해 본다. – 합리적 신념과 비합리적 신념에 대해서 이해하고 구분하기 연습을 한다. – 과제를 준다.

(계속)

	9	아하! ABC DE	• 긴장된 신체에 대한 자각과 이완 • ABCDE 이론에 대한 이해 • DA와 관련된 비합리적 신념에 대한 논박 • 시험불안 위계 장면에서 일어나는 비합리적 신념들에 대한 논박을 통한 긍정적 효과의 경험	- 시험불안 목록을 바탕으로 긴장-이완 활동을 실시한다. - 예를 통하여 8회기의 ABC 이론을 복습하고 ABCDE 이론을 도입한다. - A-B-C-D-E에 대한 미니 강의를 한다. - ABCDE 이론을 통해 시험 관련 상황에서 일어나는 수행에 대한 의심과 관련된 비합리적 생각을 수정하고 새로운 정서적 경험을 느껴 본다. - 느낌을 나눈다. - 과제를 준다.
문제해결 (4) 자기교시	10	다시 쓰는 완벽이 이야기	• 긴장된 신체에 대한 자각과 이완 • 예전의 부정적 자기교시를 자각하여 긍정적 자기 교시로 수정	- 시험불안 목록을 바탕으로 긴장-이완 활동을 실시한다. - 자신의 '꼬마 완벽이' 이야기를 집단원들과 함께 나눈다. - 두 집단으로 나누어 이야기 속 주인공이 하는 생각들을 적어 본 다음, 다시 쓰는 이야기에는 어떤 새로운 생각들이 들어갈지 이야기를 나눈 후, 자신들의 이야기를 다시 써 본다. - 집단원들이 1~2문장씩 글을 돌려 써 가며 '꼬마 완벽이'의 새로운 이야기를 작성한다. 새 이야기에서 나온 긍정적 교시 및 긍정적 행동을 알아본다. - 과제를 준다(자기에게 일어난 변화들 기록하기: 생각, 느낌, 행동).
재교육	11	우리가 이렇게 변했어요	• 긴장된 신체에 대한 자각과 이완 • 긴장 상황에서의 자신 조절능력 향상 • 새로워진 자신의 생각, 느낌, 행동에 대한 자각 및 강화	- 시험불안 목록을 바탕으로 긴장-이완 활동을 실시한다. - 지금까지의 활동을 회상한 뒤, 조원들끼리 배운 내용들을 표현할 수 있는 역할극에 대해 생각을 나눈다. - 팀별로 4회기 시 실시한 역할극을 먼저 실시한 다음, 새로운 역할극을 실시한다. - 상대방 역할극에 대한 피드백을 주고받고 역할극을 한 조원들의 느낌 및 생각의 변화에 대해 이야기를 나눈다. - 과제를 준다(자기에게 일어난 변화들 기록하기: 생각, 느낌, 행동).
	12	사랑을 나누어요	• 긴장된 신체에 대한 자각과 이완 • 지난 회기 동안의 일들을 돌아보며 프로그램과 자신에 대한 평가 • 집단원들의 서로 간의 격려를 통해 앞으로 생활에 대한 긍정적 지지 획득 • 새로운 각오 다짐	- 시험불안 목록을 바탕으로 긴장-이완 활동을 실시한다. - 자신과 집단을 정리해 보며 지난 회기 동안의 활동에 대한 긍정적인 피드백을 한다. - 앞으로의 '나와의 약속'에 대한 평가와 다짐을 한다. - 집단원들끼리 서로 격려한다. - 새로운 각오를 한다.

1회기 서로 친해져요

활동 목표

• 프로그램에 적극적으로 참여하도록 동기를 부여하고, 집단원들의 긴장된 분위기를 해소하여 서로에 대한 친밀감과 신뢰감을 형성한다.

준비물 명찰, 사인펜, 나에 대한 기록지, 규칙 및 서약서, 출석 · 활동 기록지, 스티커, 매 회기마다 과제로 하는 이완 활동 기록지

활동 내용

1. 집단지도자는 집단원들을 환영하고, 12회기 동안 함께할 프로그램을 소개한다.
2. 명찰을 나누어 주고, 자신의 이름을 적은 후에 가슴에 달도록 한다.
3. 집단원들에게 '나에 대한 기록지'를 분배한 다음 작성하게 한다.
4. 작성된 기록지를 바탕으로 집단원들과 알아 가는 시간을 가진다.
5. 지도자는 집단원들에게 프로그램을 원활히 하기 위해서는 규칙이 필요함을 이해시키고, '집단 규칙 차트'에 적힌 규칙을 집단원에게 숙지시킨다. 집단원들은 서약서에 서명하고, 지도자는 그 내용에 대해 이야기를 나눈다. 그리고 지도자는 '출석 스티커'와 '활동 스티커'에 대해 설명한다. 스티커를 많이 얻은 사람이 마지막 회기에 선물을 받게 된다.

마무리 활동

1. 다음과 같은 질문에 대해 이야기를 나눈다.
   - "프로그램에서 기대하는 것은 무엇인가요?"
   - "자신에 대해서 집단원들에게 소개할 때 느낌이 어떠했나요?"
2. 이번 회기에서 활동 이전과 도중, 활동 후 자신의 느낌이나 생각을 서로 나누도록 한다.
3. 다음 회기의 주제와 시간에 대해 알려 준다.

서약서

1. 나는 1회기부터 12회기까지 성실히 참여한다.

2. 나는 활동 과정에서 알게 된 친구의 이야기를 다른 곳에서 말하거나 나쁘게 이용하지 않
   는다.
   (비밀 규칙)

3. 나는 이 활동에서 솔직하게 이야기한다.

4. 나는 선생님과 다른 친구가 말할 때 경청한다.

5. 나는 모든 활동에 적극적으로 참여한다.

※ 본인은 이 활동에 참여함에 있어 이상과 같은 다섯 가지 사항을 준수할 것을 약속합니다.

                                                        년   월   일

                                                   성명   (사인)

친구에게 들려주는 내 이야기

♪ 나의 별칭(이유 적기)

♪ 내가 생각하는 나의 장점

♬ 내가 좋아하는 연예인

♪ 내가 생각하는 나의 단점

♩ 내가 갖고 있는 소중한 세 가지

♫ 내가 갖고 싶은 직업(이유 적기)

♪ 내가 즐겨 하는 일

♪ 프로그램에서 기대하는 것

이완지수 기록표

✻ 다음의 표는 이완 훈련을 하기 전후에 걸쳐 여러분이 주관적으로 느끼는 이완지수를 기록하는 도표입니다. 여러분이 가장 이완된 상태를 0으로, 가장 긴장된 상태를 100으로, 그 사이를 100등분하여 주관적으로 느끼는 이완 정도를 기록하면 됩니다.

날짜	이완지수		
	시작하기 전의 이완지수	그 회에 바라는 이완지수	마친 후의 이완지수

이럴 땐 이런 감정이 들어요

🗇 활동 목표
• 집단원들 간에 그리고 집단원들과 지도자 간에 더 깊은 신뢰감과 친밀감을 형성하고 집단의 분위기를 활기차게 한다.

🗇 준비물 A4 용지, 연필, 지우개, 도화지, 전지, 크레파스, 사인펜, 감정 차트

🗇 활동 내용
1. 집단지도자는 집단원들을 환영한다. 그리고 지난 시간의 활동을 언급한 뒤, 이번 시간에 하게 될 내용을 소개한다.
2. 자신이 아는 감정을 바탕으로 빙고 게임을 한다.
3. 감정 차트를 통해 감정의 다양함이 있음을 알려 주고, 여러 가지 감정 중 불안, 초조, 걱정 등이 발생하는 상황에 대해 이야기한다.
4. 그때의 느낌이나 상황을 그림으로 표현하고, 그 감정에 이름을 붙인다.
5. 앞으로 이름 붙인 그 느낌을 다룰 것임을 알리며 활동을 정리한다.
6. 앞에서 나눈 조별로 큰 전지에 둘러앉게 한 다음, 조원이 함께 그릴 그림의 제목을 정하게 한다. 집단원 모두가 동시에 그림을 그리도록 하고, 다 마친 후에 그림에 대해서 발표하도록 한다.

🗇 마무리 활동
1. 다음과 같은 질문에 대해 이야기를 나눈다.
   - "감정빙고를 할 때 어떤 생각이 들었나요."
   - "불안과 관련한 그림을 그릴 때 어땠나요."
   - "자신의 그림을 보면서 어떤 기분이 들었나요."
2. 이번 회기에서 활동 이전과 도중, 활동 후 자신의 느낌이나 생각을 서로 나누도록 한다.
3. 다음 회기의 주제와 시간에 대해 알려 준다.

감정차트

행복	슬픔	분노	사랑과 우정	두려움	비탄(걱정)
· 높은 수준의 감정 ·					
의기양양한	비참한	독기를 품은	숭배하는	무시무시한	고뇌에 찬
들뜬	짓밟힌	노해서 펄펄 뛰는	열렬히 사랑하는	전전긍긍하는	진저리 치는
매우 기쁜	무가치한	격분한	정열적인	겁에 질린	말문이 막히는
행복으로 빛나는	모욕적인	격노한	사랑의	끔찍한	고통스러운
무아지경인	우울한	화가 난	애정의	소스라치는	신물 나는
기쁨이 충만한	무력한	증오의	열렬한	절망적인	괴로운
· 중간 수준의 감정 ·					
즐거운	고독한	역겨운	배려하는	겁먹은	괴롭히는
만족스러운	괴로운	염증 나는	헌신적인	걱정하는	당황하는
흥미 있는	경시당하는	악화시키는	아낌없는	신경과민	혼돈되는
행복한	매도당하는	가슴을 찌르는 듯한	사랑하는	긴장한	혼란스러운
기운찬	실패한	적의적인	공감하는	불안정한	손상시키는
기쁜	낙심한	짜증 나는	동정하는	위협적인	해치는
· 낮은 수준의 감정 ·					
명랑한	체념한	역정을 잘 내는	인정 있는	불안한	어리석은
쾌활한	냉담한	괴롭히는	상냥한	긴장한	미련한
반가운	우울한	성가신	정중한	두려워하는	불확실한
가뿐한	음울한	초조한	예의 바른	예민한	과민한
좋은	무시당하는	약 오른	애정을 주는	당황하는	헛된
평화스러운	무뚝뚝한	거슬리는	친절한	동요하는	마음이 어수선한

3회기   한 아이가 성장했다네

⬚ 활동 목표

• 긴장된 신체에 대한 자각과 이완을 도모하고, 자신을 과소평가하고 완벽해지려는 경향과 불안에 대해 인식을 높이며, 이것에 영향을 미치는 요인을 탐색할 수 있도록 도와준다.

• 자신의 현재 정서를 살펴보고, 우울한 정서를 표현할 수 있도록 한다. 긴장된 신체에 대한 자각과 이완을 할 수 있다.

⬚ 준비물 감정 차트, 색종이, 나의 감정 표시지, 풀, 8절 도화지, 그림도구

⬚ 활동 내용

1. 집단지도자는 집단원들을 환영한다. 간단한 긴장-이완 훈련을 한다. 그리고 지난 시간의 활동을 언급한 뒤, 이번 시간에 하게 될 내용을 소개한다.
2. 집단원들에게 간단한 문장완성검사를 실시한다.
3. 〈한 아이가 성장했다네〉 시를 읽고 느낌을 나눈다.
4. 자신의 시를 써 본다.
5. 자신의 성장 과정에서 완벽주의와 그것이 현재 자신에게 어떻게 영향을 주는가에 대해 이야기를 나눈다.

⬚ 마무리 활동

1. 다음과 같은 질문에 대해 이야기를 나눈다.
   – "시를 읽은 소감이 어떠했나요."
   – "자신과 집단원들의 시를 읽고 난 뒤에 어떠했나요."
2. 이번 회기에서 활동 이전과 도중, 활동 후에 자신의 느낌이나 생각을 서로 나누도록 한다.
3. 다음 회기의 주제와 시간에 대해 알려 준다.

멈춰서 생각하기

* 다음에 기술된 문장은 뒷부분이 빠져 있습니다. 각 문장을 읽으면서 맨 먼저 떠오르는 생각을 뒷부분에 이어 문장을 완성해 보세요. 시간제한은 없으나 가능한 한 신속히 하세요.

1. 내 생각에 가끔 아버지는 _____

_____

2. 어리석게도 내가 가장 두려워하는 것은 _____

_____

3. 다른 가정에 비교해서 우리 집안은 _____

_____

4. 나의 어머니는 _____

_____

5. 무슨 일을 해서라도 잊고 싶은 것은 _____

_____

6. 내가 정말 행복할 수 있으려면 _____

_____

7. 어렸을 때 잘못했다고 느끼는 것은 _____

_____

8. 다른 친구들이 모르는 나만의 두려움은 _____

_____

9. 우리 가족에 대해서 _____

_____

10. 어머니와 나는 _____

_____

11. 시험 치를 때, 내가 하는 생각은 _____

_____

12. 시험을 잘 못 치렀을 때, _____

_____

13. 내가 잊고 싶은 두려움은 _____

_____

14. 내가 평생 가장 하고 싶은 일은 _____

_____

15. 생생한 어린 시절의 기억은 _____

_____

16. 내가 어렸을 때 우리 가족은 _____

_____

17. 아버지와 나는 _____

_____

〈시 감상하기〉

한 아이가 성장했다네

– Walt Whitman

한 아이가 날마다 성장했다네.
아이가 바라던 최고의 대상, 아이는 그 대상이 되었다네.
그리고 그 대상은 아이의 한 부분이 되었다네.

아이의 양친은 그가 아버지라고 불렀던 남자와
그를 태중에 뱄다가 낳아 준 여자.
그들은 이 아이에게 출산보다 더 값진 그들 자신을 주었다네.
그들은 이후 날마다 주었으며, 아이의 한 부분이 되었다네.

집 안에서 조용히 저녁 밥상을 차리던 어머니,
그 어머니의 부드러운 말씨, 산뜻한 모자와 드레스 차림,
발걸음을 옮길 때마다 그 인품과 옷차림에서 뿜어 나오던 향기,
굳세고, 자신감 넘치고, 남자다우면서,
야비하고, 화를 내며, 부당하기도 했던 아버지.
아버지의 호된 매, 목청 그리고 빠른 말씨, 빈틈없는 흥정, 능란한 꼬드김,
그들의 이 모든 부분을 아이에게 주었다네……

그것은 드러나 보이는 그대로의 것인가,
아니면 한낱 찰나적이고 보잘것없는 것에 지나지 않았던가?

〈나도 시인!〉

한 아이가 성장했다네

_____

한 아이가 날마다 성장하였다네.
아이가 바라던 최고의 대상, 아이는 그 대상이 되었다네.
그리고 그 대상은 아이의 한 부분이 되었다네.

아이의 양친은 그가 아버지라고 불렀던 남자와
그를 태중에 뱄다가 낳아 준 여자.
그들은 이 아이에게 출산보다 더 값진 그들 자신을 주었다네.
그들은 이후 날마다 주었으며, 아이의 한 부분이 되었다네.

집 안에서 _____ 하던 어머니
그 어머니의 _____ (말씨), _____ (차림)
나에게 _____ 했던 어머니
집 안에서 _____ 하던 아버지
나에게 _____ 했던 아버지
아버지의 _____ 부분
어머니의 _____ 부분
그들의 이 모든 부분을 아이에게 주었다네…….

그것은 드러나 보이는 그대로의 것인가,
그들로부터 받은 그 모든 것을 가지고 있는 나는……
과연 누구인가?
아! 나는 _____

나의 삶 돌아보기

- 3회기 과제와 4회기 활동지

＊ 나의 완벽주의에 영향을 미친 사건이나 이야기를 살펴보기

	아버지	어머니	선생님	형제자매	기타
초등학교 이전					
초등학교					
중학교					
고등학교					

4회기 나의 인생 살펴보기

활동 목표

• 성장 과정에서의 완벽주의와 관련된 실수에 대한 염려를 관찰하고 인식함으로써 이에 대한 통찰을 도모한다. 그리고 긍정적인 인식의 변화를 시도하도록 한다. 긴장된 신체에 대한 자각과 이완을 할 수 있다.

🗂 **준비물** 3회기 과제 활동지, 레슬리 이야기

🗂 **활동 내용**

1. 집단지도자는 집단원들을 환영한다. 그리고 지난 시간의 과제를 언급한 뒤, 이번 시간에 하게 될 내용을 소개한다.

2. 집단원들이 과제를 한 기록지를 집단원들과 돌려 가며 읽고 이야기를 나눈다. 과거의 경험이 현재 자신들의 행동에 어떠한 영향을 주는지 이야기를 나눈다.

3. 지도자는 경직된 태도를 유지한 채, 집단원들에게 한 명씩 실수 없이 완벽하게 교실 끝에서 끝까지 걸어 보라고 지시한다. 활동 후 각자의 느낌을 형용사로 표현한다.

4. 지도자가 집단원들의 행동과 감정을 반영하며 피드백한 다음, 좀 더 편안한 마음으로 교실을 걸어 보게 한다.

5. 첫 번째 활동과 두 번째 활동에 대해 이야기를 나눈 후, 레슬리에 대한 글을 읽고 다양한 이야기(레슬리에게 하고 싶은 말, 레슬리 어머니에게 하고 싶은 말, 내가 만일 레슬리라면…… 등)를 나눈다.

🗂 **마무리 활동**

1. 다음과 같은 질문에 대해 이야기를 나눈다.
   - "교실을 걸어가는 활동을 했을 때 어떠했나요?"
   - "레슬리 관련 글을 읽고 난 뒤 어떠했나요?"

2. 이번 회기에서 활동 이전과 도중, 활동 후 자신의 느낌이나 생각을 서로 나눈다.

3. 다음 회기의 주제와 시간에 대해 알려 준다.

레슬리 이야기

미국에 사는 레슬리라는 소녀가 있다. 안정된 가정에서 자란 총명하고 매력적인 소녀가 자살을 시도했다. 레슬리의 부모는 레슬리 앞에서 자신들은 딸의 행복만을 생각한다고 말하곤 했지만, 레슬리는 살아가면서 아무런 만족감도 느끼지 못했다. 왜냐하면 레슬리는 늘 자신을 과소평가해서 자신이 부모의 요구에 맞출 수 없다고 느꼈기 때문이다.

레슬리의 부모는 레슬리를 키우면서 무엇이든지 하고 싶은 대로 하도록 내버려 두지 않았다. 왜냐하면 그들은 자녀를 완벽하게 키우기를 바라고 기대했기 때문이다. 레슬리가 태어나자, 그의 어머니는 훌륭하고 직분에 충실한 어머니로서 레슬리를 완벽한 아이로 키우겠다고 결심했다. 그래서 자신이나 레슬리를 위해 엄격한 규칙과 규정을 세웠다. 목욕이며 식사 등 모든 일상사를 꼼꼼하게 계획 세운 뒤에 그대로 해 나갔다. 심지어 레슬리는 태어난 지 겨우 석 달만에 대소변을 가리는 훈련을 받기 시작했다.

레슬리가 좀 더 자라면서 생활 전반에서 곧은 말씨, 태도, 청결, 품행, 순종, 놀이, 친구 선택, 공부, 독서, 텔레비전 시청, 숙제, 사회 예절 등 모든 면에서 세심한 주의가 필요했다. 옷차림, 몸매, 외모도 끊임없이 배려할 관심의 대상이었다.

레슬리의 어머니는 딸의 생활 전반에 대해 교묘하게 표현하며 불만을 말했다.

"내 딸아, 네가 조금 뚱뚱해졌구나. 나와 함께 병원에 가서 의사 선생님께 체중을 줄일 수 있는 처방을 받아 와야 하지 않겠니?"

"네 친구 도로시는 아주 참한 아이이긴 한데 옷차림이 단정하지 않고, 말씨도 엉망이라는 것을 너는 눈치채지 못했니? 레슬리야, 앨리스를 초대하는 것은 어떠니? 앨리스는 아주 좋은 집안의 아이더구나."

"레슬리야, 엄마는 물론 네가 마음에 드는 옷을 입기를 바란단다. 하지만 지금 네가 입고 있는 옷은 오늘 같은 날 입기에는 좀 야한 것 같지 않니?"

레슬리는 어머니에게 인정받기 위해서 열심히 노력했으나, 언제든지 학교에서 100점을 받을 수는 없었다. 또한 몸무게가 불어나는 것도 임의로 막을 수는 없었다. 게다가 도로시를 더 좋아해서 죄스러운 생각도 들었다. 또한 자신이 선택한 색상이나 옷에 대해서도 취향이 조잡하다고 생각했다. 왜냐하면 취미 삼아 그린 그림에 어머니가 언젠가 레슬리의 취향이 아주 형편없는 것이라고 넌지시 말한 적이 있기 때문이다.

레슬리는 어머니의 마음에 들기 위해서 자기가 상상할 수 있는 가장 높은 기준을 정해 놓았다. 그러나 자기가 그 기준에 맞추어 살 수 없음을 깨닫고 죄의식과 회한의 감정에 깊이 빠져들곤 했다. 레슬리는 이렇게 스스로 완벽주의자가 되어 갔으며, 모든 것을 뛰어나게 해내지 못하는 자신의 무능력에 항상 불만이었다. 결국 레슬리는 절망적인 순간에 이르러서는 차라리 죽는 게 낫다고 생각할 정도로 자기비하의 감정에 내몰린 것이다.

5회기 ‖ **시험불안이 찾아올 때 이완하기**

🗇 활동 목표
- 시험불안 상황에서 신체의 긴장을 인식하고 이완함으로써 신체 긴장을 해소하도록 한다.

🗇 준비물　시험불안 목록카드, 뱀이 머리를 감싸고 있는 그림

🗇 활동 내용
1. 집단지도자는 집단원들을 환영한다. 간단한 긴장-이완 훈련을 한다. 그리고 지난 시간의 활동을 언급한 뒤, 이번 시간에 하게 될 내용을 소개한다.
2. 집단원들에게 시험불안 목록카드를 주고 상의해서 위계표를 작성하게 한다.
3. 긴장되는 상황을 카츠시카 호쿠사이의 '뱀이 머리를 감싸고 있는 여자의 두상' 그림을 보여 주고 심상 훈련을 한다.
4. 위계표를 바탕으로 긴장-이완 활동을 한다.

🗇 마무리 활동
1. 다음과 같은 질문에 대해 이야기를 나눈다.
   - "시험불안 목록카드를 보고 위계표를 작성할 때 어땠나요?"
   - "'뱀이 머리를 감싸고 있는 여자의 두상' 그림을 봤을 때 어떤 생각과 느낌이 들었나요?"
   - "뱀은 어떤 기분일까요?"
   - "여자는 어떤 기분일까요?"
   - "위계표를 바탕으로 이완 활동을 할 때 자신에게 어떤 변화가 있었나요?"

2. 이번 회기에서 활동 이전과 도중, 활동 후 자신의 느낌이나 생각을 서로 나누
   도록 한다.
3. 다음 회기의 주제와 시간에 대해 알려 준다.

[뱀이 머리를 감싸고 있는 여자의 두상(카츠시카 호쿠사이, 18세기경)]

시험불안 목록카드

▶ 시험불안 목록

1. OMR 카드에 정답을 잘못 마킹했을 것 같아 걱정이 된다.
2. 시험 기간 내내 흥분해 있고, 시험 결과를 생각하면 잠이 안 온다.
3. 시험을 치른 후, 경쟁하는 친구보다 점수가 나쁘면 몹시 자존심이 상한다.
4. 이번 시험은 어쩐지 잘 못 볼 것 같은 예감이 든다.
5. 시험에 대해 자신감이 없고 늘 불안하다.
6. 시험이 가까워지면 공부는 해야겠는데 어떤 것부터 해야 할지 몰라서 안절부절못한다.
7. 주관식 점수나 실기 점수를 불러 줄 때 점수가 나쁠 것 같다.
8. 시험지를 받으면 가슴이 두근거리고 화장실에 가고 싶어진다.
9. 시험 도중 정답이 잘 생각나지 않으면 머리가 아프고 손이 떨린다.
10. 시험이 가까워 오면 늘 소화가 안되거나 배가 아프다.

▶ 시험불안 위계표

1. 여러분은 교실에 앉아 있고, 선생님께서 2주 후에 치르게 될 중간고사 시간표를 발표하고 있습니다. 시험 준비를 위한 시간이 충분할지 궁금합니다. 시험을 치를 범위가 너무 많습니다.

2. 중요한 과목의 시험 바로 전날입니다. 이 시험을 위해 준비를 많이 했다고 말하는 친구들과 대화를 나누고 있습니다. 여러분은 공부한 시간이 훨씬 적었습니다.

3. 다음 날 실시되는 중요한 과목의 시험을 위해 공부하고 있습니다. 이 과목의 성적은 이 시험을 얼마나 잘 치르느냐에 달려 있습니다. 여러분은 시험공부를 어떻게 할까 하고 걱정하고 있습니다.

4. 중요한 과목의 시험 바로 전날 저녁 늦은 때입니다. 여러분은 피곤하고 정신 집중도 잘되지 않습니다. 그런데 시험 준비는 별로 못했다고 느낍니다.

5. 여러분의 성적을 결정짓는 중요한 과목의 시험을 치르는 바로 전날 밤에 잠자리에 누워 있습니다. 여러분의 마음은 그 시험에 대한 생각으로 오락가락합니다.

6. 잠에서 깨어 보니 성적을 결정짓는 중요한 과목의 시험이 오늘 있다는 것을 깨달았습니다.

7. 중요한 과목의 시험을 위해 공부할 시간이 한 시간밖에 없습니다. 노트를 펼쳐 보지만 마음만 조급하고 계속 복습을 해야 할지, 그만 치워 버려야 할지 주저하고 있습니다.

8. 여러분의 성적을 결정지을 중요한 과목의 시험을 치르러 가고 있습니다.

9. 시험 치르는 날 교실에 들어가니 여러 학생이 시험에 나올 가능성 있는 문제에 관하여 이야기하는 것이 들립니다. 만일 그 문제가 시험에 나오면 답할 수 없을지도 모른다는 생각이 듭니다.

10. 시험지가 배부되기를 기다리면서 교실 책상 앞에 앉아 있습니다.

11. 시험지를 받아서 첫 문제를 보니 답이 기억나지 않습니다.

12. 시험지를 여러 번 읽어 보니 출제된 문제의 대부분이 매우 어렵다는 것을 깨달았습니다. 어느 문제를 풀까 하고 생각하면서 고개를 들어 보니 주위의 학생들은 열심히 답안지에 답을 써 넣고 있습니다.

13. 이 시험의 많은 문제가 여러분에게 희미하게 생각나는 내용입니다. 시험공부를 할 때 몇 가지 중요한 내용을 공부하지 않고 지나쳐 버린 사실을 깨달았습니다.

14. 아주 중요한 이 시험에서 첫 부분에 너무 많은 시간을 소비해서 시간 내에 시험을 다 치르려면 서둘러야 한다는 사실을 발견합니다.

15. 학교 성적을 결정짓는 중요한 이 시험이 5분밖에 남지 않았습니다. 아직도 몇 문제를 풀지 못해서 답안지에 공란이 많다는 사실을 깨닫습니다

6회기   보아 뱀에게

⬜ 활동 목표

• 완벽주의와 관련된 자동적 사고를 보아 뱀으로 외현화함으로써 문제에 대한
객관적인 태도를 보일 수 있다. 자동적 사고를 직면하고, 이런 상황에서 자기
교시를 통해 대처할 수 있다. 긴장된 신체에 대한 자각과 이완을 할 수 있다.

⬜ 준비물 5회기에 사용된 그림, A4 용지, 연필, 지우개

⬜ 활동 내용

1. 집단지도자는 집단원들을 환영한다. 시험불안 위계표를 바탕으로 긴장-이완
훈련을 한다. 그리고 지난 시간의 활동을 언급한 뒤, 이번 시간에 하게 될 내
용을 소개한다.

2. 위계표를 바탕으로 긴장되는 상황을 카츠시카 호쿠사이의 '뱀이 머리를 감싸
고 있는 여자의 두상' 그림을 보여 주고 심상 훈련을 한다.

3. 충분히 이완한 다음, 그림을 보고 '보아 뱀에게' '소녀에게' 편지를 쓴다.

4. 편지를 쓴 것을 바탕으로 완벽주의의 추구에 대한 생각과 관련해 이야기를 나
눈다.

⬜ 마무리 활동

1. 다음과 같은 질문에 대해 이야기를 나눈다.
   - "완벽주의를 추구하는 사고방식과 관련된 일들이 있었나요?"
   - "편지를 쓰고 난 뒤에 어떤 생각이 들었나요?"
   - "편지에 보태거나 빼고 싶은 부분이 있나요?"

2. 이번 회기에서 활동 이전과 도중, 활동 후 자신의 느낌이나 생각을 서로 나누
도록 한다.

3. 다음 회기의 주제와 시간에 대해 알려 준다.

7회기 시험이 다가오면

🗇 활동 목표

• 완벽주의와 관련된 자동적 사고를 인식하고 직면하며 오류가 있는지를 살펴
봄으로써 대처 방식을 심화 · 발전시킬 수 있다. 긴장된 신체에 대한 자각과
이완을 할 수 있다.

🗇 준비물 A4 용지, 자동적 사고를 적을 수 있는 활동지, 연필, 지우개

🗇 활동 내용

1. 집단지도자는 집단원들을 환영한다. 시험불안 위계표를 바탕으로 긴장-이완
훈련을 한다. 그리고 지난 시간의 활동을 언급한 뒤에 이번 시간에 하게 될 내
용을 소개한다.
2. 단어 연상 활동을 통해 자동적 사고에 대한 이해를 돕는다.
3. 집단원들이 작성한 시험불안 위계표를 바탕으로 각 단계마다 일어나는 생각
을 적어 본다.
4. 불안 뒤에 숨겨진 생각에 대해 집단원들과 이야기를 나누고 오류가 있는지 확
인한다.

🗇 마무리 활동

1. 다음과 같은 질문에 대해 이야기를 나눈다.
   - "집단원들의 자동적 사고를 보고 어떤 생각이 들었나요?"
   - "오류가 있는 자동적 사고 대신 어떤 생각을 하고 싶은가요?"
2. 이번 회기에서 활동 이전과 도중, 활동 후 자신의 느낌이나 생각을 서로 나누
도록 한다.
3. 다음 회기의 주제와 시간에 대해 알려 준다.

시험에 대한 생각

시험과 관련된 장면	그때 일어나는 생각	O/X
여러분은 교실에 앉아 있고 선생님께서 2주 후에 치르게 될 중간고사 시간표를 발표하고 있습니다. 시험 준비를 위한 시간이 충분할지 궁금합니다. 시험을 치를 범위가 너무 많습니다.		
중요한 과목의 시험 바로 전날입니다. 이 시험을 위해 준비를 많이 했다고 말하는 친구들과 대화를 나누고 있습니다. 여러분은 공부한 시간이 훨씬 적었습니다.		
다음 날 실시되는 중요한 과목의 시험을 위해 공부하고 있습니다. 이 과목의 성적은 이 시험을 얼마나 잘 치르느냐에 달려 있습니다. 여러분은 시험공부를 어떻게 할까 하고 걱정하고 있습니다.		
중요한 과목의 시험 바로 전날 저녁 늦은 때입니다. 여러분은 피곤하고 정신 집중도 잘 되지 않습니다. 그런데 시험 준비는 별로 못했다고 느낍니다.		
여러분의 성적을 결정짓는 중요한 과목의 시험을 치르는 바로 전날 밤에 잠자리에 누워 있습니다. 여러분의 마음은 그 시험에 대한 생각으로 오락가락합니다.		
잠에서 깨어 보니 성적을 결정짓는 중요한 과목의 시험이 오늘 있다는 것을 깨달았습니다.		
중요한 과목의 시험을 위해 공부할 시간이 한 시간밖에 없습니다. 노트를 펼쳐 보지만 마음만 조급하고 계속 복습을 해야 할지, 그만 치워 버려야 할지 주저하고 있습니다.		
여러분의 성적을 결정지을 중요한 과목의 시험을 치르러 가고 있습니다.		

시험을 치르는 날 교실에 들어가니 여러 학생이 시험에 나올 가능성이 있는 문제에 관하여 이야기하는 것이 들립니다. 만일 그 문제가 시험에 나오면 답을 할 수 없을지도 모른다는 생각이 듭니다.		
시험지가 배부되기를 기다리면서 교실 책상 앞에 앉아 있습니다.		
시험지를 받아서 첫 문제를 보니 답이 기억이 나지 않습니다.		
시험지를 여러 번 읽어 보니 출제된 문제의 대부분이 매우 어렵다는 것을 깨달았습니다. 어느 문제를 풀까 하고 생각하면서 고개를 들어 보니 주위의 학생들은 답안지에 열심히 답을 써 넣고 있습니다.		
이 시험의 많은 문제가 여러분에게 희미하게 생각나는 내용입니다. 시험공부를 할 때 몇 가지 중요한 내용을 공부하지 않고 지나쳐 버린 사실을 깨달았습니다.		
아주 중요한 이 시험에서 첫 부분에 너무 많은 시간을 소비해서 시간 내에 시험을 다 치르려면 서둘러야 한다는 사실을 발견합니다.		
학교 성적을 결정짓는 중요한 이 시험이 5분 밖에 남지 않았습니다. 아직도 몇 문제를 풀지 못해서 답안지에 공란이 많다는 사실을 깨닫습니다.		

아하! ABC

🗂 **활동 목표**

• ABC 이론에 대한 이해를 바탕으로 비합리적인 사고가 문제행동을 유발한다는 것을 이해할 수 있다. 합리적 신념과 비합리적 신념을 구분할 수 있다. 긴장된 신체에 대한 자각과 이완을 할 수 있다.

🗂 **준비물** 종이, 연필, 감정 차트, ABC 카드

🗂 **활동 내용**

1. 집단지도자는 집단원들을 환영한다. 시험불안 위계표를 바탕으로 긴장-이완 훈련을 한다. 그리고 지난 시간의 활동을 언급한 뒤, 이번 시간에 하게 될 내용을 소개한다.
2. 지도자는 고요한 상태를 유지하고, 집단원이 눈을 감고 지도자가 이야기하는 것을 경청하도록 한다. 지도자는 감정 차트를 보고 하나의 감정을 선택한 다음 그 감정이 일어나게 된 일을 이야기하면서 선행사건, 신념 체계, 결과에 대해 이야기하며 ABC 이론에 대한 미니 강의를 한다.
3. ABC 카드를 주고 집단원들이 순서에 맞추어 놓아 보게 하고 이야기를 만들어 본 후에 합리적 신념과 비합리적 신념에 대해서 이야기를 나누어 본다.
4. 각자 자신의 ABC를 작성하게 한 다음 집단원들과 이야기를 나눈다.

🗂 **마무리 활동**

1. 다음과 같은 질문에 대해 이야기를 나눈다.
   - "지도자의 이야기를 들었을 때 어땠나요?"
   - "일상생활에서 자신의 ABC를 알아차리는 데 방해되거나 도움이 된 것이 있었나요?"
   - "집단원들의 ABC 카드를 보고 어땠나요?"
   - "집단들이 가지고 있는 합리적 신념과 비합리적 신념을 보고 어땠나요?"

- "자신 또는 집단원들이 가지고 있는 비합리적 신념은 어떤 결과를 야기했나요?"

2. 이번 회기에서 활동 이전과 도중, 활동 후 자신의 느낌이나 생각을 서로 나누도록 한다.

3. 다음 회기의 주제와 시간에 대해 알려 준다.

ABC 카드

▶ ABC 카드의 예

A	B	C
청소하다가 실수로 그만 어머니께서 평소 아끼는 난 화분을 깨뜨렸다.	• 난 엄청난 큰일을 저질렀다. • 난 늘 실수만 한다. • 어머니는 날 싫어할 것이다.	• 느낌: 불안하고 우울하다. • 행동: 실수에 대해 말을 분명하게 못하고 기가 죽어 혼자 있으려고 한다.

A	B	C
이번 학기말 고사에서 성적이 떨어져 선생님께 꾸중을 들었다.	• 나는 실패한 인간이다. • 선생님은 나를 싫어한다. • 난 역시 머리가 나쁘다.	• 느낌: 외롭고 우울하다. • 행동: 아무것도 하기 싫고, 친구들과도 어울리지 않는다. 공부도 안 하려 한다.

▶ 내가 만들어 보는 ABC 카드

A	B	C
		• 느낌: • 행동:

아하! ABCDE

🗋 **활동 목표**

• ABC 이론에 대한 이해를 바탕으로 비합리적인 사고를 논박하여 합리적인 결과를 만들 수 있다. 시험불안 장면에서 일어나는 비합리적인 사고에 논박함으로써 긍정적인 효과를 경험할 수 있다.

🗋 **준비물** 종이, 연필, ABCDE 관련 자료, 7회기에서 활동한 시험불안 위계표

🗋 **활동 내용**

1. 집단지도자는 집단원들을 환영한다. 시험불안 위계표를 바탕으로 긴장-이완 훈련을 한다. 그리고 지난 시간의 활동을 언급한 뒤, 이번 시간에 하게 될 내용을 소개한다.

2. 지도자는 예시를 통해 8회기 ABC 이론을 복습하고 난 뒤 집단원들에게 ABCDE 이론을 설명한다.

3. ABCDE 이론을 바탕으로 시험 관련 상황에서 일어나는 비합리적인 신념을 수정하고 새로운 정서적 경험을 느껴 본다.

4. 7회기에서 자신이 작성한 시험불안 위계표에 적힌 생각을 보면서 논박하는 시간을 가진다.

5. 두 팀으로 나누어서 한 팀은 비합리적인 신념을 이야기하고, 다른 한 팀은 그에 대해 논박한다.

🗋 **마무리 활동**

1. 다음과 같은 질문에 대해 이야기를 나눈다.
   - "비합리적인 사고에 논박하기를 할 때 어땠나요?"
   - "집단원들의 비합리적인 사고를 확인했을 때 어땠나요?"

2. 이번 회기에서 활동 이전과 도중, 활동 후 자신의 느낌이나 생각을 서로 나누도록 한다.

3. 다음 회기의 주제와 시간에 대해 알려 준다.

ABCDE의 예시

(사실) 효리는 이번 학기말 고사에서 성적이 떨어져서 선생님께 꾸중을 들었다. (A)

| 비합리적인 생각
(효리의 생각) (B) | 합리적인 생각
(효리의 생각) (D) |

| • '나는 실패만 하는 인간이다.'
• '선생님은 나를 싫어한다.'
• '나는 역시 머리도 나쁘고 쓸모없는 인간이다.' | • '나는 이번에는 실패했지만 다음에는 잘할 수 있다.'
• '내가 열심히 공부하지 않는 데는 그 원인이 있다.'
• '나도 노력만 하면 향상될 수 있다.' |

(C)   (C) → (E)

| (효리 느낌)
• '외롭고 우울하다.'
• '선생님이 밉고 주위의 모든 것이 싫다.'
• '친구들과 어울리기 싫다.' | (효리 행동)
• '아무것도 하기 싫다.'
• '다른 사람을 대하기가 싫고 혼자 외롭게 지낸다.'
• '공부가 싫어진다.' | (효리 느낌)
• '부끄럽고 미안하다.'
• '기분이 좋지 않다.'
• '걱정이 된다.' | (효리 행동)
• '더 열심히 공부한다.'
• '다음에는 실패하지 않으려고 노력한다.'
• '적극적이다.' |

다시 쓰는 완벽이 이야기

□ 활동 목표
• 이전의 부정적 자기교시를 자각하여 긍정적 자기교시를 할 수 있다.

□ 준비물 A4 용지, 지우개, 연필

□ 활동 내용
1. 집단지도자는 집단원들을 환영한다. 시험불안 위계표를 바탕으로 긴장-이완 훈련을 한다. 그리고 지난 시간의 활동을 언급한 뒤, 이번 시간에 하게 될 내용을 소개한다.
2. 자기 내면에 있었던 '꼬마 완벽이'에 대한 이야기를 나눈다.
3. 집단원들은 다시 쓰는 완벽이 이야기를 만든 후 발표한다.

□ 마무리 활동
1. 다음과 같은 질문에 대해 이야기 나눈다.
   – "자신 속에 있던 꼬마 완벽이를 떠올렸을 때 어땠나요?"
   – "과거의 완벽이에게 하고 싶은 말은 무엇인가요?"
   – "다시 쓴 나의 이야기는 어떠한가요?"
   – "다시 쓴 나의 이야기 속의 주인공에서 다시 예전의 꼬마 완벽이가 변하려고 한다면 어떻게 할 건가요?"
2. 이번 회기에서 활동 이전과 도중, 활동 후 자신의 느낌이나 생각을 서로 나누도록 한다.
3. 다음 회기의 주제와 시간에 대해 알려 준다.

우리가 이렇게 변했어요

🗋 **활동 목표**

• 이전의 부정적 자기교시를 자각하여 긍정적 자기교시를 할 수 있는 자기 조절 능력을 향상시킬 수 있다. 새로워진 자신의 생각, 느낌, 행동에 대한 자각을 할 수 있으며 이를 강화시킬 수 있다.

🗋 **준비물** A4 용지, 지우개, 연필

🗋 **활동 내용**

1. 집단지도자는 집단원들을 환영한다. 시험불안 위계표를 바탕으로 긴장-이완 훈련을 한다. 그리고 지난 시간의 활동을 언급한 뒤에 이번 시간에 하게 될 내용을 소개한다.

2. 지금까지의 활동을 회상한 뒤에 조원들끼리 배운 내용을 표현할 수 있는 역할극에 대한 생각을 나눈다.

3. 두 팀으로 나누어 각 팀의 시험불안과 관련된 상황에서 'Before and after'를 역할극으로 표현한다.

4. 역할극을 본 후 다른 팀의 좋은 점을 이야기해 주는 시간을 가진다.

🗋 **활동 시간**

1. 다음과 같은 질문에 대해 이야기를 나눈다.
   - "역할극을 만들어야 할 때 어떤 생각이 들었나요?"
   - "'Before and after' 역할극을 해 본 소감은 어떤가요?"
   - "자신들의 'Before and after' 역할극을 본 소감은 어떤가요?"
   - "집단 밖에서도 이것을 쓰려고 어떻게 노력해 볼 건가요?"

2. 이번 회기에서 활동 이전과 도중, 활동 후 자신의 느낌이나 생각을 서로 나누도록 한다.

3. 다음 회기의 주제와 시간에 대해 알려 준다.

사랑을 나누어요

□ 활동 목표
• 회기를 회상하며 프로그램과 자신에 대한 평가를 할 수 있다. 서로 간에 긍정적인 피드백을 주고받으며, 생활에 대한 긍정적인 지지를 강화할 수 있다. 시험불안과 관련된 상황을 새롭게 대처할 수 있는 용기와 희망을 가질 수 있다.

□ 준비물 연필, 지우개, 사인펜, A4 용지, 카드용지

□ 활동 내용
1. 집단지도자는 집단원들을 환영한다. 시험불안 위계표를 바탕으로 긴장-이완 훈련을 한다. 그리고 지난 시간의 활동을 언급한 뒤에 이번 시간에 하게 될 내용을 소개한다.
2. 지금까지의 활동을 회상한 뒤에 지도자는 집단원들에게 자신과 집단원들 각각의 긍정적인 모습을 떠올리도록 한다.
3. 자신의 롤링페이퍼에 이름을 쓴 후에 옆으로 돌린다. 집단원들에게 하고 싶은 말 또는 힘이 되는 말을 쓰거나, 주고 싶은 선물을 그리게 한다. 자신의 롤링페이퍼가 올 때까지 이 활동을 계속한다.
4. 이때 지도자도 함께 참여한다. 본인의 롤링페이퍼가 돌아오면 그것을 보고 난 후 느낀 점을 서로 나누도록 한다.
5. 롤링페이퍼를 바탕으로 자신만의 시험불안 퇴치 카드를 만들어 간직하도록 한다.

□ 마무리 활동
1. 이번 회기에서 활동 이전과 도중, 활동 후 자신의 느낌이나 생각을 서로 나누도록 한다.
2. 집단원들에게 끝까지 참여해 준 것에 대해 감사하고, 비밀 규칙을 상기시켜 준다.
3. 전체 집단활동에 대한 평가를 마친 후 다과를 나눈다.

10
우울한 청소년을 위한
자기직면법 집단상담 프로그램

세계보건기구(WHO, 2010)에 따르면 우울증은 세계적으로 DALYs(장애보정손실연수)[1]의 네 번째 주요 요인이며, YLDs[2]에 의해 측정된 장애의 주요 원인이고, 2020년까지 모든 성별, 모든 연령대에서 DALYs(장애년수) 질병의 두 번째 요인이 될 것이라 예상한 바 있으며, 실제로 2020년 기준으로 우울증은 15세부터 44세까지의 모든 남녀의 범주에서 DALYs의 두 번째 원인이 되었다고 발표하였다.

2019년 9월 22일 통계청이 발표한 '2019년 사망원인 통계결과'를 살펴보면, 10세에서 19세 사이의 아동 및 청소년의 사망원인 중 1위가 '고의적 자해(자살)'다. 고의적 자해는 10, 20, 30대에 전반에 걸쳐 사망원인 1위가 되고 있다.

우리나라 청소년은 외적으로는 문화적 다양성, 물질적 풍요로움, 성적 위주의 경쟁과 같은 사회경제적 여건과 내적으로는 과도한 학업 스트레스, 학교폭력, 교우관계 등 많은 변화와 혼란을 겪으면서 자살생각을 하게 된다. 청소년의 자살 생각을 증가시키는 위험 요인으로 가장 많은 관심을 받고 있는 요인은 우울이다. Fremouw(1990)가 자살행위와 가장 밀접한 관계를 가진 심리장애가 우울이라고 언

---

1) DALYs(Disability Adjusted Life Years): 질병이나 조기사망으로 인한 잠재적인 수명 손실을 년으로 나타내는 단위
2) YLDs(Years Lived with Disability): 질병으로 인해 장애를 안고 살아가게 될 년 수를 나타내는 단위

급한 것처럼 우울이 자살의 직접적인 원인으로 확인되면서 우울은 자살의 주요 요인으로 주목받고 있다.

우울증은 청소년에게 흔하게 나타나는 증상이며 사회적·교육적 장애, 고의적인 자해 및 자살과 관련이 있다. 또한 장기적인 정신건강 문제의 시작을 알리는 표시일 수 있다(Thapar, Collishaw, Pine, & Thapar, 2012). 따라서 청소년 우울증의 조기 치료와 예방은 극단적 선택을 방지할 뿐만 아니라 공중보건의 주요한 관심사이기도 하다.

우울감을 가지고 있는 청소년에게는 현재 자신의 우울한 생각과 느낌을 가지게 하는 원인을 탐색하도록 하여 그 동기에 담긴 감정을 파악하여 부정적인 정서를 경감시키고 긍정적인 정서는 향상시키도록 하는 것이 중요하다. 또한 미래에 대한 꿈과 설계로 현재 자신의 삶에 대해 동기 부여할 수 있도록 하는 것 역시 중요하다. 이에 그와 같은 도움을 줄 수 있는 체계화되고 구조화된 매뉴얼과 상담에 필요한 여러 목록과 도구가 갖추어진 자기직면법으로 우울한 청소년들이 더 악화되는 상황으로 나아가지 않도록 미연에 방지하는 데 도움을 주고자 집단상담 프로그램을 개발하였다.

1 청소년기 우울의 특징

청소년기 우울의 유병률은 0.4~8.3%로 보고하고 있다. 특히 주요 우울장애의 평생유병률은 청소년기 때 15~20%로 추정한다. 이것은 성인 집단에서 우울증 유병률과 비슷한 수치다. 그러나 청소년은 성인과 다른 몇 가지 측면에서 증상 양상에 차이를 보인다. 내인성, 주요 우울장애에서 정신병, 자살시도의 치사율, 일상생활 기능의 저하 등은 연령과 함께 증가한다. 계절성 정동장애, 비전형적 우울증, 월경 전 불쾌기분장애는 청소년기에 나타나는 경향이 있다.

주요 우울장애의 경우 최소 20~50%까지 2개 이상의 동반질환을 보인다. 기분저하장애와 불안장애는 30~80% 빈도로 보고되고 있고, 파탄적 행동장애는 10~80% 정도가 동반되며, 품행문제는 우울증의 합병증으로 생길 수 있고, 우울증이 사라진 후에도 지속될 수 있다. 청소년은 우울증 에피소드 기간 동안에 학교에서의 수행능력 저하와 타인과의 관계에서 어려움을 경험한다. 청소년의 우울증은 또한 자살, 타살, 흡연, 알코올 및 물질 남용 등의 위험성을 증가시킨다. 청소년은 우울증에서 회복된 후에도 계속해서 잠재적 우울증상, 부정적 속성, 대인관계에서의 결함, 흡연의 증가, 전반적 생활 기능의 저하, 조기 임신, 신체적 문제의 증가 등을 보인다(한국청소년상담원, 1999).

Kendall(2000)에 의하면 우울증 치료를 한 번 받았던 청소년들의 약 54%가 3년 내에 우울증 재발을 경험했으며, 5년 내에 재발한 경우는 75%에 달했다. Shashi와 Subhash(2007)은 우울장애의 발생률은 사춘기 이후에 급격하게 증가하며, 14세가 되면 우울장애가 남아보다 여아에게서 두 배 이상 흔하게 발생한다고 언급하고 있다.

우울증의 한 가지 중요한 결과는 자살 위험이다. Angold와 Costello(1993)에 의하면, 우울증을 겪은 이후 다른 정신장애가 발생할 가능성은 그렇지 않은 경우보다 20배 정도 높았으며, 우울증을 겪었던 청소년들의 8%가 결국 자살로 사망한다고 보고하고 있다. 실제로 우울증은 청소년의 질병과 장애의 주요 원인 중 하나이며, 자살은 청소년 사망의 두 번째 주요 원인이다(WHO, 2018).

2 우울 감소를 위한 집단상담 프로그램

1) 선행 연구

자기직면법을 사용한 우울치료의 사례는 국내외 모두 아주 드물다. 해외의 경우 아동 및 청소년에 대한 사례는 거의 없고 성인 여성의 우울에 대한 치료 사례가 있다. 첫 번째 사례는 5년 전 아버지가 돌아가신 후 우울증으로 남편과의 관계가 소원해진 29세의 기혼 여성의 사례로서 그녀는 아버지가 자신에게 최선을 다했지만, 그녀 스스로는 자신이 실패했다고 생각하기에 죄책감을 느낀다고 했다. 또한 그녀는 어머니와의 좋지 않았던 관계로 인해 현재도 어머니를 닮은 이상한 여인이 나타나는 꿈을 꾸며, 남편과 사이가 원만하지 못하다. 이러한 일련의 일로 그녀는 계속해서 고독감을 느끼고 점차 무기력해졌으며 절망감을 느끼게 되었다. 또한 그녀는 종종 화를 내기도 하였는데, 화를 낸다는 것은 좌절의 심각한 경우라고 볼 수 있다. Hermans는 그녀가 좌절 상태의 본질을 이해하는 것이 중요하다 판단하여, 자기탐구 방법으로 새로운 행동에 대한 탐구와 토론을 실시하였다. 이어 두 번째 자기탐구에서 그녀는 재진술의 과정을 거쳐 불쾌한 감정의 원인을 국소화하려 노력하였으며, 그렇게 해도 불쾌한 감정이 사라지지 않으면 그때는 일어나서 물을 조금씩 천천히 마신다고 하였다. 때로는 침대로 돌아가 가능한 한 안정을 취하려고 노력한다고 하였다. 이로써 그녀는 부정적인 감정에서 긍정적인 감정으로 옮겨 가려는 새로운 가치화를 창조하였다. Hermans는 이러한 일련의 과정에서 심리치료사가 그 절차와 방법을 제공하였다 하더라도, 그 과정은 그녀만이 창조한 것이며 그녀만의 경험에 기초한 것이라 설명한다(Hermans & Hermans-Jansen, 1995).

두 번째 사례는 10세 때부터 다관절염 질환으로 고통을 받고 있는 18세 Laura의 사례다. 이 사례는 소아특발성관절염(Juvenile Idiopathic Arthritis: JIA)을 가진 청소년의 삶에서 관절염의 역할과 영향을 자기직면법에 반영하여 만성질환을 가진 청소년들이 그들의 개인적인 경험과 감정들 속에서 통찰력을 획득하도록 돕는 것이 목적이다. Hermans는 청소년기 동안에는 안정적인 정체성 수립이 중요한 발달적 과제이기에 관절염과 같은 만성질환의 원인과 연관되는 난제들, 특히 그중에서도 질환의 통증과 질병의 예측할 수 없는 진행과 명확한 치료법의 부족 등은 청소년의 심리적·사회적 발달을 방해하는 위험요소일 수 있다고 제언하며 이 사례를 연구하였다.

Laura는 자기직면법의 자기반영 과정에서 삶의 이야기 안으로 사회·문화적 맥락까지 고려한 후 관절염에 의해 방해를 받지 않았고, 관절염 경험의 더 나은 통합을 보여 주었다. Laura는 이러한 통찰력 획득과 함께 자기 이야기 재조직의 결과로 생긴 다른 감정과 경험들도 점차적으로 받아들이게 되었다. Laura는 자기 이야기의 명백한 수준 이후에 더욱 깊은 감정의 수준이 평가되었다고 한다. Laura는 이러한 통찰력 획득과 함께 그녀의 자기 이야기 재조직의 결과로 생긴 다른 감정들과 경험들을 점차적으로 받아들이게 되었다. 그 후 Laura는 자신감과 에너지, 건강함을 느끼며 자신의 가족, 친구들과 잘 기능하기에 행복하다고 보고하였다.

Hermans는 Laura가 자기직면법 작업을 통하여 감정적·동기적 수준에서뿐만 아니라 자신의 기능 및 역할과 안녕을 탐색할 수 있었다고 하며, 자기직면법은 청소년들이 개인적 감정과 경험, 그리고 개인적인 기대와 요구에 적응할 수 있는 더 많은 통찰력을 획득하게 도와준다고 하였다(Fuchs et al., 2008).

2) 가치화 이론 및 자기직면법

(1) 가치화 이론

가치화 이론은 네덜란드의 심리학자 Herbert J. M. Hermans에 의해 창안된 것으로써 개인의 경험, 의미 체계로서의 명령, 시간과 공간을 거친 변화를 공부하기 위한 자기 개발적인 이론이다. 가치화 이론은 사람들이 그들의 과거·현재·미래 사건들의 개인적 의미와 어떻게 그러한 의미들이 체계적으로 구성되는지, 그리고 그것의 동기 부여적인 특성은 무엇인지 이해하도록 돕는다.

이 이론에 대한 인간적인 관점은 초기 철학적–현상학적 사고에 기인한다. 그에 의하면, 자기(self)는 '의미구조의 조직화된 과정'으로서 표현되며, 그 과정의 양상은 인간 경험의 역사적인 본질을 언급하고 공간과 시간상의 지향성을 암시한다. 인간은 현재에 삶으로 특정한 시간과 공간에서부터 과거와 미래로 향하게 된다. 인간은 시간적·공간적 상황과 자신 또는 다른 사람들과의 이야기 속에서 자기반영을 통하여 다양한 측면에 적응함으로써 자신의 경험을 가치가 있는 복합적인 전체로 창조한다.

Hermans와 Hermans-Jansen(1995)에 따르면, 가치화는 가치화 이론의 중심 개념으로 사람들이 그들의 인생 이야기를 말할 때 적절한 의미의 단위로 사용하는 어떠한 것으로서, 자기반영적인 그들의 눈에 긍정적(P, 유쾌한)이거나 부정적인(N, 불쾌한) 혹은 서로 상반되는 감정(유쾌하고 불쾌한 것 둘 다)의 가치를 가지는 의미의 단위다. 이것에는 소중한 기억, 어려운 문제, 가장 사랑하는 사람, 도달할 수 없는 목표, 중요한 사람의 죽음 등 특이한 사건부터 폭넓은 범위까지 포함될 수 있다. 가치화는 자신 혹은 다른 사람과의 대화에서 자기반영의 과정을 통하여 단일 이야기로 구성된 체계로 조직된다. 가치화는 개인적인 시간과 공간의 지향성에 의존하기 때문에 다양한 가치화가 나타나게 되고, 변화하는 지향성 안에서 가치화 체계도 변화한다. 새로운 가치화는 체계 속으로 들어가고, 오래된 가치화는 삭제된다. 이러한 방법으로 체계의 구성과 재구성은 안정성 및 변화를 동시에 반영하게 된다. 가치화 이론에서 한 가지 기본적인 가정은 각각의 가치화는 감정적인 함축(정서적인 가치)을 지닌다는 것이다. 사람들이 그들의 이야기를 할 때 동기화된 작가로서 개인의 은유에 따라 기본적인 동기의 작은 집합이 가치화의 감정 요소에 숨겨져 묘사된다고 가정한다. 명백한 수준에서 가치화의 다양성이 개인들 사이에서뿐만 아니라 시간과 공간에 걸쳐 한 개인 내에서도 현상학적으로 다양하게 나타나며, 잠재적 수준에서의 기본적인 동기는 명백한 수준에서의 가치화에 큰 변화를 일으킬 수 있고 그 구조에 큰 영향을 줄 수 있다고 가정한다. 다시 말해, 잠재적 수준에서 기능한다고 가정된 기본적인 동기들은 명백한 수준에서 가치화의 감정 요소에서 표현된다는 것이다. 가치화 체계의 감정적인 구성요소들을 특징짓는 두 가지 기본적인 동기는 자기강화를 위한 노력, 즉 S(Self) 동기(자기유지와 자기확장)와 다른 사람과의 접촉 및 화합을 위한 열망, 즉 O(Others) 동기(다른 사람들 및 환경과의 접촉)이다. 동기의 개념은 잠재적인 기능의 수준에서 나타나며, 잠재적-명백한 두 수준 사이에서 이론적인 가교 역할을 하는 두 가지 기본적인 동기(S 동기 및 O 동기)로 정교화된다.

가치화 이론은 이론적인 요소(명백한-잠재적인 수준)가 대화적 관계에서도 두 가지 위치로 기여하는 것도 의미한다. 즉, 내담자는 자기기능의 명백한 수준에서 의미 전문가로서 접근하며, 심리치료사는 잠재적 수준에서 중요한 전문가로서 기능한다. 이러한 가치화 이론에 근거하여 만들어진 자기직면법은 사람들의 자기 이야기의 구조와 내용을 탐구하는 구체적인 방법 및 순서와 좀 더 융통성 있는 가치화 체계의 측면에서 자기 이야기의 구조와 내용을 변화시키는 데 체계적인 방법을 제공한다.

(2) 자기직면법

자기직면법의 구성은 다음의 〈표 3-1〉과 같다. 첫 번째는 가치화 안에서 자기 이야기를 하는 자기 탐구과정이고, 두 번째는 정당화/무효화 과정이며, 세 번째 자기탐구에서는 재구성된 가치화의 형식으로 다시 자기 이야기를 하고 이런 과정들이 두 번째 자기탐구 주기를 형성하여 자기탐구의 새로운 국면(I), 정당화/무효화(V), 자기탐구(I)의 시작이 될 수 있다.

표 3-1 자기직면의 단계, 하위 단계, 기능

	단계	하위 단계	기능
1(I)	자기탐구 1 (말하기)	가치 구조화하기 감정적인 탐구 내담자와 논의하기	사정

(계속)

| 2(V) | 정당화/무효화
(수행) | 참여하기(A)
창조하기(B)
정착하기(A) | 과정 촉진
(ACA) |
| 3(I) | 자기탐구 2
(다시 말하기) | 가치 재구조화
감정적인 탐구
내담자와 논의하기 | 평가 |

① 첫 번째 자기탐구

먼저 가치 구조화(formulation of valuation)를 위한 가치화는 과거, 현재 또는 미래에 관련된 질문으로 정해지며, 그 대표적인 질문들은 〈표 3-2〉와 같다.

표 3-2　자기직면의 질문과 S, O, P, N의 지표

	가치화	S	O	P	N
과거	다음 질문은 당신에게 굉장히 중요했던 과거 삶의 하나 혹은 많은 면들을 보여 주기 위한 것입니다. 1. 당신의 과거 삶에서 당신에게 여전히 강력한 영향력을 발휘하는 중요한 일이 있었습니까? 2. 과거 당신의 삶에 굉장한 영향력을 주고, 여전히 당신의 현재 상태에까지 분명하게 영향력을 미치는 사람이나 경험, 환경이 있었습니까?				
현재	다음은 특정한 반영이나 반응의 정립 후에 당신을 이끌어 현재 삶에 영향을 주는 것과 관련된 질문들로 구성됩니다. 3. 당신의 현재 상황에서 당신에게 아주 중요하거나 당신에게 유의미하게 영향력을 발휘하는 어떤 일이 있습니까? 4. 당신의 현재 생활에서 당신에게 중요한 영향력을 미치는 사람이나 경험, 환경이 있습니까?				
미래	다음의 질문은 당신의 미래와 관련된 것들입니다. 당신은 당신이 바라는 것만큼 앞서 볼 자유가 있습니다. 5. 당신의 미래 삶에 주로 영향을 미칠 만한 가장 중요한 어떤 일을 예상할 수 있습니까? 6. 당신은 어떤 사람이나 상황 혹은 환경이 당신의 미래 삶에 크게 영향을 미치게 될 것이라고 느낍니까? 7. 당신은 삶에서 중요한 역할을 할 것으로 기대하는 미래의 목표나 대상이 있습니까?				

　다음으로 기본적인 동기의 관점으로부터 감정적인 탐구를 위해서는 가치화의 감정적인 특성을 알아야 한다. 왜냐하면 감정은 가치화의 내재적인 측면이므로 기본적 동기의 특성을 잘 드러내기 때문이다. 가치 체계의 동기적인 면에서 얻어진 감정 표현의 목록은 〈표 3-3〉을 참조하여 작성한다.

표 3-3   자기직면법에 사용되는 감정적인 표현

1. Joy 기쁨(P)	16. Tenderness 다정함(O)
2. Self-Esteem 자존감(S)	17. Self-Confidence 자신감(S)
3. Happiness 행복(P)	18. Intimacy 친밀감(O)
4. Worry 걱정(N)	19. Despondency 낙담, 의기소침(N)
5. Strength 강점(P)	20. Pride 자존심(S)
6. Enjoyment 즐거움(P)	21. Disappointment 실망(N)
7. Care 돌봄(O)	22. Inner calm 내적 평온(P)
8. Love 사랑(O)	23. Guilt 죄책감(N)
9. Powerlessness 무력감(N)	24. Loneliness 외로움(N)
10. Anxiety 불안(N)	25. Trust 신뢰(P)
11. Satisfaction 만족감(P)	26. Inferiority 열등함(N)
12. Shame 창피함(N)	27. Safety 안전(P)
13. Self-Alienation 자기소외(N)	28. Anger 분노(N)
14. Tenderness 다정함(O)	29. Freedom 자유(P)
15. Unhappiness 불행(N)	30. Energy 에너지(P)

- S(Self): 자기향상(자기강화)을 반영하는 감정
- O(Other): 타인(환경)과 접촉하고 연합하는 것을 반영하는 감정
- P(Positive): 긍정적인(유쾌한) 경험과 관련된 감정
- N(Negative): 부정적인(불쾌한) 경험과 관련된 감정

　논의는 치료사와 내담자가 가치화 체계의 형태에서 자기 이야기 역시 하나 혹은 더 많은 주제를 기초로 구성된다. 이 주제들의 동일시와 정립은 내담자에게 체계의 주제 구성에 대한 통찰력을 가지게 하며, 내담자로 하여금 본질적인 것과 비본질적인 것 사이에 차이점을 깨닫도록 하기 때문에 자기직면 과정의 중요한 부분이다. 주제 구성의 동일시는 내담자로 하여금 선행 주제가 이야기 구조와 관련하여 선택된 사건들을 큰 수준으로 결정해 나간다는 것을 인식하게 하므로 중요하다.

　치료사와 내담자는 이야기에서 얻어진 가장 중요한 가치화들을 탐구하고 의논하여 주제를 정한다. 이 주제들의 동일시와 정립은 내담자에게 통찰력을 가지게 하므

로 주제는 내담자 자신의 가치화 체계로부터 도출되어 그 자신의 용어로 형성되어야 한다.

② 정당화/무효화

정당화/무효화 단계는 참여하기, 창조하기, 정착하기의 과정을 거친다. 먼저 참여하기(attending)에서는 내담자가 가치화 체계, 나아가 가치화의 발달과 관계된 것으로서 자기 삶의 진행 중인 사건을 관찰하고 기억하고 말하는 것에 집중하는 과정을 배우도록 자극받는다. 또한 S와 O 동기의 본질을 이해하는 것을 배운다. 내담자는 심리치료사에게 진행 중인 사건을 말할 뿐만 아니라 어떤 S와 O 감정이 그러한 사건들에 의해 야기되는지 표시한다. 치료사는 참여하기 단계 안에서 만들어진 과정을 확인하기 위해 내담자에게 지난 회기 이후로 무엇이 발생했고, 어떤 것을 알게 되었는지 말하도록 권유한다.

정당화/무효화 단계의 두 번째 과정은 내담자가 새로운 행동의 방법을 창조하고, 이러한 행동의 결과를 새로운 가치화나 현재 존재하는 가치화의 수정에 정렬해 두도록 자극하는 것을 목표로 하는 창조하기(creating)의 과정이다. 창조하기는 먼저 내담자가 참여하기 단계에서 현재 사건에 대한 높아진 자기인식을 성취한 후에, 현재 존재하는 사건의 구조와 가치화로부터 벗어나는 방향으로 이끄는 것이다. 이 과정의 중심은 '실행할 수 있는 방법의 원칙'이다. 심리치료사는 내담자가 행동 계획에 민감하게 구체적으로 구조화하도록 돕기 위해 일지를 기록하도록 촉구할 수 있다. 내담자는 최초의 시도가 성공적일 때, 더 어렵고 위험한 것들이 S 감정의 수준에서 자연적으로 증가될 것이라는 어떤 확신을 가지고 행동에 착수할 수 있다. 어려움 속에서 점진적으로 증가하는 행동 계획은 최초의 시도가 매우 자발적인 현상일 때(처음 단계에서 증가된 자각이 있을 때) 가능하다. 내담자는 가치화와 그들의 관계를 자각한 후에 새로운 행동을 시도하기 시작한다.

심리치료사는 내담자가 한 가지 혹은 그 이상의 가치화 시기에서 변화의 의미를 구조화하도록 돕는다. 이때, 내담자는 감정 용어와 유사한 가치화의 감정적인 중요성을 특성화한다. 만약 새로운 가치화가 개인의 상호작용을 변화시키는 성공적인 시도를 나타낸다면, 중요한 자기강화는 기대되는 긍정적 감정의 높은 수준에 영향을 미친다. 이러한 간단한 조사에서 일반적인 감정이 최초의 자기탐색 이후로 변화되며, 새로운 가치화의 어떤 범위가 일반화하는 힘을 결정하는지 확인할 수 있다.

마지막으로 정당화/무효화 단계의 세 번째 과정은 가치화의 정착과 관련이 있다. 두 번째 단계가 새로운 사건과 가치화를 창조함으로써 내담자가 대체적인 이야기 요소를 실험하는 것인 데 반해, 세 번째 단계에서는 이러한 변화가 가치화 체계의 부분으로서 확립되어야 한다. 정착하기(anchoring)에서 주요한 활동은 행동 반복과 그 주제의 변화로서 새로운 것을 개발하는 것 그리고 그것을 새로운 습관으로 변화시키기 위해 충분히 긴 시간 동안 실습하기다.

③ 두 번째 자기탐구

두 번째 자기탐구는 첫 번째 자기탐구와 같은 절차를 따른다. 심리치료사는 내담자가 첫 번째 자기탐구에서 만들어진 진술 내용을 여전히 수용하는지 아닌지, 즉 그들이 여전히 같은 질문에 같은 대답을 하는지에 대한 질문을 한다. 이러한 과정이 이루어지고 나면, 다음과 같은 추가 사항 중 한 가지가 발생한다. 첫째, 두 번째 자기탐구에서는 옛날 가치화는 재구조화된다(수정). 둘째, 옛날 가치화는 새로운 것으로 교환된다(대체). 셋째, 옛날 가치화는 모두 버려진다(삭제). 넷째, 추가적인 가치화가 창조된다(보충).

이와 같은 과정으로 구조화된 자기직면법은 다음과 같은 순서로 질문하며 구성된다. 첫째, 과거·현재·미래에 대해 중요한 몇 가지 질문(〈표 3-2〉 참조)을 하고, 과거·현재·미래 각각의 가치화의 감정적 의미를 이해하기 위해 가치화와 정서행렬표(〈표 3-4〉 참조)의 각각의 감정 목록에 점수를 기입한다. 둘째, 〈표 3-4〉의 가치화와 정서행렬표에서 S, O, P, N 각각의 점수를 합한 다음, 총점을 〈표 3-2〉의 S, O, P, N에 기록한다.

이 프로그램에 사용된 자기직면 질문지와 가치화와 정서행렬표는 청소년들의 삶에서 중요한 사건과 사람의 영향력을 탐색하고 그것을 가치 구조화하기 위해 사용되었으며, 청소년의 인지 수준과 발달에 알맞게 적절히 수정하여 질문을 과거·현재·미래 각각 하나의 질문으로 구성하였다. 가치화와 정서행렬표는 청소년의 각 가치화의 잠재적 수준인 감정적 측면을 탐구하기 위해 사용되었으며, 청소년의 인지 발달 수준과 감정 표현에 맞추어 12개(기쁨, 자존감, 걱정, 강점, 즐거움, 사랑, 다정함, 자신감, 친밀감, 의기소침, 실망, 내적 평온)의 목록으로 구성하였다. 자기직면법에 보편적으로 사용되는 가치화와 정서행렬표의 양식은 〈표 3-4〉와 같다.

표 3-4 가치화와 정서행렬표

	가치화	기쁨 P	자존감 S	행복 P	걱정 N	강점 P	즐거움 P	돌봄 O	사랑 O	불행 N	다정함 O	자신감 S	친밀감 O	의기소침 N	자존심 S	실망 N	내적평온 P
과거	1																
	2																
현재	3																
	4																
미래	5																
	6																

0: 전혀 그렇지 않다   1: 약간 그렇다   2: 어느 정도 그렇다

3: 꽤 그렇다   4: 많이 그렇다   5: 아주 많이 그렇다

3) 프로그램의 목표

이 프로그램은 우울한 성향을 가진 청소년이 말하는 자기 이야기를 통하여 명백한 수준에서의 자기감정을 읽고, 잠재적 수준에서의 기초 동기를 파악하여 그들의 동기와 감정에 따라 가치를 구조화시켜 기존의 가치화를 새로운 가치화 체계로 수정 혹은 대체하거나 삭제, 보충함으로써 청소년의 부정적인 정서는 감소시키고 긍정적인 정서는 증진시켜 청소년의 우울을 감소시키고 자아존중감을 증진시키고자 하는 것이 목표다.

4) 프로그램의 구성

이 프로그램에서 사용한 자기직면법 프로그램의 절차와 구성 내용은 Hermans와 Hermans-Jansen(1995)이 창안한 자기직면법을 기본으로 구성되었다. 프로그램은 총 12회기로 구성되었고, 이야기를 통한 프로그램인 점을 감안하여 회기당 약 60분의 시간으로 책정되었다. 이 상담의 자기직면법 프로그램의 구체적인 구성과 내용은 다음과 같다.

(1) 관계 형성 단계(1~2회기)

관계 형성 단계에서는 솔직함과 친밀감을 바탕으로 구성원 간에 신뢰감을 형성하여 상담 분위기를 평안하게 조성하는 것이 중요하다. 치료사는 상담의 촉진적인 관계를 형성하기 위해 적극적인 경청, 공감적 이해, 수용적 존중, 성실한 자세 등이 필요하다. 또한 프로그램의 목표와 내용, 일정 등을 안내하여 청소년들이 프로그램에 대해 충분히 이해하도록 하여 프로그램에 대한 참여 동기를 높이는 것도 중요하다.

(2) 첫 번째 자기탐구-말하기 단계(3~6회기)

치료사는 자기직면 질문지를 활용하여 과거·현재·미래에 관해 내담자 자신에게 중요한 것들에 대한 탐색을 하게 한다. 이때, 상담사는 질문지에 대한 청소년들의 이해 도모를 위해 질문을 소리내어 읽고 궁금한 점은 질문하게 한다. 첫 질문지 작성에 답변을 어려워할 경우는 은유를 통한 활동을 하도록 한다. 집단원이 청소년임을 감안하여 감정을 표현할 수 있는 다양한 활동(음악, 미술, 놀이)을 함께 병행하도록 한다. 또한 가치화 작업의 경우 질문에 이야기로써 곧바로 가치화하고 감정 평정하기에는 청소년들이 이해하기 어려운 점이 있다. 그러므로 활동지를 통하여 감정수치를 0점에서 5점 척도로 감정온도계에 기록하게 한 뒤, 자기 이야기를 통하여 가치화와 정서행렬표에 나타난 여러 감정을 지닌 가치들을 함께 논의를 한 뒤 현재 개인적으로 가장 중요한 의미를 지니고 있다고 생각하는 의미 단위를 가지고 가치화 주제를 정한다. 그리고 작성한 가치화와 정서행렬표를 보면서 잠재적 수준에서의 기본 동기인 S 동기와 O 동기를 설명하고, 긍정적인 정서(P)와 부정적인 정서(N)의 본질을 설명한 후, 그것과 가치화 간의 전반적인 관계에 대해 집단원에게 해석해 준다.

(3) 정당화/무효화 단계-ACA 과정(7~10회기)

정당화/무효화 과정은 참여하기, 창조하기, 정착하기의 세 가지 단계를 따른다. 먼저 과거와 현재에 일어난 일반적인 상황 안에서 변화할 수 있고 탐색 가능한 가치화를 찾을 수 있도록 많은 질문을 한다. 집단원은 생활 속에서 일어나는 많은 사건 속에서 S와 O 동기에 대해 배우고 그 본질을 알게 된다. 하나의 사건 안에서 S와 O 동기의 감정들이 다름을 발견하고, 두 감정 목록 안에 다양한 감정이 존재함을 다시 확인하게 된다. 또한 자신에게 발생하는 일에 대해 스스로 집중하여 통찰할 수 있도록 관찰일지를 기록한다. 관찰일지를 토대로 잘못된 행동 방식은 수정이 가능하며 새로운 행동 방식은 창조할 수 있다. 새로운 행동 방식을 발견하면 성공한 경험과 실패한 경험에 대한 생활일지를 기록하도록 하여 실패한 경험 및 성공한 경험 모두 놀이와 만들기로 정당화/무효화를 실행한다.

이 단계에서 집단원이 이전의 행동 패턴을 반복할 가능성이 있으므로 주된 행동을 생활에서 실천할 수 있도록 반복하는 연습과 새로운 사건이 발생할 때 주제를 찾을 수 있는 능력 및 자신이 변화하기 위해서는 충분하고 긴 시간과 노력이 필요함을 설명한다.

(4) 두 번째 자기탐구-다시 말하기 단계 및 종결(11~12회기)

자기직면법의 마지막 단계인 두 번째 자기탐구 과정은 첫 번째 자기탐구 과정과 거의 동일하다. 그 차이점은 집단원이 가치화를 재구성할 때 첫 번째 자기탐구에서 구조화한 가치화들을 보고 2차 가치화와 정서행렬표를 작성하는 것이다. 이때 새로운 가치화들은 수정 혹은 대체되거나 삭제, 보충된다. 마지막으로 자신의 미래에 대해 나무 만들기를 통하여 미래 꿈에 대한 의지를 확고히 하고, 변화된 자신의 모습을 확인하며, 구슬로 팔찌를 만들어 자신에게 선물을 수여한다. 자기직면법 집단상담 프로그램의 전체 구성과 내용은 다음의 〈표 3-5〉와 같다.

표 3-5   우울한 청소년을 위한 자기직면법 집단상담 프로그램의 전체 구성

단계	회기	주제	활동 목표	활동 내용
관계 형성	1	만나서 반가워!	• 긴장된 분위기 해소 • 참여 동기 부여 • 친밀감 및 신뢰감 형성	- 지도자, 집단원, 프로그램을 소개한다. - 별칭을 짓고 인사를 한다. - 규칙 및 서약서를 작성한다.
	2	나는 누구일까?	• 친밀감 및 신뢰감 강화 • 자신을 이해하고 표현 • 자신을 개방하는 경험	- 나무 그림으로 자신에 대해 설명한다. - 자신의 강점에 대해 이야기한다. - 이야기를 나눈 후 느낀 점을 나눈다.
첫 번째 자기 탐구	3	기억 속으로	• 자신의 삶 회상 • 중요한 일 탐색 • 경험한 감정 표현	- 질문지로 자신의 삶을 회상한다. - 내게 일어난 중요한 일을 그림으로 그리고 (4컷 만화 그림) 이야기를 나눈다.
	4	나의 감정은	중요한 감정 탐구 및 표현 가치화와 정서행렬표 작성	- 감정을 표현한다(감정 온도계). - 느낀 것을 악기로 연주한다. - 가치화와 정서행렬표를 작성한다.

(계속)

	5	숨겨진 나 찾기	• 가치화와 정서행렬표 알기 • S와 O 동기 구별 • 감정 표출	– 가치화와 정서행렬표를 설명한다. – S 동기와 O 동기에 대해 설명한다. – 과거의 주요한 사건에서 느꼈던 감정들을 표현한다(그림, 낙서).
	6	요즘 나는요	• 당면한 문제와 감정 탐구 • 공통된 핵심 가치화 및 핵심주제 찾기	– 자기탐구를 한 뒤 느낀 점을 나눈다. – 자신이 경험했던 과거 중요한 일이 현재에 어떠한 영향을 미치는지 생각해 보고, 이야기를 나눈다.
정당화 · 무효화	7	무엇이 문제일까?	• 의미 있는 가치 정립 • 현재 삶에서 진행 중인 사건 찾기 • 과거의 중요한 경험과 현재 진행 중인 문제 사이에 대한 탐색	– 현재 당면 과제의 문제점에 대해 알아본다. – 자기 이야기와 진행 중인 사건의 흐름 사이의 관계에 대해 탐색한다. – 삶에서 진행 중인 사건을 통하여 느끼는 감정을 구별한다. – 과제: 관찰일지 적기
	8	난 할 수 있어	• 새로운 행동 방법 창조 • 예외적 사건 찾기 및 성공적 이야기의 정당화	– 자기 이야기와 진행 중인 사건의 흐름 사이의 관계에 대해 탐색한다(S와 O 동기에 대한 통찰). – 과제: 생활 속 새로운 행동 방법에 대한 일지 적기
	9	새로운 나 (자아의 재발견)	• 자기 이야기 속에서 예외적인 사건 찾기 • 성공한 경험과 실패한 경험 감정 표현	– 실천한 과제에 대한 느낌을 표현한다. – 자기 이야기 속에서 실패한 경우는 풍선 터트리기로, 성공한 경우는 점토 만들기로 표현한다.
	10	지금 내 마음은	• 과거 행동 방식 통찰 • 생활 속에서 실천한 새로운 행동 방식의 정착	– 옛날 행동 방식에 대해 통찰한다(언제, 어떻게, 왜 발생했는가?). – 성공한 경험을 상징하는 피에로 인형을 만든다. – 새로운 행동 방식을 연습한다.
두 번째 자기 탐구	11	나의 미래는요	• 두 번째 자기탐구 • 현재 가치화 수정 및 새로운 가치 발견 • 새로운 가치화 정립	– 가치화와 정서행렬표를 작성한다. – 변화된 자신의 모습을 나무 그림으로 그린다. – 자신의 미래의 나무를 만든다.
종결	12	나를 믿어요!	• 변화된 모습 자랑스러워하기 • 미래에 대한 확신 및 믿음 • 상담 결과를 실천하기로 자신과 약속	– 나에게 선물(구슬 팔찌)을 준다. – 롤링페이퍼를 작성한다. – 소감문을 작성한다. – 마지막 인사를 나눈다(추후 모임 공지).

1회기　만나서 반가워!

🗋 **활동 목표**

- 집단원 간, 또는 상담사와 집단원 간의 긴장을 해소한다.
- 친밀감 및 신뢰감을 형성하고 프로그램에 대한 소개와 참여 동기를 부여한다.

🗋 **준비물**　명찰, 펜, 활동지, 전지, 스티커, 구슬

🗋 **활동 내용**

1. 집단지도자 소개 및 전체 프로그램 소개하기
   - 프로그램에 참여함을 환영하고, 지도자 자신을 소개하며 먼저 반갑게 인사한다.
   - 프로그램의 내용과 목표에 대해 설명하여 프로그램에 대한 참여 동기를 부여한다.
2. 집단원 소개하기
   - 별칭을 지어 자신을 소개하고 표현해 보도록 한다.
   - 동성은 안아 주기, 이성은 악수하기로 반가움을 표현하고 순간의 정서를 느껴 본다.
3. 규칙 정하기와 서약서 작성하기
   - 프로그램을 하는 동안에 지켜야 할 규칙들을 다 같이 만들고 서약서를 작성한다.
   - 약속을 실천하였을 경우에 스티커로 출석 도장을 찍어 프로그램 참여도를 높인다.
   - 각 회기별로 활동을 가장 잘 실천한 사람을 한 명 선정하여 구슬을 준다.

🗋 **마무리 활동**

1. 자신의 강점과 특징을 상기해 보고, 활동의 의미를 되새긴다.
2. 자신의 활동에 대해 생각해 보고 스스로 스티커를 붙인다.
3. 활동에 대해 격려의 메시지를 전한다.
4. 다음 회기의 활동에 대해 간단한 예고를 한다.

2회기   나는 누구일까?

🗐 **활동 목표**

• 자신의 유익한 점과 어려운 점을 이해하고 표현한다.

• 자신을 개방하는 경험을 한다.

🗐 **준비물** 명찰, 펜, 활동지, 도화지, 색연필, 스티커, 구슬

🗐 **활동 내용**

1. 인사하기
   – 명찰을 단 뒤에 별칭을 부르며 서로 반갑게 인사한다.
   – 동성끼리는 안아 주기, 이성끼리는 악수하기의 인사법으로 인사한다.
   – 지난 회기 이후에 일어난 일들에 대해 이야기를 나눈다.

2. 나무 그림 그리기
   – 자신을 나무로 생각하고 도화지에 그림을 그려 본다.
   – 그린 그림으로 자신에 대해 설명한다.

3. 활동지 작성하기
   – 자신의 유익한 점과 어려운 점에 대해 이야기한다.
   – 자신의 특징과 강점을 찾는다.

4. 느낀 점 나누기
   – 활동지를 작성한 후 느낀 점을 이야기한다.
   – 이야기한 후에 깨달은 점을 서로 나눈다.

🗐 **마무리 활동**

1. 자신의 강점과 특징을 상기해 보고, 활동의 의미를 되새긴다.
2. 자신의 활동에 대해 생각해 보고 스스로 스티커를 붙인다.
3. 활동에 대해 격려하고 다음 회기 예고를 한다.

3회기 기억 속으로

□ 활동 목표

• 자기직면법 질문지를 작성한다.

• 과거에 일어난 중요한 일을 탐색하고, 과거 경험한 자신의 감정을 표현한다.

□ 준비물 명찰, 펜, 활동지, 색연필, 스티커, 구슬

□ 활동 내용

1. 인사하기

 – 명찰을 단 뒤에 별칭을 부르며 서로 반갑게 인사한다.

 – 지난 회기 이후에 일어난 일들에 대해 이야기를 나눈다.

2. 활동지 작성하기

 – 자기직면 질문지를 큰 소리로 읽고, 궁금한 것을 질문한다.

 – 자기직면 질문지로 자신의 과거 삶을 상기해 보고, 과거와 현재에서 경험한 중요한 일들을 4컷 만화로 그려 보고, 그린 그림으로 자기 이야기를 한다.

3. 느낀 점 나누기

 – 자기 이야기를 한 후 느낀 점에 대해 이야기를 나눈다.

 – 활동을 한 후 느낀 점과 깨달은 점을 이야기한다.

□ 마무리 활동

1. 질문지에 대해 생각하고, 활동의 의미를 되새긴다.

2. 자신의 활동에 대해 생각해 보고 스스로 스티커를 붙인다.

3. 활동에 대해 격려하고 다음 회기 예고를 한다.

4회기 **나의 감정은**

🗐 **활동 목표**
- 감정 온도계 작성하고, 느낀 감정을 표현한다.
- 가치화와 정서행렬표를 작성하고, 구체적인 감정을 알아본다.

🗐 **준비물** 명찰, 활동지, 펜, 스티커, 구슬, 악기(북)

🗐 **활동 내용**
1. 인사하기
   - 명찰을 단 뒤에 별칭을 부르며 서로 반갑게 인사한다.
   - 지난 회기 이후 가장 기억에 남는 활동에 대해 이야기를 나누어 본다.
2. 감정 온도계 작성하기
   - 활동지를 작성하며 느꼈던 감정을 떠올리며, 감정 온도계에 자신의 감정 수치를 작성해 본다.
   - 감정 온도계로 자신의 감정에 대해 알아보고, 그 차이를 이야기한다.
   - 삶에서 중요했던 경험에서 느낀 감정을 악기(북)로 표현해 보고, 이야기를 나누어 본다.
3. 가치화와 정서행렬표 작성하기
   - 작성한 감정 온도계를 가지고 가치화와 정서행렬표를 작성한다.
   - 정서행렬표에 대한 설명은 다음 회기에 하기로 알린다.

🗐 **마무리 활동**
1. 감정을 표현한 후의 느낀 점을 생각해 본다.
2. 회기 활동을 생각해 보고 스스로 스티커를 붙인다.
3. 활동에 대해 격려하고 다음 회기 예고를 한다.

5회기 숨겨진 나 찾기

📄 **활동 목표**
- 가치화와 정서행렬표에 대해 알아본다.
- S와 O 동기를 알고 감정을 표출한다.

📄 **준비물** 명찰, 펜, 활동지, 스티커, 구슬, 무명천, 크레파스

📄 **활동 내용**

1. 인사하기
   - 명찰을 단 뒤에 별칭을 부르며 서로 반갑게 인사한다.
   - 지난 회기 이후에 일어난 일들에 대해 이야기를 나눈다.

2. 가치화와 정서행렬표에 대해 설명하기
   - 집단원 중 과거 자신에게 발생했던 중요한 일에 대하여 자기를 개방할 집단
     원의 사례를 가지고 가치화와 정서행렬표에 대해 설명한다.
   - 작성한 정서행렬표를 가지고, 자기 강화 및 향상을 위한 S 동기와 타인과의
     친밀을 위한 O 동기에 대해 설명한다.

3. 가치화와 정서행렬표에 나타난 과거의 감정을 생각해 보기
   - 사례 집단원이 느꼈을 감정에 대해 이야기를 나누어 보며, 자신의 경우에는
     어떠했는지 생각해 보는 시간을 가진다.
   - 기억에 남는 좋은 일이든 나쁜 일이든, 한 사건에는 부정적인 감정과 긍정적
     인 감정이 모두 존재함을 설명한다.

4. 주요한 사건에서 느꼈던 감정을 흰색 천에 크레파스로 마음껏 표현해 본다.

📄 **마무리 활동**

1. 감정을 표현한 후에 느낀 점을 생각해 본다.
2. 회기 활동을 생각해 보고 스스로 스티커를 붙인다.
3. 활동에 대해 격려하고 다음 회기를 예고한다.

6회기 요즘 나는요

🗇 **활동 목표**
- 사건에 대한 S와 O 동기를 구별한다.
- 긍정적·부정적 감정 혹은 양가감정에 대해 알아본다.

🗇 **준비물** 명찰, 펜, 활동지, 스티커, 구슬

🗇 **활동 내용**

1. 인사하기
   - 명찰을 단 뒤에 별칭을 부르며 서로 반갑게 인사한다.
   - 지난 회기 이후에 일어난 일들에 대해 이야기를 나눈다.

2. 가치화와 정서행렬표에 대한 탐구
   - 지난 시간 설명한 S 동기와 O 동기에 대해 다시 생각해 보도록 하고 한 번 더 설명한다.
   - 집단원 중 현재 당면한 가장 중요한 문제에 대해 자기를 개방할 집단원의 사례를 가지고 이야기를 나누고, 사례자가 느꼈을 감정에 대해 집단원 간에 이야기를 나누어 본다.
   - 사례자와 자신의 경우와는 어떠한 공통점과 차이점이 있는지 생각해 보는 시간을 가진다.
   - 또 다른 자기개방을 할 사례자의 이야기를 가지고 S와 O 동기, 부정적 감정과 긍정적 감정에 대하여 퀴즈 맞추기 게임을 한다.

3. 자신이 경험했던 과거의 중요한 일들이 현재에 어떠한 영향을 미치고 있는지 논의한다.

🗇 **마무리 활동**

1. 회기 활동을 생각해 보고 스스로 스티커를 붙인다.
2. 활동에 대해 격려하고 다음 회기 예고를 한다.

7회기 무엇이 문제일까?

🗇 **활동 목표**

• 숨겨진 새로운 가치와 감정을 발견한다.

• 의미 있는 가치를 정립한다.

🗇 **준비물** 명찰, 펜, 과제물, 스티커, 구슬

🗇 **활동 내용**

1. 인사하기

   - 명찰을 단 뒤에 별칭을 부르며 서로 반갑게 인사한다.

   - 지난 회기 이후에 일어난 일들에 대해 이야기를 나눈다.

2. 지난 시간 이후 변화된 점 관찰하기

   - 지난 회기 이후 느낀 점이 무엇인지 생각해 보고, 서로 이야기를 나누어 본다.

3. 자신의 미래 삶을 위해 가장 중요한 중심 주제를 찾는다.

   - 현재 자신에게 중요한 것은 무엇인지 과거와 현재, 그리고 미래의 꿈을 통해 알아본다.

4. 과제

   - 일상생활에서 도출된 핵심 과제를 수행하고, 도출된 핵심 주제가 자신의 행동과 상황을 결정한 때와 그렇지 않은 때를 관찰하고 일지에 적는다.

🗇 **마무리 활동**

1. 회기 활동을 생각해 보고 스스로 스티커를 붙인다.

2. 활동에 대해 격려의 메시지를 전한다.

3. 과제에 대해 다시 확인하고 다음 회기 예고를 한다.

8회기 난 할 수 있어!

☐ 활동 목표
• 생활에서 자신의 달라진 모습을 발견한다.
• 현재 개인 삶의 중심 주제와 내재된 동기를 찾아본다.
• 새로운 행동 방법을 창조한다.

☐ 준비물 명찰, 펜, 과제물, 스티커, 구슬, 악기(핸드벨)

☐ 활동 내용
1. 인사하기
   – 서로 인사를 나눈 뒤 지난 회기 이후에 일어난 일들에 대해 이야기를 나눈다.
2. 악기 연주하기
   – 과제를 하면서 느꼈던 감정을 악기로 표현하고 연주해 본다.
3. 지난 시간 이후 변화된 점 관찰하기
   – 지난 시간 자기탐구 후 생활에서 무엇이 발생했는지, 어떠한 것을 알게 되었는지 서로 의견을 나누고 토론한다.
   – 나눈 이야기로 S와 O 동기에 대하여 구분해 본다.
4. 중심 주제 찾기와 감정에 내재된 동기 찾기
   – 자신의 삶 중 가장 중요한 일에서 찾은 중심 주제에서 자신이 느끼는 감정을 알아보고, 그 감정에 내재된 동기를 찾는다.
5. 과제물
   – 과제를 실천한 경우와 실패한 경우, 당시 느낀 점을 생활일지에 기록한다.

☐ 마무리 활동
1. 감정을 표현한 후에 느낀 점을 생각해 본다.
2. 회기 활동을 생각해 보고 스스로 스티커를 붙인다.
3. 활동에 대해 격려의 메시지를 전한다.
4. 과제에 대해 다시 확인하고 다음 회기 예고를 한다.

9회기 새로운 나(자아의 재발견)

🗍 활동 목표

- 자기 이야기 속에서 예외적인 사건을 찾아본다.
- 성공한 경험과 실패한 경험에서 느낀 감정을 표현한다.

🗍 준비물 명찰, 풍선, 칼라 점토, 스티커, 구슬

🗍 활동 내용

1. 인사하기
   - 명찰을 단 뒤에 별칭을 부르며 서로 반갑게 인사한다.
   - 지난 회기 이후에 일어난 일들에 대해 이야기를 나눈다.
2. 숙제를 가지고 이야기 나누기
   - 숙제를 하면서 생각하게 되었거나 느낀 점이 무엇인지에 대해 서로 이야기를 나누어 보고, 자신의 강점과 문제점에 대해 알아본다.
   - 그간 숙제를 하면서 무엇이 발생했으며 어떠한 것을 알게 되었는지 이야기해 보고 자신이 현재 겪고 있는 일들에 대해 탐구한다.
3. 감정 표현하기
   - 과제를 하면서 기분이 가장 나빴던 경우를 생각해 보고, 그 당시 느꼈던 감정을 풍선에 힘껏 뱉어 낸 후, 풍선 터뜨리기로 느꼈던 불편한 감정을 소거한다.
4. 점토 만들기
   - 자신의 이야기와 현재 중요한 문제 사이의 관계 속에서 과제가 성공한 경우에 대하여 자신이 가장 좋아하는 것을 점토로 만들어 본다.

🗍 마무리 활동

1. 감정을 표현한 뒤 느낀 점을 생각해 본다.
2. 회기 활동을 생각해 보고 스스로 스티커를 붙인다.
3. 활동에 대해 격려하고 다음 회기를 예고한다.

지금 내 마음은

□ 활동 목표

- 과거 행동 방식에 대해 통찰해 본다.
- 생활 속에서 실천한 새로운 행동 방식을 정착시킨다.

□ 준비물 명찰, 피에로 만들기 세트, 스티커, 구슬

□ 활동 내용

1. 인사하기

   – 명찰을 단 뒤에 별칭을 부르며 서로 반갑게 인사한다.

   – 지난 회기 이후에 일어난 일들에 대해 이야기를 나눈다.

2. 문제 탐색하기

   – 지난 회기에 풍선 터트리기와 점토 만들기를 통하여 알게 된 과거 자신의 행동 방식에 대하여 그것이 언제, 어디서, 어떻게, 왜 발생했는지에 대한 통찰을 하는 시간을 가진다.

   – 정당화/무효화 과정(풍선 터트리기와 점토 만들기)을 통하여 알게 된 자신의 문제점과 느낀 점에 대해 이야기를 나눈다.

3. 피에로 만들기

   – 문제 탐색하기에서의 성공한 사례를 실천한 것을 기억하며 피에로를 만들어 본다.

   – 만든 피에로를 보면서 성공 경험을 생활에서 연습해 보는 계기를 가진다.

□ 마무리 활동

1. 감정을 표현한 후에 느낀 점을 생각해 본다.

2. 회기 활동을 생각해 보고 스스로 스티커를 붙인다.

3. 활동에 대해 격려하고 다음 회기 예고를 한다.

11회기 ┃ 나의 미래는요

◻ 활동 목표
- 두 번째 자기탐구를 한다.
- 현재 가치를 수정하고 새로운 가치를 발견한다.
- 새로운 가치화를 정립한다.

◻ 준비물 펜, 활동지, 도화지, 크레파스, 나무 만들기 세트, 스티커, 구슬

◻ 활동 내용
1. 인사하기
   - 명찰을 단 뒤에 별칭을 부르며 서로 반갑게 인사한다.
   - 지난 회기 이후에 일어난 일들에 대해 이야기를 나눈다.
2. 두 번째 자기탐구 시작
   - 새로운 가치화와 정서행렬표를 작성한다.
   - 두 번째 정서행렬표를 작성하고 난 뒤 느낀 점에 대해 이야기를 나눈다.
3. 나무 그림 그리기
   - 지금 현재의 자신을 나무로 생각하고 도화지에 나무 그림을 그려 본다.
4. 미래의 나무 만들기
   - 나무 만들기 세트로 자신의 미래의 나무를 만들어 본다.
   - 만든 나무를 가지고 꿈에 대한 결심을 다지고 꿈에 대한 긍정적인 미래를 가
     지도록 한다.

◻ 마무리 활동
1. 회기 활동을 생각해 보고 스스로 스티커를 붙인다.
2. 활동에 대해 격려하고 다음 회기 예고를 한다.

12회기 나를 믿어요!

⬠ 활동 목표

• 자신의 변화된 모습을 자랑스러워한다.
• 미래에 대한 확신과 믿음을 가진다.

⬠ 준비물 명찰, 펜, 구슬, 활동지, 팔찌 만들기 준비물

⬠ 활동 내용

1. 인사하기
   – 명찰을 단 뒤에 별칭을 부르며 서로 반갑게 인사한다.
   – 지난 회기 이후에 일어난 일들에 대해 이야기를 나눈다.
2. 나에게 상 주기
   – 프로그램에 성실하게 끝까지 참석하고 열심히 한 자신에게 상장을 수여한다.
   – 그동안에 모았던 구슬로 팔찌를 만들어 자신에게 부상으로 수여함으로써 자신에 대한 믿음과 자신감을 가지도록 한다.
3. 소감문 작성하기
   – 상담을 하면서 느꼈던 경험에 대한 소감문을 작성한다.
   – 함께한 친구들과 롤링페이퍼를 작성한다.
4. 추후 모임에 대하여 알린다.
5. 활동을 열심히 성실하게 한 것에 대해 박수로서 서로와 자신을 격려하고 축하해 준다.
6. 마지막 인사하기
   – 동성끼리는 안아 주기, 이성끼리는 악수하기로 인사한다.

⬠ 마무리 활동

1. 자신의 상장과 구슬 팔찌, 활동 스티커를 보며 다짐을 한다.
2. 친구들과 서로를 칭찬하고 격려한다.
3. 마지막 전달 메시지를 전하고 프로그램을 마무리한다.

자기직면 질문지

이름 (　　　　　　　　　)

＊ 다음 질문은 여러분 자신에게 매우 중요한 과거 및 미래 삶과 현재 생활에 관련된 질문입니다. 질문에 솔직하고 구체적으로 서술해 주십시오.

1. 여러분 자신의 과거 삶에 매우 강력한 영향력을 미치고 현재까지 영향을 준 매우 중요한 일은 무엇입니까?

_____

_____

_____

2. 자신의 현재 생활에 중요한 영향을 미치는 사람이나 일, 경험은 무엇입니까?

_____

_____

_____

3. 자신의 미래에 대해 생각하고 계획을 해 본 적이 있나요?
   미래에 자신이 어떠한 사람이 되어 어떻게 살고 있을지 적어 주세요.

_____

_____

_____

가치화와 정서행렬표 (   )차 20○○.   .   .

이름 (   )

가치화	P 기쁨	S 자존감	N 걱정	P 강점	P 즐거움	O 사랑	O 다정함	S 자신감	O 친밀감	N 미기서침	S 자존심	N 설움	P 공격성어	S 합계	O 합계	P 합계	N 합계
1																	
2																	
3																	

0=전혀 그렇지 않다   1=약간 그렇다   2=어느 정도 그렇다   3=꽤 그렇다   4=많이 그렇다   5=아주 많이 그렇다

S: 자기향상(자기강화)을 반영하는 감정   P: 긍정적인 감정
O: 타인(환경)과의 접촉을 반영하는 감정   N: 부정적인 감정

감정 온도계

이름 (   )

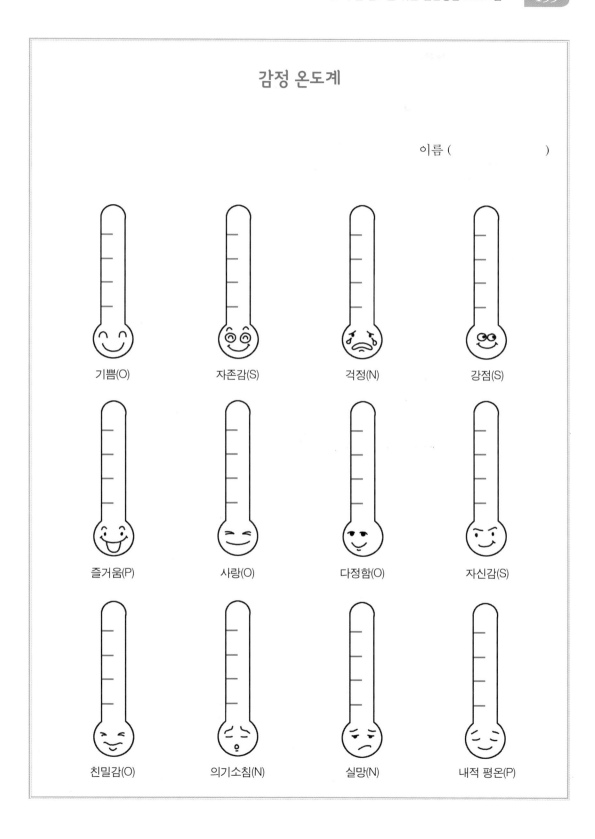

관찰일지

이름 (   )

✳ 일지는 오늘부터 반드시 매일 써야 합니다.

• 매일 저녁 자기 전 조용히 눈을 감고 그날 하루를 회상해 봅니다.

1) 하루 일과를 돌아보며 과제를 실천한 경우 가운데 기분이 나빴던 경우와 좋았던 경우를 각
   각 서술합니다.
2) 각 기분의 경우를 0점에서 5점 척도로 감정온도를 기록합니다.
   (0점은 '전혀 그렇지 않았다'이고, 5점은 '전적으로 그러하였다'입니다.)
3) 기록은 솔직하고 구체적으로 하세요.

날짜	기분이 나빴던 경우	감정 온도	기분이 좋았던 경우	감정 온도

관찰일지

이름 (   )

✻ 일지는 오늘부터 반드시 매일 써야 합니다.

• 매일 저녁 자기 전 조용히 눈을 감고 그날 하루를 회상해 봅니다.

1) 하루 일과에서 과제를 실천한 경우를 구체적으로 기록합니다.
2) 과제를 실천하는 과정에서 성공한 경우와 실패한 경우의 느낀 점을 기술합니다.
3) 기술은 솔직하고 구체적으로 적으세요.

날짜	성공한 경우	느낀 점	실패한 경우	느낀 점

11
공격성이 강한 청소년을 위한
정서조율중심 통합적 집단상담 프로그램

공격성은 누군가에게 위해를 가하는 성향으로 인간과 동물 모두에게 적용되며 화(anger), 분노(rage), 적개심(hostility) 등 다양한 개념을 포함하는 포괄적인 용어 다(Buss, 1961). 공격성에 대한 개념은 단순하게 대인 간 상호작용 상황에서 유해한 자극을 주는 행동(Buss & Durkee 1957)이라는 정의에서부터 다른 삶에게 해를 줄 의도가 수반되어야 한다는 정의로 변화되었다. Bandura 등(2001)은 사회규범을 어기는 해로운 행위로 정의하면서 의도를 포함하지 않았고, Aronson 등(1997)은 타인에 상처를 입히면서 동시에 자신에게도 고통을 주려는 의도와 목표를 가지고 있는 행동으로 공격성을 개념화함으로써 공격 행동의 대상을 넓혔다.

공격성에 영향을 미치는 요인에 대한 연구는 오래전부터 있었는데, Weiner(1991)는 사회적 상황에서 부정적 결과의 책임이 타인에게 있다고 판단될 때 분노가 야기되고 이 분노가 공격적인 행동으로 유발된다고 제시했고, Graham 등(1992)은 타인의 의도를 지각하는 것이 분노를 야기한다고 밝히며 분노가 공격행동을 유발하는 경로를 제시하였다. 이러한 선행 연구들은 분노가 공격행동과 밀접한 관련이 있음을 확인시켜 준다.

청소년 비행에 가장 영향을 미치는 중요한 심리적 변인 중 하나가 공격성이며(민수홍, 2005; Kastner, 1998), 특히 폭력사범의 경우는 공격적 기질이 범죄의 주요한 원인으로 확인되고 있어(성상희 외, 2014) 사회적인 관심이 요구되고 있다. 더욱이 최근 들어 청소년이 분노상황에 노출되는 횟수가 증가하고, 과다한 분노 표출도 늘어나고 있어 청소년 대상 상담 현장에서도 중요성이 부각되고 있다.

분노는 대표적인 부정적 정서이지만, 사람들이 하루에도 몇 번씩 경험하는 일차적이고 보편적인 정서이므로 분노를 느끼고 표현하는 것은 자연스러운 반응이다. 그렇기 때문에 분노의 정서를 다루는 문제는 우리가 건강한 삶을 살기 위해서 기본적으로 학습해야 하는 과제다. 그럼에도 불구하고 이를 적절하게 다루는 방법에 대해서 가정이나 학교에서 체계적으로 가르치는 경우는 거의 없다. 그 결과, 공격성향을 보이는 청소년들의 경우 분노의 표현에 있어서 비행이나 공격적인 형태, 사회적으로 인정받지 못하는 방식으로 분노를 나타내고 있는 것을 주변에서 흔히 볼 수 있다. 따라서 청소년기에 분노조절 훈련을 통해 자기방어와 통제력을 증진시키는 것은 바람직한 사회적 행동의 기본 바탕이 된다고 할 수 있다.

분노조절 훈련은 자신의 분노를 통제하고, 조정 · 관리함으로써 타인에게 해를 주지 않고 자신의 감정을 건전하게 표현(김정운, 강정남, 2020)하는 것이다. 그래서 개인의 분노환경에서 분노의 원인을 인식하고, 분노의 축적을 조절해서 공격적 과잉반응을 예방하며, 분노를 감소시켜 상황을 변화시키는 데 중점을 둔다. 대부분 공격성이 강한 청소년들은 정서조율에 실패해 분노를 폭발시켜 충동적 행동의 원인을 만들기도 하고 비행이나 학교폭력을 일으킨다. 따라서 그들을 위한 집단상담 프로그램은 자신의 감정에 대한 정확한 인지를 통해 분노 경험을 통찰하고, 객관적이고 합리적인 사고과정 단계를 통해 분노를 적절히 표현하도록 하며 실생활에서 자연스럽게 나오도록 학교나 상담현장에서 충분한 훈련이 요구된다.

1 청소년기 공격성의 특징

공격적인 성향이 높은 사람은 자기주장이나 요구가 많고 감정 표출이 직접적이어서 폭력사태를 일으킬 가능성이 높다(홍성열, 2000). 공격성과 더불어 충동성이 높은 교도소 수용자는 왜곡된 가치관을 가진 경우가 많고 일반 사람들보다 경제적 · 사회적으로 나타나는 빈곤감과 열등감 때문에 자포자기한 상태에서 한탕주의

사고를 가지고 있어 충동적으로 폭력을 일으킬 가능성이 많다(김숙희, 2018). 또한 공격성이 강할수록 갈등이 있는 대상과 문제를 직접적으로 해결하려 하지 않고, 은근히 남을 화나게 하거나 무의식적인 욕구나 소망을 즉각적인 행동으로 충족시키려고 하여 갈등이나 좌절에 미성숙한 방법으로 문제를 해결하려는 경향이 있다.

청소년기는 급격한 성장과 진학, 진로, 직업에 대한 고민 등 전환의 시기로 정서적으로 매우 불안정한 시기다. 이러한 불안정한 심리적 요인으로 신체가 위축되는 증상, 우울한 정서, 불안 등이 내재화되고 이것이 타인에게 육체적으로 피해를 주거나 사회적 규범을 위반하는 비행 또는 공격적 행동의 외현화된 문제행동으로 표출된다(Achenbach, 1991). 그런 이유로 청소년 비행에 영향을 미치는 가장 중요한 심리적 변인 중 하나가 바로 공격성이다(민수홍, 2005; Kastner, 1998).

이러한 청소년들의 공격 행동 및 비행의 주요 유발인자는 분노라고 보고 있으며 분노조절 능력이 부재된 경우 솔직한 감정을 표현하지 못하고 솔직한 감정을 대체한 심한 욕설과 고함 등 난폭한 말씨, 부모 등 권위자에 대한 반항, 적개심과 공격적 행동 등 방식으로 분노감정을 표출하다 결국은 사회적으로 용인되지 않는 비행행동까지 이어진다. 뿐만 아니라 청소년기의 억압되고 미해결된 분노는 성인기의 정서장애, 불안장애, 성격장애, 약물장애로 나타나기도 하므로(Enright & Fizgibbons, 2000) 적절한 분노조절은 청소년기에 다루어야 할 중요한 과제 중 하나다.

2 공격성 완화를 위한 집단상담 프로그램

1) 선행 연구

청소년기에 발생하는 공격성 문제는 그 시기의 중요한 심리적 특성 중 하나인 분노와 관련된 것으로 분노를 경험하고, 분노 상황을 표현하는 방식에 있어 적절한 조절과 통제가 이뤄지지 못하는 데서 오는 결과이므로 분노조절은 공격성을 보이는 청소년은 물론이고 모든 청소년에게 필수적인 과제라고 할 수 있다.

분노조절 선행 연구 대부분이 인지행동 접근에 기반을 둔 프로그램을 실시해 왔다(김미라, 이영만, 2008; 서수균, 권석만 2005). 그 배경에는 공격적·적대적 행동에는 부적응적 인지과정이 이루어져서 분노를 유발하는 데 결정적 요인이 되었다고 보기 때문이었다(채혜정, 2004). 그러나 근래에 들어서는 분노조절을 위해서는 인지·정서·행동 중 하나의 접근 방식만으로 프로그램을 구성하기보다는 여러 접근 방식을 적절히 통합하여 프로그램을 만드는 것이 바람직하며, 각 영역을 구분한 치료적 접근보다 통합적 치료 개입이 더 효과적이라고 보고되고 있다(민혜숙, 최인화, 2019). 그 배경에는 김수연과 차유경(2016)이 인지치료와 명상을 융합한 분노치유 프로그램을 개발해서 인지적 접근과 명상을 통한 공감능력과 자기자비의 향상이 분노사고 감소에 영향을 주었음을 검증한 연구, 서덕남과 박성희(2009)가 확인한 분노조절에 긍정적인 영향을 준 감사 프로그램 등을 통해 효과성이 확인되었기 때문이다. 그 외에도 의사소통 훈련(최광식, 2000), 예술치료 프로그램(김미숙, 김주찬, 2013; 김희진, 2004) 등도 분노조절에 의미 있는 영향을 미쳤다.

이런 선행 연구로 보건대 청소년의 분노조절 프로그램은 분노라는 감정을 조절하는 인지적 접근뿐 아니라, 일상생활에서 감정을 건전하게 표현하고 조절할 수 있도록 정서적·행동적 접근을 함께 적용한 이완 훈련과 감사표현, 정서조율, 예술치료 등 통합적으로 개입하는 것이 효과적일 것이다.

2) 정서조율중심 통합적 집단상담 프로그램의 이론적 배경

연구자들은 공격성이 강한 청소년들에게 적합한 프로그램은 자기 상태 돌아보기, 흥분 가라앉히기, 상대방에게 자기 상태나 바람 전하기 등이며, 이러한 작업은 긴장 수준을 낮추고 자신과 타인의 관계에 대해서 상대방에게 진술하게 소통하도록 돕는다고 하였다(McKay, Rogers, & McKay, 2003; Van Coillie, Van Mechelen, & Ceulemans, 2006). 또한 분노 문제를 다루는 데 있어 불안이나 긴장 수준을 완화시키기 위해서 호흡을 통한 이완 훈련치료도 효과적이라고 한다(김혜민, 손정락, 2013).

이러한 이론을 바탕으로 이 프로그램에서는 공격성을 일으키는 분노의 감정을 적응적으로 조절하기 위해 매 회기마다 자신의 감정과 신체 상태를 알아차려 스스로를 조율하고 그것을 바탕으로 타인과 조율을 원활히 하는 데 중점을 두었다. 그리고 분노가 일어났을 때 안전지대를 떠올려 호흡을 하며 마음이 옮겨 갈 수 있도록 안전지대 이미지화 작업을 한 후 매 회기 때마다 호흡을 통한 이완 훈련을 해서 긴장 상태에서 스스로를 이완시키는 것을 습관화하며, 일상생활에서 다행스런 일과 감사한 일을 알아차리는 감수성을 높여 청소년들이 세상에는 생각보다 안전하고 신뢰할 수 있는 사람이 많다는 것을 느끼도록 했다. 그래서 매 회기마다 그 전 회기에서 과제로 제시한 감사일기를 집단원과 나누고 함께 피드백을 교환하는 것이 중요한 과정으로 구성되어 있다. 그러한 작업을 통해 정서를 안정시키고 이를 바탕으로 분노가 일어났을 때 신체의 반응과 자신의 분노의 패턴을 통찰하여 적응적이고 성숙한 방법으로 반응하도록 이끌어 주는 데 주안점을 두었다.

3) 프로그램의 목표

- 자신의 매일의 감정과 신체 상태를 알아차리고 조율할 수 있다.
- 자신의 분노를 알아차리고 보다 적응적으로 반응하게 할 수 있다.
- 일상생활의 부정적인 사건에서 관점을 긍정적으로 전환시켜 대처할 수 있다.
- 주변의 감사한 사람에 대한 감수성을 높이고 소소한 행복을 찾을 수 있게 한다.
- 또래와의 집단활동을 통해서 자기표현력을 높이고, 긍정적인 대인관계를 형성한다.

▶ 소요 시간: 총 10회기(주 2회, 한 회기 당 80분)
▶ 참고 사항
- 매 회기 도입 부분에서는 현재 몸과 마음의 상태를 말하게 함으로써, 긴장을 풀고 자신의 내면에 집중할 수 있도록 하였다(활동지는 프로그램 마지막 장에 첨부).
- 매 회기에 감사일기를 집단원 각각의 눈을 바라보며 물어보고 말하게 한다.

4) 프로그램의 구성

(1) 관계 형성 단계(1~2회기)

총 2회기로 구성되며, 프로그램에 대한 오리엔테이션과 집단원들 간의 라포 형성 활동이 이루어진다. 집단 규칙을 정하고 자신의 이름과 별칭을 소개하며 땅따먹기 놀이를 통해 집단원들 간의 친밀감을 형성한다.

(2) 자기인식 단계(3~6회기)

총 4회기에 걸쳐 진행되며 화가 났을 때 피할 수 있는 안전지대 탐색과 자신 몸을 어떻게 다루었는지 알아보고 자신의 몸도 소중하게 관리해야 함을 통해 남의 몸도 소중하게 다루어야 함을 인식하게 한다. 분노를 신체적 폭력으로 연결하지 않도록 방지하기 위함이다. 또한 자신이 느끼는 감정의 이름들을 알아보고 화를 냈을 때의 상황과 신호, 신체적 반응 등을 인식하고 자각 수준을 높이게 한다.

(3) 변화 단계(7~9회기)

총 3회기로 진행되며, 자신의 분노를 객관화하여 패턴을 인식하고 분노가 올라왔을 때 보다 적응적인 방법으로 대처할 수 있도록 나-메시지, 역할극을 통해 변화를 몸으로 느끼도록 진행한다. 또한 자신의 내면 속에 있는 분노를 일으키는 원인을 은유적으로 표현하여 꺼내어 놓은 과정을 거쳐 자신과 분노를 분리하게 한다.

(4) 종결 단계(10회기)

프로그램 중에 떠올린 자신의 삶에서 고마운 사람들을 다시 한번 상기시킨다. 그래서 주변에 고마운 사람이 많음을 느끼게 하고, 세상은 신뢰할 만한 곳이라는 안정감을 주어 사람들에 대한 존중감을 표현하도록 이끌어 준다. 마지막으로 프로그램 중 탐색한 고마운 사람들의 중요한 특징을 잡아서 그림으로 그려 전시하고, 소감을 말한 후 마무리한다. 전체 프로그램의 구성은 다음과 같다.

표 4-1 **공격성이 강한 청소년을 위한 정서표현중심 분노조절 전체 프로그램 구성표**

단계	회기	주제	활동 목표	활동 내용
관계 형성	1	난 이런 사람이야	• 프로그램과 집단원 간의 소개를 하며 관계를 형성한다.	- 지도자, 집단원 , 프로그램 소개한다. - 별칭을 짓고 인사를 한다. - 명패를 만들고 장식한다. - 과제: 감사일기 작성
	2	우리 함께 놀아요	• 집단원 간의 친밀감을 형성한다.	- 이완 훈련을 한다. - 감사일기를 나눈다. - 땅따먹기 놀이를 한다. - 과제: 감사일기 작성

(계속)

자기 인식	3	안전지대로 가요	• 각자에게 가장 안전하고 편 안한 공간 탐색을 한다.	- 이완 훈련을 한다. - 감사일기를 나눈다. - 잠시 눈을 감고 자신의 경험한 공간 중 가 장 편안했거나 즐거웠던 공간을 떠올린다. - 과제: 감사일기 작성
	4	내 몸의 언어에 귀 기울여요	• 자신의 몸을 어떻게 다루었 는지 탐색해 보고 내 몸이 소중하듯 다른 사람의 몸도 소중함을 안다.	- 이완 훈련을 한다. - 감사일기를 나눈다. - 온몸을 스캔하며 부정적인 감정이나 불쾌 한 기억, 특히 아픈 부위가 있는지 체크한 후 그려 본다. - 과제: 감사일기 작성
	5	내 감정 맞춰 봐요	• 감정의 다양한 종류에 대해 배우고 세분화하여 지각할 수 있다.	- 이완 훈련을 한다. - 감사일기를 나눈다. - 감정빙고 게임과 감정 전하기 게임을 한다. - 과제: 감사일기 작성
	6	화가 내 몸을 이렇게 만들어요	• 감정과 신체 반응, 행동, 사 고가 밀접하게 관련되어 있 음을 확인한다.	- 이완 훈련을 한다. - 감사일기를 나눈다. - 한 주 동안 화가 났던 상황들에 대해서 구 체적인 상황과 신체 반응을 나눈다. - 과제: 감사일기 작성
변화	7	나의 분노 패턴	• 자신의 분노패턴(분노표현 양식과 분노진정 방법)을 이 해한다. • 분노를 표현하는 방식에 따 른 결과를 예측하는 능력을 향상시킨다.	- 이완 훈련을 한다. - 감사일기를 나눈다. - 분노 표현 방식을 탐색하고 미리 결과를 예측하는 활동을 한다. - 과제: 감사일기 작성
	8	분노를 일으키는 녀석 내 속에서 나와	• 자주 분노를 일으키는 원인 을 찾아 표현할 수 있다.	- 이완 훈련을 한다. - 감사일기를 나눈다. - 전회기 작업지에서 화를 낸 상황을 잠시 바라본다. 그렇게 화를 낸 자신의 마음속 에 무엇이 있었는지 그려 보고 찰흙으로 외재화시킨다. - 과제: 감사일기 작성
	9	분노야 이렇게 하면 어떨까?	• 분노를 적응적인 방식으로 표현할 수 있다. • 건강한 자기주장을 할 수 있다.	- 이완 훈련을 한다. - 감사일기를 나눈다. - 지난 시간 활동지에서 화를 낸 사건을 만 화로 그리고 역할극을 한다. - 나-전달법 연습하고 다시 역할극을 한다. - 과제: 감사일기 작성

(계속)

| 종결 | 10 | 내 삶 속에 감사한 일 | • 부정적 사건에서 관점 전환이 중요함을 느껴 본다.
• 일상생활에서 사소한 감사한 일에 대한 감수성을 높인다. | – 이완 훈련을 한다.
– 감사일기를 나눈다.
– 프로그램 중에 감사일기에 썼던 다행한 일 중 가장 기억에 남는 일을 발표한다.
– 프로그램을 하면서 떠올린 감사한 사람 모두를 참여자를 중심으로 켄트지에 그려 본다.
– 집단원 그림 전체를 벽에 장식하며 마무리 소감을 말한다. |

1회기   난 이런 사람이야

🗐 활동 목표
• 프로그램에 대한 소개를 하고, 집단원들 간의 친밀감을 형성한다.

🗐 준비물 서약서, 활동지(긍정적 형용사, 색연필, 연필, A4 용지, 풀), 과제용 감사
          일기 활동지

🗐 활동 내용
1. 먼저 집단지도자는 집단원들을 반갑게 맞이하고, 집단상담 프로그램의 목적
   과 진행과정을 소개한다.
2. 집단원들이 집단에서 지켜야 할 우리들의 약속을 함께 만들어 서약서의 내용을 크
   게 읽도록 한다. 지도자는 우리들의 약속 내용에 대해 집단원과 대화를 나눈다.
3. 형용사를 적은 활동지를 나누어 주고 집단원이 한 줄 씩 읽게 한다. 읽으면서
   자신의 모습과 가장 비슷하거나 앞으로 되고 싶은 모습을 표현한 형용사를 3개
   정도 골라서 동그라미 치게 한다.
4. 명패를 만들어 한쪽 면에는 불리고 싶은 별칭(이름)을 쓰고 다른 쪽 면에는 3에
   서 고른 형용사를 쓰게 한다.
5. 명패를 예쁘게 장식한다.
6. 별칭을 소개하면서 자신이 선택한 형용사에 대해서도 그것을 고른 이유를 설
   명하게 한다,

🗐 마무리 활동
1. 별칭과 선택한 형용사를 몸으로 간단하게 표현하게 한다.
2. 활동 후 자신의 느낌이나 생각을 서로 나누도록 한다.
3. 우리들의 규칙을 다시 한번 읽도록 한다.
4. 과제 제시: 감사일기 써 오기
5. 다음 회기의 주제와 시간에 대해 알려 준다.

Hello, I am······

기쁜, 날아갈 것 같은, 즐거운, 들뜬, 명랑한, 유쾌한, 행복한, 만족한, 흡족한, 의기양양한, 자랑스러운, 평화로운, 고요한, 안정된, 차분한, 평안한, 부드러워지는, 침착한, 열중한, 사랑스러운, 정다운, 다정한, 따뜻한, 부드러운, 호의적인, 친근한, 관심 있는, 좋아하는, 그리운, 웅숭깊은, 고상한, 이완된, 안온한, 솔직한, 용감한, 자신감 있는, 긍지를 느끼는, 뿌듯한, 자랑스러운, 확신하는, 당당한, 리더쉽 있는, 우쭐한, 믿음직한, 든든한, 의기양양한, 상냥한, 예쁜, 힘이 넘치는, 열정적인, 살아 있는, 생기가 도는, 흥이 나는, 기운 나는, 발랄한, 밝은, 통쾌한, 시원한, 산뜻한, 온화한, 설레는, 궁금한, 신비한, 신기한, 감동적인, 관심이 가는, 친절한, 사교성 좋은, 도취한, 매료된, 열심인, 편한, 긴장이 풀린, 개운한, 고마운, 쾌활한, 생기 있는, 목소리가 좋은, 웃는 모습이 예쁜, 열정적인, 유머러스한, 신중한, 꼼꼼한, 배려 있는

2회기 **우리 함께 놀아요**

🗂 활동 목표

• 집단원들 간의 친밀감을 형성한다.

🗂 준비물 땅따먹기 놀이 관련된 PPT, 말(돌멩이나 주사위 등), 두꺼운 비닐(가
로: 2미터, 세로: 1.5미터 정도), 투명 테이프 넓은 것, 수성 마커 펜(빨
간색 1개, 파란색 1개), 마커 지우개

🗂 활동 내용

1. 먼저 집단지도자는 집단원들을 문 앞에서 맞아들이고 환영의 인사를 해 준다.

2. 매 시간 시작 전에 이완 훈련을 한다.

"본격적인 내용에 들어가기에 앞서, 근육이완 훈련을 통해 긴장되어 있는 몸
을 편안하게 하는 시간을 가져 보겠습니다. 우리 프로그램에서는 매 회기 시
작할 때 이완 훈련을 합니다. 이완 훈련은 몸을 이완시키는 효과도 있지만, 분
노와 같은 부정적 정서를 완화시켜 주는 효과도 있다고 합니다. 자, 이제부터
제가 하는 동작을 잘 보고 제 말에 따라 똑같이 따라해 주시면 됩니다." (진행
자가 내레이션과 동작시범을 통해 근육이완 훈련을 실시한다. 스크립트 예시는 다음
에 있다.)

3. 감사일기로 체크인 한다.

4. 바닥에 비닐을 펴고 가장자리를 투명 테이프로 고정시켜 둔다

4. 집단원을 두 팀으로 나눈다. 한 팀에게는 빨간색 마커 펜을 주고, 다른 팀에게
는 파란색 마커 펜을 준다.

5. 땅따먹기 놀이 하는 법을 설명한다.

6. 집단원들이 서로 의견을 나누며 규칙을 합의한다(예: 말을 튕길 때 손톱을 사용
할 것인지, 유효한 말을 어떻게 정할 것인지, 선을 완전히 넘어야 하는지, 선에 걸렸
을 경우도 유효한지를 팀원이 서로 조율하면서 정하게 한다).

7. 놀이를 한다. 튕길 때마다 마커로 점을 찍고 표시한 뒤 나중에 필요 없는 부분은 지우개로 지우며 자신의 땅을 정리하게 한다.

8. 더 이상 따먹을 땅이 없으면 이긴 팀, 진 팀을 선언한다.

9. 미리 상품(간단한 간식)을 준비해서 같이 나누어 먹게 한다.

🗗 마무리 활동

1. 놀이를 하면서 느낀 점 등을 얘기한다.

2. 과제 제시: 감사일기 써 오기

3. 다음 회기의 주제와 시간에 대해 알려 준다.

이완 훈련 스크립트 예시(매 회기 진행하는 작업)

여러분은 화가 나면 호흡이 어떻게 되나요? 네, 가빠지지요? 긴장하거나 화가 나면 호흡은 짧게 끊어지고 격렬해집니다. 편안할 때는 느려지고 여유가 생깁니다. 호흡은 항상 우리와 함께 존재하면서 우리의 감정 상태에 따라 변화합니다. 복식호흡을 3차례 정도 반복하고 마음 상태에 따라 자신의 호흡이 어떻게 변하는지 바라보세요. 어떠한 생각이 떠오르면 그 생각을 따라가지 말고 KTX에 탈 때 보이는 차창 밖 풍경처럼 지나가도록 내버려 두고 다시 호흡에 주의를 집중하면 됩니다.

1. 의자에 편안하게 앉습니다. 등을 똑바로 펴고 어깨의 힘을 빼십시오. 손은 무릎 위나 배꼽 근처에 편안히 둡니다.
2. 눈을 감은 채로 코끝을 바라봅니다.
3. 복부에 주의를 집중하고 숨을 들이쉴 때 복부가 부드럽게 팽창되는 것을 느끼고, 숨을 내쉴 때 부드럽게 수축됨을 느껴 보십시오.
4. 네 좋습니다. 들어가는 숨(들숨)의 처음부터 나오는 숨(날숨)의 끝까지 바라보십시오.
5. 그렇게 5세트 해 봅니다. 고요해졌습니다. 고요해지면 여러 가지 생각이 떠오릅니다. 괜찮습니다. 다만 느끼는 순간 무엇에 마음을 빼앗겼는지를 알아차리고 곧 의식을 복부로 조용히 되돌려 숨이 들고 나는 것에 집중하면 됩니다.
6. 잘 안되시는 분은 자기가 좋아하는 색깔의 공기가 서서히 몸속으로 들어갔다가 회색이 되어 밖으로 나가는 이미지를 연상해도 좋습니다. 또한 몸속의 숨을 다 빼낸다는 마음으로 숨을 내쉬면 들숨이 깊어질 겁니다. 자, 자기 페이스에 맞춰 느리게 호흡해 봅시다.
7. 다시 5세트씩 하고 제가 셋, 둘, 하나 하면 눈을 뜨면 됩니다.
8. 네, 좋습니다. 아주 천천히 머리를 좌우로 움직여 보세요. 천천히 움직이며 옆 사람도 한번 보세요. 상담현장으로 돌아왔습니다.

※ 갑작스러운 상황(화가 치밀어 오는 경우)에는 우선 짧게라도 깊은 호흡을 세 번 정도 하며 응용하십시오.

3회기   안전지대로 가요

☐ **활동 목표**

- 각자에게 가장 안전하고 편안한 공간 탐색을 한다.

☐ **준비물** 8절 켄트지, 크레파스, 경치 좋고 아름다운 곳 사진 몇 장 또는 PPT

☐ **활동 내용**

1. 먼저 집단지도자는 집단원들을 문 앞에서 맞아들이고 환영의 인사를 해 준다.
2. 매 시간 시작 전에 이완 훈련을 한다.
3. 감사일기로 체크인 한다.
4. 잠깐 지난 회기 회상을 한다.
5. 놀이하면서 마음속에 스쳤던 좋은 기억이 있었는지, 그곳은 어떤 공간인지 질문을 하며 이번 회기 주제와 연결한다.
6. 잠시 눈을 감고 자신의 경험한 공간 중 가장 편안했거나 즐거웠던 공간을 생각하게 한다. 경험한 것이 생각나지 않는다면 상상 속에 가장 안전한 공간도 좋다고 말해 준다.
7. 그 공간을 생각하며 이완 훈련 때 한 호흡을 잠시 한다.
8. 이어서 다음 스크립트를 말해 준다.

   "눈을 감은 채로 가장 불쾌한 정도가 10이라면 근래 경험한 사건 중 3정도 되는 일을 생각해 보십시오. 기분이 어떠한지 느껴 보세요. 네, 다시 그 상태에서 아까 그 편안하고 즐거웠던 공간을 떠올려 보십시오. 이완 훈련 때 배운 호흡을 5세트 해 보십시오. 지금 기분은 어떠한가요? 3세트 정도 더 하시고 제가 셋, 둘, 하나…… 하면 천천히 눈을 뜨십시오."

9. 눈을 감았을 때 떠올렸던 안전 공간을 그림으로 표현하게 한다.

🗇 마무리 활동

1. 자신의 안전 공간을 다른 집단원에게 소개하면서 더욱 명료화시킨다(확보하지 못한 참여자의 경우 미리 준비한 경치가 좋은 예를 보여 주면서 확보하도록 이끌어 준다).

2. 화가 나거나 스트레스 상황 등 감정의 동요가 일어나는 순간에 심호흡을 하며 안전지대로 마음을 순간이동시키는 연습을 하자고 일러 준다.

3. 과제 제시: 감사일기 써 오기

4. 다음 회기의 주제와 시간에 대해 알려 준다.

활동 예시

안전공간을 확보한 예

안전공간을 확보하지 못한 예

내 몸의 언어에 귀 기울여요

🗂 **활동 목표**
• 자신의 몸을 어떻게 다루었는지 탐색해 보고 내 몸이 소중하듯 다른 사람의 몸
도 소중함을 안다.

🗂 **준비물** 신체 부위가 그려진 PPT나 사진, 신체 모양이 그려진 PPT, 전지 또는
4절 켄트지(집단원 크기에 따라 조정), 예쁜 편지지

🗂 **활동 내용**
1. 먼저 집단지도자는 집단원들을 문 앞에서 맞아들이고 환영의 인사를 해 준다.
2. 지난 시간에 탐색한 안전지대를 떠올리며 이완 훈련을 한다.
3. 감사일기로 체크인 한다.
4. 다시 눈을 감고 온 몸을 스캔하며 다음 스크립트를 말해 준다.
   "눈을 감고 온 몸을 편안하게 이완시킵니다. 심호흡을 3세트 합니다. 먼저 마
   음을 정수리에 집중시킵니다. 혹시 떠오르는 불쾌한 기억이 있으면 마음을 정
   수리에 집중하고 천천히 위로하는 마음으로 호흡을 합니다(이어서 온몸을 차례
   로 스캔하며 부정적인 감정이나 불쾌한 기억, 특히 아픈 부위가 있는지 체크하며 호
   흡을 하도록 이끌어 준다).
5. PPT나 사진으로 신체 기관의 각 부위 명칭을 대략적으로 알려 준다.
6. 4절 켄트지를 내주고 신체 모양을 간단하게 그리게 한다(신체 모양이 그려진
   PPT 제시). 또는 집단원 크기가 작으면 전지를 내주고 거기에 눕게 해서 다른
   집단원이 몸 모양을 서로 그려 주게 한다.
7. 켄트지나 전지에 몸을 스캔하면서 알아차린 것을 색깔로 표현하게 한다(불편
   하거나 아픈 곳은 파란색, 감사한 곳은 분홍색 등으로 색깔을 정해 준다).
8. 편지지를 내주고 '내 몸에 주는 편지'를 쓰게 한다.

▢ 마무리 활동

1. 활동 후 색깔을 보면서 불편하거나 아픈 곳, 감사한 곳 등을 나눈다.
2. 자기 몸 중 가장 마음에 드는 부분에 별을 하나 그리라고 한 이유를 물어보며 집단원과 함께 나눈다.
3. 자신의 몸을 그리면서 느낀 점을 나눈다(내 몸에게 주는 편지를 낭송한다).
4. 몸을 잘 관리하고 소중히 다루자고 말하면서 마무리한다.
5. 과제 제시: 감사일기 써 오기
6. 다음 회기의 주제와 시간에 대해 알려 준다.

PPT에 제시하는 몸 모양의 예

5회기   **내 감정 맞춰 봐요**

활동 목표
• 감정의 다양한 종류에 대해 배우고 세분화하여 지각할 수 있다.

준비물 활동지, 보상으로 줄 사탕

활동 내용
1. 먼저 집단지도자는 집단원들을 문 앞에서 맞아들이고 환영의 인사를 해 준다.
2. 지난 시간에 탐색한 자신의 신체 그림을 잠시 조용히 바라본 후 감정이 특별히 많이 느껴지는 부분이 있는지 물어본다.
3. 특별히 불편한 부분에 집중하며 이완 훈련을 한다.
4. 감사일기로 체크인 한다.
5. 오늘은 감정을 알아차리고 이해하는 것이 목표임을 알린다.
6. 다양한 감정이 적힌 표를 보여 주어 감정을 세분화하여 이해할 수 있도록 설명한다.
7. 감정빙고 게임: 제시된 표를 보며 5×5의 빙고 판을 만들어 3~5줄 완성하면 '빙고'라고 외치도록 규칙을 알려 준다.
8. 먼저 완성한 사람에게 미리 준비한 사탕 등 보상을 준다.
9. 감정 전하기 게임
   - 두 팀으로 나누고, 팀을 일렬로 세운다.
   - 감정카드를 제시하면 카드를 보고 오직 표정과 몸짓으로 뒷사람에게 전달한다.
   - 맨 마지막 사람은 앞 사람이 표현한 몸짓과 표정을 통해 그것이 어떤 감정인지 맞춰 본다.

☐ **마무리 활동**

1. 활동 후의 느낌을 나눈다.

2. 다른 사람들의 감정을 잘 알아차리는 방법에는 어떤 것이 있는지 나누어
   본다.

3. 과제 제시: 감사일기 써 오기

4. 다음 회기의 주제와 시간에 대해 알려 준다.

다양한 감정

감동적인	짜릿한	설레는	걱정되는	안타까운	당황스러운
감사한	사랑하는	흐뭇한	의기소침한	겁나는	불안한
자랑스러운	고마운	충만한	난처한	창피한	슬픈
가슴 벅찬	기대되는	기쁜	의로운	허무한	혼란스러운
기운 나는	홀가분한	편안한	무기력한	피곤한	지친
즐거운	재미있는	상쾌한	놀란	초조한	우울한
흥미로운	반가운	활기찬	서운한	실망스러운	괴로운
뿌듯한	열정적인	만족스러운	지루한	서글픈	부끄러운
설레는	행복한	신나는	쓸쓸한	울적한	막막한
들뜬	당당한	평온한	절망스러운	화가 나는	허탈한
평화로운	친근한	안심되는	약 오르는	비참한	억울한

감정빙고 판

감정카드의 예

짜증난	기쁜
슬픈	설레는
뿌듯한	불안한
무서운	화난
놀란	지친
억울한	혐오스런
즐거운	후회스러운

6회기 **분노가 내 몸을 이렇게 만들어요**

🗐 활동 목표
• 감정과 신체 반응, 행동, 사고가 밀접하게 관련되어 있음을 확인한다.

🗐 준비물 활동지

🗐 활동 내용
1. 먼저 집단지도자는 집단원들을 문 앞에서 맞아들이고 환영의 인사를 해 준다.
2. 지난 한 주간에 많이 느껴진 감정에 대해 이야기한다.
3. 감사일기로 체크인 한다.
4. 활동지를 배부하고 오늘의 활동에 대해 설명한다.
   "오늘은 분노(화)가 언제, 어디에서 발생했는지 그리고 화가 났을 때의 상황과
   행동, 신체적 변화 등에 대해 생각해 보겠습니다. 그리고 다른 집단원들과 함
   께 감정이 얼마나 다양한 영역에 영향을 미치는지 알아보도록 합시다."

🗐 마무리 활동
1. 활동지 내용을 나눈다.
2. 화가 났을 때의 우리 몸의 변화에 대해 설명해 주고 이완 훈련을 통해 자기 진
   정하는 법을 연습시킨다.
3. 과제 제시: 감사일기 써 오기
4. 다음 회기의 주제와 시간에 대해 알려 준다.

화가 난 상황과 내 몸의 변화

✱ 한 주 동안 화가 났던 상황들에 대해서 생각해 보고 그 상황을 적어 보십시오.

1. 화가 났을 때는? 가능한 한 구체적으로 쓰세요.

_____

_____

2. 화가 난 장소는?

_____

_____

3. 누구에게 화가 났는가?

_____

_____

4. 무슨 일이 있었는가?

　(1) 화가 난 상황 _____

　(2) 화가 나기 직전에 들었던 생각은? _____

　(3) 화가 날 때 내 몸의 변화 _____

　(4) 화가 날 때의 내 행동 _____

나의 분노는 어떤 패턴일까?

☐ **활동 목표**

• 자신의 분노패턴(분노표현 양식과 분노진정 방법)을 이해한다.
• 분노를 표현하는 방식에 따른 결과를 예측하는 능력을 향상시킨다.

☐ **준비물** 활동지

☐ **활동 내용**

1. 먼저 집단지도자는 집단원들을 문 앞에서 맞아들이고 환영의 인사를 해 준다.
2. 감사일기로 체크인 한다.
3. 지난 회기를 잠시 떠올린다.
4. 그리고 다음의 스크립트를 말해 준다.

   "지난 번 우리는 화가 났을 때 우리 몸 상태와 행동 등을 탐색했습니다. 오늘은 화가 났을 때 느꼈던 감정, 생각 등 나의 분노표현방식을 탐색하겠습니다."
   (활동지 '내가 화가 났을 때는' 배부 후) "자신이 최근 또는 가까운 과거에 화가 나거나 분노가 차오르는 경험을 떠올려 보십시오. (3분 정도 침묵) 그럼 그 상황에 대해 구체적으로 작성해 주시기 바랍니다. 상황을 최대한 구체적으로 적은 다음, 그러한 상황에서 들었던 생각, 분노를 포함하여 느꼈던 감정, 신체 반응이 어떻게 나타났는지 적어 주시기 바랍니다."
5. 활동지 작성 후 집단원과 나눈다.
6. (활동지 '미리 결과를 생각하기' 배부 후) 여러 가지 분노 표현 상황을 살펴보고 각 상황에 맞는 결과를 상상하여 적어 보는 시간을 가진다.

◻ 마무리 활동

1. 활동한 후 자신에 대해 어떤 느낌이 들었는지 나눈다.
2. 분노가 올라오는 신체 반응을 느꼈을 때, 잠시 멈춤을 연습한다. 분노를 표현하기 이전에 그로 인해 나타나는 결과에 대해 한 번 더 심사숙고해 보는 것이 적응적인 조절임을 정리해 준다.
3. 과제를 제시한다.
4. 다음 회기의 주제에 대해 말해 준다.

내가 화를 냈을 때는……

　최근 화가 났던 상황을 떠올려 보고, 구체적으로 어떤 상황이었는지 적어 주세요. 그리고 그러한 상황에서 어떻게 반응했는지도 적어 봅시다.

	화가 났던 상황	생각	감정	신체 반응
1				
2				
3				

미리 결과를 생각하기

✱ 화나는 감정을 여러 가지 방법으로 표현했을 때, 어떤 일이 일어날 수 있는지 생각해 봅시다.

연습 1) 복도에서 마주친 옆 반 아이가 나를 째려보고 지나갔다. 교실에 들어와 생각하니 화
      가 치밀어 올라, 옆 반에 찾아가서 다짜고짜 때렸다.

→ 어떻게 될까?

_____

연습 2) 친한 친구가 내 이성친구 흉을 봐서 화가 났다. 그런데 일단 그 상황에서는 그냥 아무
      렇지 않은 척 넘겼다.

→ 어떻게 될까?

_____

연습 3) 학교에서 수업시간에 엎드려 있다가 선생님께 혼났다. 피곤해서 잠시 졸았을 뿐인
      데…… 갑자기 화가 치밀어 올라 옆에 있는 창문을 주먹으로 내려쳤다.

→ 어떻게 될까?

_____

1. 만약 내가 1번의 옆반 아이라면……

2. 만약 내가 2번의 친구라면……

3. 만약 3번의 선생님이라면……

분노를 일으키는 녀석 내 속에서 나와!!

🗂 **활동 목표**

• 자주 분노를 일으키는 원인을 찾아 표현할 수 있다.

🗂 **준비물** 찰흙, 찰흙 작업할 신문지, A4 용지, 종이 박스, 테이프

🗂 **활동 내용**

1. 먼저 집단지도자는 집단원들을 문 앞에서 맞아들이고 환영의 인사를 해 준다.
2. 이완 훈련을 한다.
3. 감사일기로 체크인 한다.
4. 전 회기 작업지에서 화를 낸 상황을 잠시 떠올려 본다. 잠시 눈을 감고 그렇게 화를 낸 자신의 마음속에 무엇이 있었는지 그려 본다.
5. 그것을 찰흙으로 만든다.
6. 자기 작품의 이름을 짓고 돌아가며 설명한다.

🗂 **마무리 활동**

1. 작품을 책상 위에서 작은 전시회를 한다.
2. 모두 모여 둥글게 서서 자기 안에서 화를 일으키는 이 부분을 보내는 애도 과정을 진행한다.
3. 박스에 밀봉해서 테이프로 붙이고 문제의 원인이 사라졌음을 선언하며 이 시간을 꼭 기억하자고 말한다.
4. 과제를 제시한다.
5. 다음 회기 주제를 설명하고 마무리한다.

활동의 예

제목: 기억의 조각

제목: 내 가슴을 누르는 짐

'분노'야 이렇게 하면 어떨까?

□ **활동 목표**

• 분노를 적응적인 방식으로 표현할 수 있다.

• 건강한 자기주장을 할 수 있다.

□ **준비물**　나-전달법 PPT, A4 용지, 필기구

□ **활동 내용**

1. 먼저 집단지도자는 집단원들을 환영하고, 문 앞에서 맞아들이고 환영의 인사를 해 준다.

2. 이완 훈련을 한다.

3. 감사일기로 체크인 한다.

4. 나 전달법을 설명해 준다.

5. 4컷 만화로 그리기: 지난 시간 활동지에서 화를 낸 사건을 만화로 그려 본다.

6. 두 명씩 짝을 지어 역할을 해 본다.

7. 느낌을 나눈다.

8. 앞의 내용을 나-메시지 방식으로 고쳐 보고 다시 역할극을 해 본다.

9. 다시 느낌을 나눈다.

□ **마무리 활동**

1. 두 가지 활동을 비교하며 느낀 점을 나눈다.

2. 과제를 제시한다.

3. 다음 회기의 주제에 대해 말해 준다.

나-전달법

인간관계에서 나의 감정을 어떻게 표현하느냐는 매우 중요한 역할을 합니다. 화가 난다고 해서 상대방에게 그대로 화풀이를 하거나, 화가 나지만 그냥 꾹 참고 있는 것은 건강한 방법이 못 됩니다.

오늘은 자신의 감정을 건강한 방식으로 표현하는 나-메시지(I-Message) 방법에 대해 알아보겠습니다. 나-메시지는 감정을 부인하거나 폭발시키지 않고 제대로 표현하고 잘 전달하도록 도와주는 중요한 기법입니다. 우리 대부분은 나를 주어로 하기보다는 상대방을 주어로 하는 너-메시지(You-Message)를 많이 쓰고 있습니다.

주로 사용되는 너-메시지의 경우는 상대방을 비난하거나 판단하는 메시지를 전달하기 때문에 상대방에게 불쾌감을 줍니다. 반면에 나-메시지는 모든 느낌이나 감정이 자신에게서 비롯되었으며 문제의 소유자가 자신임을 알게 하고, 그에 대한 책임을 지게 만듭니다. 나-메시지는 세 가지 요소로 구성되어 있습니다.

① 문제를 일으키는 상황은 무엇인가? (상대방의 행동)
② 그 상황이 나에게 끼치는 영향은 무엇인가? (구체적인 영향)
③ 나는 그것에 대해 어떤 느낌을 가지고 있는가? (자신의 느낌이나 감정)

> 나-메시지 방식: (상대방 어떤 행동) 때문에 나는 (자신의 감정)한 느낌이 든다.

예)
- 야! 공부 안하냐? → 나는 네가 공부를 하지 않으니까 걱정이 되는구나.
- 왜 화를 내고 난리야! → 나는 네가 화를 내니까 마음이 불편하다.
- 너는 왜 그렇게 신경질만 내니?
  → 네가 신경질만 내니 어떻게 해야 할지 모르겠고 나는 마음이 편치 않다.
- 조용히 좀 해라!
  → 네가 시끄럽게 하니 집중이 잘 안 되어 힘들다.

내 삶 속에 감사한 일

□ 활동 목표

- 부정적 사건에서 관점 전환이 중요함을 느껴 본다.
- 일상생활에서 사소한 감사한 일에 대한 감수성을 높인다.

□ 준비물 켄트지, 필기구, 색연필 또는 크레파스, 스카치테이프

□ 활동 내용

1. 먼저 집단지도자는 집단원들을 문 앞에서 맞아들이고 환영의 인사를 해 준다.
2. 이완 훈련을 한다.
3. 감사일기로 체크인 한다.
4. 프로그램 중에 감사일기에 썼던 다행한 일 중 가장 기억에 남는 일을 발표한다.
5. 프로그램을 하면서 떠올린 감사한 사람 모두를 참여자를 중심으로 켄트지에 그려 본다.
6. 그림을 집단원 모두에게 소개한다.

□ 마무리 활동

1. 집단원 그림 모두를 스카치테이프로 붙여 벽에 장식한다.
2. 우리 모두 주변에는 이렇게 감사한 사람이 많고 세상은 신뢰할 만한 곳임을 이야기한 후, 그들을 생각하며 화를 내야 할 때 심호흡하며 일단 멈춤하기를 권하며 마무리한다.
3. 함께한 집단원에게 감사했던 일을 하나씩 상대방을 바라보며 말한다.
4. 프로그램을 마치며 변화한 것이 있다면 함께 나누며 마무리한다.

매 회기 감사일기

날짜:	별칭:
오늘의 주된 감정: _____ 감정 지수 1 ······ 2 ······ 3 ······ 4 ······ 5 6 ······ 7 ······ 8 ······ 9 ······ 10	오늘의 신체 지수 1 ······ 2 ······ 3 ······ 4 ······ 5 6 ······ 7 ······ 8 ······ 9 ······ 10

나는 ～ 라서 다행이다.

나는 ～ 가 아니라서 다행이다.

나는 비록 ～ 일지라도 ～ 가 아니라서(이라서) 다행이다.

지금 이 순간 생각나는 사람 중에 나에게 가장 고마웠던 사람을 한 명 떠올리고, 그 사람에게 짤막한 감사의 글을 적어 보세요.

12
청소년의 진로가치 향상을 위한
강점기반 집단상담 프로그램

4차 산업혁명과 디지털 시대라는 키워드로 대변되는 우리 사회는 그 어느 때보다 빠른 속도로 변화해 왔다. 급격한 기술 혁신적 변화는 직업세계를 더욱 다양화·전문화시켰다. 반면, 그만큼 오늘의 직업과 직무역량이 내일을 보장하기 어렵다는 것을 예고하고 있어 진로 결정에 있어 어려움이 더욱 가중되고 있다. 아울러 사회 구성원으로서 살아가는 개인은 이러한 급격한 변화에 적응할 것을 요구받고 있으며, 어떻게 대처하느냐에 따라 삶의 만족도가 크게 달라질 수 있다. 삶의 만족도와 직결되는 직업은 인간의 삶의 과정에서 생계와 자아실현을 위한 핵심적인 수단이다. 따라서 인간은 자신의 진로나 직업을 신중하게 탐색하고 선택하는 과정이 무엇보다 중요하다.

진로(Career)의 어원은 '수레가 다니는 길을 따라간다(to roll along on heels)'는 뜻의 'carro'에서 유래되었다. 사전적 의미로는 '한 개인의 생애 전 과정'이다. 또한 진로라는 말은 영어 'career'를 우리말로 옮긴 것으로 'vocation', 즉 '직업'이라는 의미보다는 '생애'를 의미한다. career education, career guidance, career development를 직업교육, 직업지도, 직업발달이라고 하기 보다는 생애교육, 생애지도, 생애발달 등으로 부르는 것이 본래의 의미에 더 가까워진다(장선철, 2015). 이러한 다양한 정의들을 종합해 보면, 진로는 '자아와 직업세계에 대한 이해를 통해 개인이 자신의 일생을 합리적이고 체계적으로 선택해 나가는 일'이다(임경희 외, 2014). 진로를 탐색하는 활동은 한순간에 이루어지지 않기 때문에 인간 발달과정의 초기부터 점진적으로 이루어질 필요가 있다. 진로발달은 일회적인 발달과정이 아니라 유아기부터 아동기, 청소년기, 성인기, 노년기에 이르기까지 전 생애에 걸쳐 이루어지는 과정이며 각 단계에 따른 발달과업이 있다(Zunker, 2002). 이 중에서 청소년기에는 미래학업 및 직업성취의 기초를 형성하고 진로 선택을 위한 계획과 실행에 대한 자신감을 갖기 위한 발달과업을 가지므로, 자신과 일에 대한 이해 및 긍정적 가치 형성을 위한 진로설계가 필요하다. 이 시기에 이루어지는 진로설계는 기초적인 삶의 방향성 탐색과 향후 삶의 질을 위한 필수적인 기초 작업이 된다(박현주, 김봉환, 2006; Zunker, 2002).

2014년 통계청 조사에 따르면 우리나라 청소년이 가장 고민하는 문제는 공부(32.9%)와 직업(25.7%)으로 나타났으며, 자살에 대한 충동을 느끼는 원인에서 성적 및 진학 문제가 39.2%로 가장 높은 비중을 차지하고 있다. 요즘 청소년의 장래희망은 자신의 가치관과 능력을 고려하기보다 부모, 교사, 친구, 언론매체, 사회적 분위기 등과 같은 기준에 따라 좌지우지되고 있다. 즉, 주위 외부환경에 의해 기존의 가치들이 일방적으로 주입·전달되거나 잘못된 가치를 형성하기도 하고 아예 가치가 부재하여 잘못된 진로의식을 형성하기도 한다. 만약 자신의 가치에 반대되거나 잘 맞지 않는 진로를 택하게 되었을 경우에 그 삶은 충족감이나 만족 대신에 좌절과 불만을 느끼고, 그로 인해 무의미하고 비생산적인 삶을 살아가게 된다. 급변하는 현대 생활에서 자신의 진로 선택에 갈등과 혼란을 겪고 있는 청소년에게 건전한 성장과 발달을 저해하는 요인들을 제거하고, 보다 건전한 가치관을 키워 감과 동시에 자신의 가치가 무엇인지를 확인해 보도록 하는 활동이 매우 중요하다. 청소년기에는 가치나 신념 등이 급속도로 발달하며 이 시기에 형성된 가치와 신념이 청소년의 현재뿐 아니라 미래의 행동과 삶에도 크게 영향을 미친다. 특히 우리나라의 경우 급속한 경제 발전으로 사회 전반적인 가치에 대한 패러다임이 물질에 치중하는 모습으로 변화하면서 청소년 의식에도 돈의 가치만을 쫓는 경향성을 보이고 있다. 또한 많은 청소년은 자신의 진로가치에 대해 구체적으로 생각해 보지 않았거나 진로가치를 명료화할 수 있는 경험을 하지 못했다. 따라서 자신이 어떤 가치를 추구하고 어떤 일에 더 가치를 두고 있는지 분명하게 인식하지 못하면서 살아가고 있다.

청소년의 명료화되지 않은 가치는 혼란과 갈등을 겪게 한다(황매향, 김연진, 이승구, 전방연, 2011). 따라서 청소년이 진로에 대한 신념과 태도에 대해 통찰을 하고, 자신이 원하고 가치 있게 여기는 것을 자각할 수 있도록 도와주는 진로가치 향상 프로그램의 개발이 필요하다(이정애, 최웅용, 2008; 홍후조 외, 2012). 청소년이 자신의 가치가 무엇인지를 인지하는 과정을 통해 올바른 진로 선택이 이루어질 수 있다. 이에 행동 결정의 가장 중요한 요인으로 작용하는 가치에 대한 의미를 확인하는 활동이 필요하다. 이러한 가치 명료화 과정은 일의 중요성과 의미를 이해하고 일에 대한 긍지와 만족감을 느낄 수 있다.

최근 들어 국내외에서 성장 동기에 관심을 가지는 긍정심리학을 응용하여 청소년의 강점을 다룬 훈련 프로그램이나 진로발달과의 관련성에 대한 연구가 활발히 되고 있다(전주연, 송병국, 2014; 정은영, 2013; Biswas-Diener & Ben, 2007). 강점 관점은 Rogers와 Maslow로부터 이어져 내려와 Seligman에서 증폭된 긍정심리학의 발달로 널리 알려지기 시작하였다(Seligman, 2002). 이러한 강점 관점은 우리나라에서도 가족상담, 교육, 사회복지 등에서 다양하게 연구되고 있다(공계순, 서인해, 2009). 강점은 단순히 다른 사람보다 잘 하는 것이나 좋아하는 것이 아니라 삶에 대처해가는 자세로서 기초가 약해도 얼마든지 개발할 수 있다(Peterson & Seligman, 2004). Saleebey(1997)는 개인을 강점과 기질, 재능, 자원을 가진 독특한 존재로 인정하고, 인간의 변화가능성과 과정에 주안점을 두어야 한다고 강조하였다. 인생의 목표를 향한 정체성과 자기개념을 확립하기 위해 노력하는 청소년기에 강점을 기반으로 한 진로 프로그램은 개인의 부정적인 측면보다는 긍정적인 측면을 바라보는 데 유용할 수 있다. 따라서 자신의 강점을 발견하는 과정을 통해서 진로가치를 향상시키고 적성과 소질을 발견하는 진로발달과업 성취 프로그램의 개발이 필요할 것이다.

1 청소년 진로상담의 특성

청소년기는 아동기에 비해 지적인 면이 발달하고 추상적 용어와 상징을 많이 사용하며 논리적 사고가 가능하다. 또한 장래의 직업선택에 있어서 본인의 능력과 흥미, 학교 성적, 직업 전망 등의 요소를 탐색하기 시작하는 시기다(안세지, 김세일, 강은주, 2012). 더불어, 또래와의 친밀한 인간관계를 맺으며 타인과의 다름을 인정하고 자신의 긍정성을 확보하여 미래의 직업과 일의 세계를 설계하는 데 토대가 되는 진로정체감 확립의 시기다(신임선, 장윤옥, 2012).

진로상담은 상담사와 내담자가 서로 만나 일이나 직업과 관련된 내용을 중심으로 대화를 통해 상호작용하는 활동이다. 진로상담의 확장된 개념은 직업인의 역할이 다른 역할들과 어떻게 상호작용하는지를 중심으로 생애 진로발달 과정상에 있는 개인을 도와주는 활동으로 정의할 수 있다(Swanson & Woitke, 1997). 청소년 진로상담은 진로지도를 효율적으로 이끌기 위한 방편으로 개인이 지니고 있는 잠재가능성을 인식·탐색하여 원하는 진학과 직업을 선택하고 이를 잘 적응하도록 한다. 또한 선택한 진학과 직업에 만족하고 능률을 향상시켜 행복감을 느끼게 돕는 것이다(김봉환, 정철영, 김병석, 2006). 청소년기는 학교 장면에서 일의 세계로 옮겨 가기 위한 준비를 하는 단계로서, 자신과 직업에 대한 정보를 획득하고 적절한 진로를 선택하기 위한 탐색의 시기다. 따라서 진로를 탐색하고 선택하고자 하는 학생들이 자신과 직업에 대해 올바르게 이해할수록 앞으로 선택하고자 하는 진로에서 만족스러운 생활을 영위할 가능성이 커져 보다 생산적이고 행복한 삶을 누릴 것이다. 또한 효율적인 직업선택과 만족스러운 삶을 누리기 위해서는 자신의 특성에 맞는 직업을 탐색하고 선택한 직업세계에서 성공적인 수행을 할 수 있다는 자신감과 확신을 갖는 것이 무엇보다 필요하다. 그러나 우리나라 청소년들의 46%는 자신이 갖고 싶은 직업에 대해 모르는 것으로 나타났으며, 절반 이상의 학부모가 자녀의 적성을 고려하기보다는 공무원, 교사, 의사, 변호사 등의 안정직과 전문직을 무분별하게 선호하는 것으로 나타났다(전도근, 2011). 요즈음의 학생들은 자신이 원하는 것이 무엇인지 잘 모르는 채 부모가 원해서, 아니면 남들이 하니까 또는 돈을 많이 벌 수 있어서, 대중에게 인기를 얻으면 좋을 것 같아서 등의 이유로 막연하게 연예인을 동경하거나 전문직을 원하는 경향성을 보이고 있다. 직업세계에 대한 인식의 폭이 상당히 좁고 편중되어 있으며 비현실적이라고 할 수 있다. 일부 학생 중에는 부모로부터 최대한의 경제적 · 정서적 지원을 받는 것에 익숙해져서 어른이 되고 나서도 부모로부터 생계지원을 받으며 단순한 아르바이트 정도로 생활할 수 있다는 환상을 가지고 있기도 하다. 이재창(1997)은 우리나라 청소년들이 자신의 진로 결정과 선택을 제대로 하지 못하는 원인으로, ① 입시 위주의 진로지도, ② 부모 위주의 진로 결정, ③ 자신에 대한 이해 부족, ④ 직업세계에 대한 이해 부족, ⑤ 직업의식에 대한 왜곡 등을 언급하고 있다.

　이는 자신의 진로에 관심을 가지고 미래의 삶을 설계해야 할 청소년들이 우리 사회의 생산적인 구성원으로서 질 높은 삶을 영위하도록 돕기 위한 체계적인 진로상담이 절실함을 시사한다. 더불어 적성, 흥미, 능력, 성격 등에 대한 바른 이해를 바탕으로 자신에게 맞는 직업 선택과 그 직업에 대한 자부심을 느끼며 직업에 대한 편견을 갖지 않는 등 일에 대한 올바른 가치와 태도를 길러 주어야 한다. 진로상담은 한 개인의 자아실현의 측면과 함께 국가적 차원에서 인력의 효율적 이용이라는 측면에서도 그 중요성이 강조되는 활동 영역이라 할 수 있다. Crites(1981)는 진로지도와 상담의 필요성을 다음과 같이 설명하고 있다. ① 진로상담에 대한 요구가 심리치료에 대한 요구보다 더 많다. ② 진로상담도 치료적일 수 있다. ③ 진로상담은 심리치료와 연결되어 진행되어야 한다. ④ 진로상담이 심리치료보다 더 효과적이다. ⑤ 진로상담이 심리치료보다 더 어렵다.

　장석민(1997)은 청소년 개개인의 발달적 측면에서, ① 적성과 능력을 포함한 자아 특성의 발견과 개발, ② 다양한 일과 직업세계에 대한 이해, ③ 일과 직업에 대한 적극적 가치관 및 태도 육성, ④ 진로 선택의 유연성과 다양성 제고, ⑤ 능동적 진로개척 능력과 태도의 육성 등을 위해 진로상담의 필요성을 주장하였다.

　김봉환 등(2006)은 청소년기의 발달적 특징, 노동시장 환경의 급속한 변화, 대학 입시제도의 변화 등으로 인해 진로 지도 및 상담이 청소년에게 특히 필요하다고 강조하였다.

2 청소년의 진로가치 향상을 위한 집단상담 프로그램

1) 선행 연구

　진로와 관련된 주된 조력 활동에는 진로교육, 진로지도, 진로상담 등이 있다(김봉환, 정철영, 김병석, 2006). 최근 들어 진로상담 활동이 크게 관심을 받고 있다. 그 이유는 개인의 심층적인 정서와 사고 등의 특성을 배려하면서 개인의 잠재능력을 촉진하는 상담 활동의 필요성이 진로 분야에서도 부각되고 있기 때문이다(김봉환 외, 2013). 청소년 진로상담이 가장 활발히 이루어지는 곳은 학교로 가장 체계적인 진로 관련 조력이 제공되고 있다(김혜경, 2010). 학교에서 학생을 대상으로 하는 진로상담 활동은 학교상담의 핵심적인 조력 활동이다(형남출, 2017). 특히 최근에 진로상담의 중요성이 강조되면서 국가가 적극적으로 학교기반 진로상담 활동에 개입하고 있다. 교육부(2015)는 「진로교육법」을 제정 · 공포하여 2016학년도부터 학생 스스로 진로관련 체험학습이나 진로탐색을 하도록 촉진하고 있으며, 이를 위해 중학교 경우에는 자유학기제를 전면 실시하고 있다. 현재 학교현장에서 활용되고 있는 진로상담 관련 프로그램은 다음과 같은 특징이 있다(김봉환 외, 2013; 이현림, 김봉환, 김병숙, 정철영 외, 2004; 최웅용, 2003).

　첫째, 대부분 청소년의 자기이해나 직업세계의 이해 또는 진로의사결정 등의 내용을 다루고 있다. 둘째, 프로그램 내용이 매우 포괄적이다. 셋째, 프로그램 운영 방법이 정보제공이나 간단한 흥미 위주의 집단활동으로 되어 있다. 이러한 기존 진로상담 관련 프로그램에 대해 내용적으로나 방법론적으로(이정애, 최웅용, 2008) 또는 좀 더 각론적이고 구체적인 발전된 진로상담 프로그램에 대한 개발의 필요성이 지적되고 있다(정철영 외, 2015). 청소년 대상 진로상담 프로그램 대부분에는 진로탐색과 가치를 탐색하는 활동이 포함되어 있으나(김봉환 외, 2006), 그 내용이 매우 피상적이며 짧은 시간만을 할애하고 있다. 이것은 총론적 관점에서 진로탐색과 가치를 다루고 있다는 점에서 의미가 있으나 진로 선택이나 결정 장면에서 그 중요성에 비추어 볼 때 매우 미흡하다(Kirschenbaum, 2013). 진로발달 관련 선행 연구들을 보면 내담자가 외재적 가치보다는 내재적 가치를 지향할 때 진로성숙도가 높다(Cohen & Cohen, 1996). 내재적 가치는 진로발달에 있어서 개인적 성장, 유대감, 사회봉사 등을 발현하게 하며 높은 수준의 삶의 만족도를 갖게 하는 원동력이다(Broeck, Ruysseveldt, Smulders, & Witte, 2011). 따라서 진로상담에서 청소년에게 내재적 가치를 명확하게 설정할 수 있도록 돕는 것은 청소년 삶의 만족도를 높이는 중요한 활동이라고 볼 수 있다. 지금까지 진로가치를 독립변인으로 수행된 선행연구를 살펴보면 자아개념 향상에 관한 연구(황계자, 2003), 진로성숙에 관한 연구(김기영, 2008; 배경란, 2000), 진로의식성숙도 및 진로의사결정능력에 관한 연구(오태희, 2002), 자아개념과 진로의식성숙에 관한 연구(손영수, 2004), 진로정체감과 의사결정유형에 관한 연구(이회경, 2003) 등이 있다. 이들 연구는 진학 및 취업을 앞둔 고등학생이나 대학생을 대상으로 하였으며, 또한 활동면에서도 진로가치를 단회성으로만 다룬 경우가 대부분이었다. 이처럼 청소년 대상 진로 집단 프로그램이 대부분 진로가치를 포함하고 있지 않거나 단순히 청소년의 적성과 흥미에 따른 직업 정보를 탐색하여 매칭하는 단순한 내용으로 구성되어 있기 때문에 21세기의 가변적인 직업상황에 적절하게 대처하는 데 한계가 있다. 따라서 청소년의 진로 집단상담의 효율성을 높이기 위한 방향 모색으로 진로탐색 활동 과정 내에 진로가치를 좀 더 탐색하고 명료화하여 자신의 진로방향과 진로목표를 설정할 수 있도록 돕는 활동이 필요하다.

2) 강점기반 집단상담

강점은 세계 모든 문화권에서 인정하는 공통적인 미덕을 함양할 수 있는 과정과 기제를 말하며, 이는 추상적인 미덕과는 달리 측정, 개발, 평가가 가능한 인간의 긍정적인 특질이다(Seligman, 2009). 권석만(2008)은 강점이란 개인 능력의 한 부분으로 그 사람 자체의 참모습이며 의도적인 개발이 풍부한 인간의 긍정적인 특질이라고 하였다. 즉, 강점은 긍정적인 강화와 보상을 통해 개발이 가능하고 계속적인 계발의 과정을 거치면서 저마다 지닌 독특함을 발휘하게 된다. 또한 강점은 결핍이나 어려움을 피하는 긍정적인 측면에만 주의를 기울이는 것이 아니라, 자신의 문제를 극복하고 생존 방법을 알아차리는 연속적인 과정에서 더 많이 개발될 수 있다. 환경과 상호작용하는 상황 의존적인 특성을 가지고 있는 강점은 연령에 따라 발휘되는 강점이 다르며, 예방교육의 중요한 촉진 요소가 된다(Aspinwall & Staudinger, 2003)는 점에서 발달적이고 예방적인 진로상담과 맥을 같이한다고 볼 수 있다. 또한 학생들의 문제 예방을 넘어 미래의 직업적 행복을 위한 발판을 만든다(Sink, 2005)는 점에서 강점개발에 주안점을 두는 것은 의미가 있는 일이다.

강점기반 진로상담 프로그램 개발과 관련하여 미국에서는 '국가진로발달지침(The National Career Development Guidelines: NCDG)'을 발표하였다(ASCA, 2005). 이를 바탕으로 진로상담의 목적 및 세부 지침, 진로강점을 학교 급별로 체계화하여 강점기반 진로상담의 틀을 제시하였다(Galassi & Akos, 2007). 이 중에서 청소년기는 진로 계획의 수립 및 관리, 의사결정 과정의 활용, 진로 정보의 활용, 직업능력기술의 숙달을 목적으로 하며 강점개발을 추구한다. 강점기반 상담 모형을 성장시킨 Smith(2006)에 의하며 강점기반 상담사들은 청소년의 결핍에 주의를 기울이지 않으며 강점과 더불어 성장하고 생존하는 방법을 알아차리게 하는 데 초점을 두어야 한다고 하였다. 즉, 상담사들은 청소년 각자의 개인적인 자원을 활용할 수 있는 적응적인 강점을 탐색하는 기회를 마련할 필요가 있다. 적응적 강점은 문제를 해결하거나 일반적인 과제를 완수하는 데 있어서 긍정적이거나 유용한 자원으로 활용된다(Frederic & Lowenstein, 1999).

자기 혼란을 극복하고 정체성을 찾아가는 청소년기에 진로의 영역에서 강점을 개발할 수 있는 기회를 제공한다면, 이는 학생들의 현재 삶뿐 아니라 미래의 삶을 위해서도 의미 있는 일이 될 것이다. 사람은 일생동안 일을 하며, 일과 직업을 통해 얻는 행복감과 긍정적인 정서는 삶의 많은 부분을 차지한다(Seligman, 2009). 청소년기는 긍정적인 정서와 강점을 발달시켜 앞으로의 삶에서 행복을 추구할 수 있는 심리적 터전을 만들 수 있는 중요한 때다. 따라서 청소년들의 강점 자원에 관심을 갖고 이에 초점을 맞춘 진로상담 프로그램 개발을 통해 긍정적인 특성을 증가시킴으로써 효율적인 진로가치 향상과 직업적 행복지수를 높일 수 있다.

3) 프로그램의 목표

진로 집단상담에서 이루어져야 할 목표는 자아를 인식하고 일의 세계를 확실히 파악하여 자신의 진로를 계획, 준비하도록 한다. 또한 직업을 합리적으로 선택하고 선택한 직업에 대한 책임과 긍정적 태도를 갖도록 하는 데 있다. 이 프로그램은 청소년이 자신의 강점을 기반으로 진로의 새로운 가치를 추구하고 더불어 미래 설계를 명료화하는 데 목적을 두고 있다.

1회기 친해지길 바라

활동 목표
- 프로그램의 필요성과 목적을 설명할 수 있다.
- 집단 규칙을 선정하고 발표할 수 있다.
- 진로의 의미를 설명할 수 있다.

준비물
명찰, 미션지, 서약서, 삶의 만족도 척도, OHP 필름, 유성펜, 활동지, 필기도구, 인형, 왕관 스티커

활동 내용
1. 오리엔테이션: 프로그램 안내 및 집단지도자 소개
2. 관심 표현하기
   - 총 다섯 가지 미션을 주고 각자가 자유롭게 움직이며 주어진 미션을 완료한 뒤 친구 사인을 받아 온다.
   - 2명씩 한 조가 되어 상대방에 대해 3분 인터뷰를 진행한다.
   - 상대의 얼굴을 OHP 필름에 그려 본다.
   - 인터뷰한 내용과 OHP 필름 작업을 한 소감에 대해 이야기 나눈다.
   - 완성된 친구 얼굴 그림은 칠판에 전시한다.
3. 규칙 정하기와 서약서 작성하기
   - 집단상담 진행 중 집단원들이 지켜야 할 규칙을 만들어 서약서를 작성한다.

마무리 활동
1. 회기 활동을 생각해 보고 느낌 나누기를 한다.
2. 집단원들이 의논하여 프로그램 '활동왕'을 1명 뽑아 왕관 스티커를 붙여 준다.
3. 다음 회기의 주제와 내용에 대해 알려 준다.

우리 통했다!

이름 : _____

번호	내용	사인
1	남의 이야기를 가장 잘 들어줄 것 같은 친구를 찾아 두 손을 잡고 한 바퀴 돌아 주세요.	
2	맡은 일을 가장 잘 할 것 같은 친구를 찾아 힘차게 파이팅을 외쳐 주세요.	
3	나와 가장 마음이 잘 맞을 것 같은 사람을 찾아 손뼉 박수를 3번 치세요.	
4	웃는 모습이 가장 예쁜 친구를 찾아 친구의 눈 윙크를 받으세요.	
5	춤을 가장 잘 출 것 같은 친구를 찾아 그 친구를 따라 춤을 추세요.	

난 네가 궁금해

1. 혈액형은?

2. 신발 사이즈는?

3. 최근 관심이 가는 연예인은?

4. 자신의 외모 중에서 가장 마음에 드는 곳은?

5. 자신을 모양과 색으로 나타낸다면 어떤 모양, 무슨 색깔?

6. 나를 가장 잘 이해해 주는 사람은 누구?

7. 내 휴대폰에 1번으로 저장된 사람은?

8. 꼭 가 보고 싶은 곳이나 나라는?

9. 20살이 되면 꼭 하고 싶은 것 한 가지는 무엇?

10. 생일 선물로 누구에게 무엇을 받고 싶은지?

함께 지켜 나갈 약속

1. 집단에서 이야기된 내용을 집단 밖에서 이야기하지 않습니다.

2. 집단활동에 적극적으로 참여합니다.

3. 나의 생각과 느낌을 솔직하게 표현합니다.

4. _____

5. _____

나의 규칙
- _____
- _____
- _____

위의 약속을 꼭 지킬 것을 서약합니다.

년   월   일

이름 :   (손가락도장)

2회기 **알쏭달쏭 나**

☐ **활동 목표**
- 나는 어떤 사람인지 설명할 수 있다.
- 자기이해 및 긍정적인 자아개념을 형성할 수 있다.
- 자신의 능력이나 특성, 긍정적인 면과 부정적인 면 등을 존중할 수 있다.

☐ **준비물** 명찰, 사인펜, 색연필, 유성펜, 색종이, 풀, 가위, 활동지, 왕관 스티커

☐ **활동 내용**
1. 이번 회기 활동을 안내한다.
2. '나'를 탐색한다.
   - 과거의 나, 현재의 나, 미래의 나를 탐색하는 활동을 통해 내 안의 긍정적인 면과 부정적인 면을 찾아본다.
   - 내가 바라는 나의 이상적인 모습을 적어 본다.
3. 자신을 소개하고 홍보하는 나에 대해 광고를 만들어 본다.
   - 어떤 내용으로 자신을 광고할 것인지를 먼저 생각한다.
   - 간결하고 정확한 단어를 써서 자신에 대한 광고 문구를 만든다.
   - 일러스트(캐릭터) 등을 활용하여 광고 문구에 맞는 이미지를 그린다.
   - 나에 대한 광고를 만들어 보고, 친구들 앞에서 발표를 한다.

☐ **마무리 활동**
1. 회기 활동을 생각해 보고 느낌 나누기를 한다.
2. 집단원들이 의논하여 '광고왕'을 1명 뽑아 왕관 스티커를 붙여 준다.
3. 다음 회기의 주제와 내용에 대해 알려 준다.

저 이런 사람입니다

＊ 내가 무엇을 해야 할지, 적성과 흥미가 무엇인지 잘 모를 때는 먼저 나를 돌아보는 지혜가
필요합니다. 나의 경험과 흥미 등을 생각하면서 나를 찾아 떠나는 여행을 시작해 봅시다.

나를 상징하는 것(그림으로 표현)	
가장 아끼는 물건	
가장 즐거웠던 순간	
좋아하는 것(흥미)	
좋아하는 과목/싫어하는 과목	
가장 잘 할 수 있는 것	
싫어하거나 힘든 일	
고쳐야 할 버릇(습관)	
배우고 싶은 것	
가장 중요하게 생각하는 것	
꼭 이루고 싶은 것	
닮고 싶은 인물 / 이유는?	
희망하는 직업	

＊ 자신을 소개하고 홍보하는 나에 대한 광고를 만들어 보고, 친구들 앞에서 발표한 후 소감
  문을 작성해 봅시다.

3회기   내 마음껏 선택

🗋 **활동 목표**

• 자신이 어떠한 가치를 가지고 있는지 알 수 있다.
• 나와 다른 가치관 우선순위를 통하여 다양한 선택이 있음을 인식한다.

🗋 **준비물** 명찰, 활동지, 왕관 스티커

🗋 **활동 내용**

1. 이번 회기 활동을 안내한다.
2. 자신이 생각하는 '진로'의 의미를 글이나 그림으로 표현한 후 이야기를 나눈다.
3. '나의 삶의 만족도 척도'를 체크하여 채점하고 집단원들과 공유한다.
4. 내 마음껏 선택지의 물음을 보고 자신이 좋아하거나 중요하게 생각하는 것의 순위를 괄호 안에 숫자로 표시하고, 그 이유를 간단하게 쓴다.
5. 각자 자신이 가장 중요하다고 생각하는 것에 대한 순위와 선택의 이유를 짝꿍과 서로 비교한다.
   - 가장 결정하기 어려웠던 질문이 있었는지, 그 이유에 대해 이야기 나눈다.
   - 집단원에서 짝꿍의 내용을 발표한다.

🗋 **마무리 활동**

1. 회기 활동을 생각해 보고 느낌 나누기를 한다.
2. 집단원들이 의논하여 '마음대로 왕'을 1명 뽑아 왕관 스티커를 붙여 준다.
3. 다음 회기의 주제와 내용에 대해 알려 준다.

삶의 만족도 척도

* 나의 삶의 만족도 척도(권석만, 2008) 다섯 문항이 제시되어 있습니다.
  각 문항에 동의 또는 반대하는 정도에 따라서 1~7 사이의 숫자를 표시해 주시길 바랍니다. 자신의 생각을 솔직하게 응답해 주시면 됩니다.

전혀 아니다 (1점)	아니다 (2점)	약간 아니다 (3점)	보통 이다 (4점)	약간 그렇다 (5점)	그렇다 (6점)	매우 그렇다 (7점)

• 전반적으로 나의 인생은 내가 이상적으로 여기는 모습과 가깝다. (   )

• 지금까지 나는 내 인생에서 원하는 중요한 것들을 이루어 냈다. (   )

• 내 인생의 여건은 아주 좋은 편이다. (   )

• 나의 삶에 만족한다. (   )

• 다시 태어난다 해도 나는 지금처럼 살아갈 것이다. (   )

5~9점 = 매우 불만족함
10~14점 = 상당히 불만족함
15~19점 = 약간 불만족함
20점 = 중립 상태
21~25점 = 약간 만족함
26~30점 = 만족함
31~35점 = 매우 만족함

내 마음껏 선택

＊ 자신이 좋아하거나 중요하다고 생각하는 것에 대해 순위를 정해서 괄호 안에 숫자로 표시하고 그 이유를 간단히 써 봅시다.

1. 내가 가장 좋아하는 계절은?

    ① 봄 (   )   ② 여름 (   )   ③ 가을 (   )   ④ 겨울 (   )   ⑤ 기타(   )

    (이유:)

2. 내가 가장 살고 싶은 곳은?

    ① 농촌(   )   ② 어촌(   )   ③ 산촌 (   )   ④ 도시(   )   ⑤ 기타(   )

    (이유:)

3. 공부를 해야 하는 가장 중요한 이유는?

    ① 좋은 성적을 받기 위해서 (   )

    ② 더 많은 지식을 배우기 위해서 (   )

    ③ 원하는 직업을 가지기 위해서(   )

    ④ 돈을 많이 벌기 위해서 (   )

    ⑤ 결혼을 잘하기 위해서

    ⑥ 기타 (   )

    (이유:)

4. 요즘 청소년들의 가장 큰 고민거리는 무엇이라고 생각하는가?

    ① 성적 (   )   ② 성격 (   )   ③ 외모 (   )

    ④ 친구관계 (   )   ⑤ 진로 (   )   ⑥ 기타 (   )

    (이유:)

5. 친구관계에 있어서 가장 중요한 것은?

① 정직 (   )   ② 믿음 (   )   ③ 이해 (   )   ④ 관용 (   )   ⑤ 기타 (   )

(이유:)

6. 만일 지금 100만원이 생긴다면 어디에 사용하겠는가?

① 저축 (   )   ② 기부 (   )   ③ 부모님께 드리기 (   )

④ 나 자신에게 사용 (   )   ⑤ 기타 (   )

(이유:)

7. 부모님이 자녀에게 물려 주어야 할 것으로 가장 중요하다고 생각되는 것은?

① 건강 (   )   ② 사랑 (   )   ③ 재산 (   )   ④ 교육 (   )   ⑤ 기타 (   )

(이유:)

8. 내가 결혼을 한다면 배우자(남편 또는 아내)를 선택할 때 가장 중요하게 생각하는 조건은?

① 성격 (   )   ② 외모 (   )   ③ 사랑 (   )

④ 경제력 (   )   ⑤ 똑똑한 사람 (   )   ⑥ 기타 (   )

(이유:)

9. 만약 대통령이 되었다면 어떤 일에 많이 투자하겠는가?

① 교육 (   )   ② 사회복지 (   )   ③ 국방 (   )   ④ 경제개발 (   )   ⑤ 기타 (   )

(이유:)

10. 직업을 선택할 때 가장 중요하게 생각하는 것은?

① 명예 (   )   ② 연봉 (   )   ③ 소질과 적성 (   )   ④ 시간적 여유 (   )

⑤ 안정 (   )   ⑥ 봉사 (   )   ⑦ 기타 (   )

(이유:)

나만의 커리어 창

🗋 **활동 목표**

- 자신이나 가족, 친구, 주변 사람들에게 중요한 존재임을 설명할 수 있다.
- 내 꿈의 변천사를 탐색하고 직업과 관련된 별칭을 지어 발표할 수 있다.

🗋 **준비물** 명찰, 활동지, 필기도구, 왕관 스티커

🗋 **활동 내용**

1. 나만의 커리어 창으로 나에 대해 알아본다.
   - 네 가지(제거, 증가, 감소, 창조)의 각 영역을 적어 본다.
2. 어릴 때부터 지금까지의 꿈의 역사를 생각한다.
   - 나의 꿈에 영향을 준 사람은 누구인지 생각해 본다.
   - 꿈의 변천사를 글이나 그림으로 표현한다.
3. 자신이 좋아하거나 하고 싶은 직업으로 별칭을 만든다.
   - 별칭과 별명의 차이점을 설명한다.
   - 별칭을 지은 이유를 이야기 나눈 후, 이름표 뒷면에 별칭을 적는다.

🗋 **마무리 활동**

1. 회기 활동을 생각해 보고 느낌 나누기를 한다.
2. 집단원들이 의논하여 오늘의 '발표왕' 1명 뽑아 왕관 스티커를 붙여 준다.
3. 과제에 대해 설명한다.
4. 다음 회기의 주제와 내용에 대해 알려 준다.

나를 보는 창

* 나를 잘 아는 친구에게 내가 가진 특성에 대해 점수를 매기도록 이야기해 봅시다.

★★★★ 매우 좋음	★★★ 좋음	★★ 보통	★ 더 개발 필요
특성	**나의 점수**	**특성**	**나의 점수**
협동심		남의 이야기를 잘 들어줌	
정직함		솔선수범	
친구를 잘 사귐		정리정돈을 잘함	
외모		근면함	
유쾌함		단정함	
낙천적		공부를 잘함	
책임감		운동을 잘함	
상식이 풍부함		다른 사람을 잘 도와줌	

* 위 점수에 따라 나의 개성을 아래 칸에 나누어 적어 봅시다.

★★★★ 매우 좋음	★★★ 좋음
★★ 보통	**★ 더 개발 필요**

* 내가 생각하는 나와 친구가 생각하는 나 비교하기

	특성
나와 친구의 생각이 일치하는 특성	
나의 생각에 비해 친구의 생각 점수가 낮은 특성	
나의 생각에 비해 친구의 생각 점수가 높은 특성	

5회기 신비한 병

🗋 활동 목표

• 나를 힘들게 하는 일에는 어떤 것이 있는지 알 수 있다.

• 힘든 일을 극복한 자랑을 하고 나의 특성을 말할 수 있다.

• 자신과 환경을 바라보는 효과적인 시각 바꾸기 방법을 알게 된다.

🗋 준비물 명찰, 메모지, 활동지, 필기도구, 왕관 스티커, 유리병

🗋 활동 내용

1. 지난 회기 과제로 제시된 활동에 대해 발표한다.

   – 나의 판단과 다른 사람의 판단을 비교한다.

   – 나의 특성들을 집단원에게 발표한다.

2. 나를 힘들게 하는 일이 생겼을 때 일어나는 다양한 반응에 대해 생각한다.

   – 상황, 신체변화, 감정, 감정해소 방법에 대한 변화들을 적어 본다.

   – 힘든 상황을 극복하는 자신만의 해결법을 이야기한다.

3. 지금까지 살아오면서 힘들었지만 잘 극복했다고 생각되는 일 세 가지를 생각 해 본다.

   – 메모지에 자랑할 세 가지를 각각 하나씩 적고 신비한 병에 붙인다.

   – 어려움을 어떻게 극복했는지에 대해 이야기 나눈다.

4. 심각한 상황에 처했을 때 이겨 낸 나에게 감사편지를 쓴다.

🗋 마무리 활동

1. 회기 활동을 생각해 보고 느낌 나누기를 한다.

2. 집단원들이 의논하여 오늘의 '자랑왕' 1명 뽑아 왕관 스티커를 붙여 준다.

3. 다음 회기의 주제와 내용에 대해 알려 준다.

✍ 힘든 상황을 잘 이겨 낸 나 스스로에게 감사편지를 써 보세요.

Thank you

6회기 **와우! 나에게 이런 능력이**

🗇 **활동 목표**
- 나만의 능력과 적성에 대해 알게 된다.
- 현재 자신이 어떤 일반적 가치를 가지고 있는지 알게 된다.

🗇 **준비물** 명찰, 자기 능력 평가지, 활동지, 필기도구, 왕관 스티커

🗇 **활동 내용**
1. 자기 능력 평가지를 완성하고 서로 짝을 지어 자신이 가진 능력에 대해 이야기 나눈다.
   - 2명씩 짝을 지어서 자신이 몰랐던 능력이 무엇인지, 내가 원하는 능력은 무엇인지, 앞으로 개발하고 싶은 능력은 무엇인지 등에 대해 서로 피드백을 나눈다.
2. 자신이 생각하는 일반적인 가치를 알아본다.

🗇 **마무리 활동**
1. 회기 활동을 생각해 보고 느낌 나누기를 한다.
2. 집단원 모두를 '능력왕'으로 인정하고 왕관 스티커를 붙여 준다.
3. 다음 회기의 주제와 내용에 대해 알려 준다.

자기 능력 평가지

* 다음의 각 문장을 잘 읽고 자신의 능력이 어느 정도인지를 스스로 평가해서 (   ) 안에 다음과 같이 표기하십시오.

- 이러한 이에는 전혀 능력이 없다고 판단되면 ──1
- 남의 도움을 받으면 달성할 능력이 있다고 판단되면 ──2
- 이 일에 능력이 조금 있다고 판단되면 ──3
- 이 방면에는 확고하고도 충분한 능력이 있다고 판단되면 ──4

〈언어적 설득력 영역〉

1. 의사소통을 할 때 글로서도 나 자신을 잘 표현한다. (   )

2. 일상적으로 다른 사람들과 쉽게 대화한다. (   )

3. 청중에게 연설을 할 수 있다. (   )

4. 내가 생각하는 것을 타인이 잘 믿도록 확신시킬 수 있다. (   )

5. 내가 팔고 있는 물건이나 서비스를 타인이 사도록 할 수 있다. (   )

6. 상대방에게 생생하게 내용을 그려 주거나 이야기할 수 있다. (   )

7. 합의에 도달하는 방향으로 토론하거나 의견들을 모을 수 있다 . (   )

8. 모임에서 자연스럽게 다른 사람과 어울릴 수 있다. (   )

9. 어떤 목적을 가지고 모인 모임 전체와 관계를 잘 이룬다. (   )

10. 어떤 모임에 참석하더라도 산뜻하고도 어울리는 옷을 입는다. (   )

11. 아주 비판적인 사람들을 잘 다룰 수 있다. (   )

〈수리력 영역〉

1. 계산기가 없이도 상당히 정확하고 빠르게 숫자 자료를 처리한다. (   )

2. 많은 양의 자료를 쉽게 모으고 다루며 해석하고 제시할 수 있다. (   )

3. 컴퓨터 등의 도움이 없이도 많은 양의 수 문제를 해결할 수 있다. (   )

4. 양적인 문제를 해결하기 위해서 컴퓨터를 이용할 수 있다. (   )

〈탐구력 영역〉

1. 과학적 현상과 같은 탐구적 사건을 배울 수 있다. (　)

2. 어떤 원리를 세우거나 사실에 입각한 자료를 얻기 위해서 특별한 지식 분야에 대해서 체계적으로 정보를 모을 수 있다. (　)

3. 특정한 과학, 직업적 능력이 필요한 기계적·공업적 면에서 쉽게 일할 수 있다. (　)

〈손재주 및 육체노동 영역〉

1. 기계나 도구를 조작하는 방법과 기계들 간의 조작 관계를 잘 이해할 수 있다. (　)

2. 손이나 손가락이 숙련되어 있다. (　)

3. 공간 속에 있는 대상의 크기나 모양을 판단하고 입체구성과 공간 관계의 이해력과 지각속도와 정확성을 나타내는 능력을 갖고 있다. (　)

4. 피로, 질병, 어려움 등에 대한 육체적 지구력을 갖고 있다. (　)

5. 실외와 친숙하고 별 애로 없이 옥외에서 일할 수 있는 능력을 가지고 있다. (　)

〈창의력 영역〉

1. 미적 가치에 민감하고 예술품 창조 작업을 할 수 있다. (　)

2. 다양한 실체적 물체에 대한 새로운 이미지를 창조해 낼 수 있다. (　)

3. 새로운 방법으로 아이디어나 프로그램을 창조해 낼 수 있다. (　)

〈협동성 영역〉

1. 다른 사람들의 일을 감독 관리, 지시할 수 있다. (　)

2. 다른 사람에게 어떤 일에 대한 방법이나 이해를 하도록 가르치고 지식이나 통찰을 제공할 수 있다. (　)

3. 다른 사람들을 특정 분야에 대한 일을 할 수 있도록 지도하거나 훈련시킬 수 있다. (　)

4. 다른 사람들에게 직접적인 정보를 주거나 충고를 하여 그들이 풀지 못하는 상황에서 도움을 줄 수 있다. (　)

〈관리 능력 영역〉

1. 체계적 준비와 일의 배치를 통하여 프로그램이나 계획, 아이디어의 체재를 개발할 수 있으며, 계획을 효과적으로 수행하기 위하여 필요한 인력과 자원의 협력을 받을 수 있는 능력이 있다. (   )

2. 어떤 항목이라도 전체 상황 속에서 놓치지 않고 다양하고 많은 정보를 다룰 수 있는 능력이 있다. (   )

3. 특정한 행동을 요구하는 일에 쉽게 판단을 내리며 결론에 도달할 수 있는 능력과 그 일의 결과에 대하여 책임지는 능력이 있다. (   )

* 이 항목들 중에서 배점을 4점으로 한 것 중 가장 자신 있는 항목을 세 가지만 고른다면?

① _____

② _____

③ _____

가치를 통한 자기 평가지

1. 다음 중 당신이 가장 고치고 싶은 점은 무엇인가?
   ① 나의 외모   ② 학교생활   ③ 나의 시간 이용 방법   ④ 교우관계

2. 가장 큰 즐거움을 얻는 방법은?
   ① 혼자서   ② 몇몇 친구와 함께   ③ 모임 속에서

3. 당신은 자신이 마음에 드는가?
   ① 예   ② 아니오 (가장 마음에 들지 않는 점:)

4. 우정에 있어서 가장 중요한 것은?
   ① 충실함   ② 관대함   ③ 정직함

5. 남에게 큰 친절을 베풀었던 일은?

6. 당신이 했던 가장 나빴던 일은?

7. 지금까지의 경험 중 당신이 가장 즐거웠던 경험은?

8. 가장 큰 책임을 가졌던 일은?

9. 당신이 침묵을 지켰다면 더 쉽게 넘어갔을 일을 행동이나 말로 해서 곤란했던 경험은?

10. 남에게 자랑할 만한 새롭게 배운 것이나 발견한 점은?

7회기 **가슴 뛰게 하는 나의 가치!**

🗂 활동 목표

• 나만의 가치를 설명하고 발표할 수 있다.
• 가치의 유형과 그에 관련된 직업을 알아볼 수 있다.
• 자신의 가치 탐색을 통하여 알맞은 진로를 생각할 수 있다.

🗂 준비물 명찰, 가치 방패, 활동지, 탐색 자료, 필기도구, 왕관 스티커

🗂 활동 내용

1. Raths 등의 가치화 과정을 간단히 설명한다.
   – 강제가 아니고 자유로운 선택일 때, 현재 자기 자신을 사로잡고 있는 생기 있는 가치임을 알려 준다.
   – 자유선택, 대안탐색, 결과를 고려하여 내가 선택한 것에 대하여 긍지를 갖고 존중하고, 행동으로 실천하며, 반복실행해서 자신의 직업적 진로가치를 명료화할 수 있음을 설명한다.
2. 가치 방패 활동지를 작성한다.
   – 먼저 발표한 사람의 이야기가 마치면 집단원과 피드백을 나눈 후, 다음 발표자를 선택한다.
   – 발표가 끝나면 집단원들의 공통점과 차이점에 대해 나누고, 어떤 특징이 있는가를 이야기 나눈다.
3. 나의 진로가치를 알아본다.
   – Spranger의 가치관 유형 자료를 참고하여 자신의 가치관에 맞는 직업을 매칭해 본다.

🗂 마무리 활동

1. 회기 활동을 생각해 보고 느낌 나누기를 한다.
2. 집단원이 뽑은 오늘의 '가치왕'에게 왕관 스티커를 붙여 준다.
3. 다음 회기의 주제와 내용에 대해 알려 준다.

나의 가치 방패

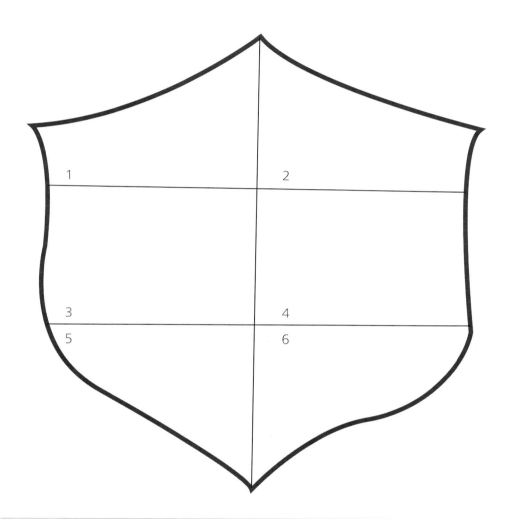

1	가장 큰 개인적인 성취 경험은 무엇인가?
2	만약 일 년 동안 하는 일 모두 성공이 보장된다면 당신은 무엇을 하겠는가?
3	성격을 간략하게 표현한다면?
4	개인적인 삶의 목표는 무엇인가?
5	가장 소중하게 생각하는 것은? (물건 or 일 등)
6	장점 중에서 좋아하는 장점은 무엇인가?

Spranger의 가치관 유형

유형 \ 특징	특징	관련된 직업
이론형	사물의 진리를 탐구하고 연구하며 가르치는 일에 보람과 긍지를 느낌	교수, 교육자, 연구원, 학자, 과학자, 평론가, 수학자
경제형	돈을 벌어 부자가 되어야 한다는 경제적 활동에 큰 비중을 둠	상인, 유통업 종사자, 무역인, 경영인
심미형	예술적 가치를 추구하는 것을 최고의 가치로 삼음	음악가, 체육인, 무용가, 음악평론가, 화가, 소설가, 스포츠 해설가, 연예인, 미술가
사회 사업형	남을 위해 봉사하고 돕는 것을 최고의 가치로 삼음	사회복지사, 서비스업 종사자, 상담교사, 재활 상담원, 간호사, 사회봉사자
정치형	권력을 중시하고, 리드하는 것을 최고의 가치로 삼음	정당인, 정치가, 군인, 경찰, 공무원, 시/도의원, 장관
종교형	종교적인 것을 최고의 가치로 삼음	목사, 승려, 종교인, 신부, 수도사, 수녀

출처: 김충기(2000).

나의 가치관은?

＊ 자신의 가치관을 알아보기 위한 활동입니다. 이 질문을 통해 자신의 가치관을 찾고, 그에
  맞는 직업을 찾아보세요.

질문	응답	이유
자신의 성격을 잘 나타내는 단어는 ?		
자신에게 없지만 갖고 싶은 성격은?		
고쳤으면 하는 성격은?		
나의 성격에 맞는 직업은?		
나의 성격에 맞지 않는 직업은?		

＊ 자기의 진로가치를 명료화해 보는 문항들입니다. 자신이 중요하게 생각하는 것과 그렇지
  않은 것을 선택하고(중요한 것 ○, 중간 △, 낮은 것 ×) 그 이유를 간단히 적어 봅시다.

항목	가치인식도			항목	가치인식도		
	높다	중간	낮다		높다	중간	낮다
1. 국가에의 공헌				10. 승진의 기회			
2. 최고의 학벌				11. 일관성의 자유			
3. 잠재 능력 개발				12. 높은 권력, 지위			
4. 학문의 성취				13. 여가 생활 활용			
5. 부모의 기대				14. 경제적 보상			
6. 나의 성취				15. 직업의 안정성			
7. 자아실현				16. 타인에 대한 봉사			
8. 사회에 공헌				17. 사회적 안정			
9. 타인의 사랑				18. 창의력 발휘 기회			

각 진로가치 항목 중에서 가장 중요하다고 생각하는 것 다섯 가지를 순서대로 적어 보세요.

높게 평가한 이유 :

가치에 가치를 더하다

□ 활동 목표

• 자신의 직업적 가치 탐색을 통하여 자신에게 적합하다고 생각하는 직업을 탐색할 수 있다.
• 직업적 가치를 명료화하는 과정을 알게 된다.
• 자신의 가치 특성을 확인하고, 다른 사람의 진로 가치관을 통해 가치의 다양성을 인식할 수 있다.

□ 준비물 명찰, 진로가치 투표용지, 활동지, 필기도구, 왕관 스티커

□ 활동 내용

1. 직업적 자기 가치 탐색을 한다.
   – 짝을 지어 활동한 내용을 이야기 나누고, 서로 피드백을 주고받는다.
2. 상담사는 가치 탐색이 진로 선택에 도움이 되며, 사람들이 추구하는 가치는 자신이 하는 일을 통해서 실현됨을 설명한다.
   – 개인의 가치관과 직업이 조화를 이룰수록 직업에 대해 만족하고 행복하게 된다는 것을 알려 준다.
3. 진로 가치관 투표를 실시한다.
   – 우선순위를 정할 때 다른 집단원의 선택에 관심을 두거나 도덕적 규범이나 사회적 인식에 따라 판단하지 않도록 한다.

□ 마무리 활동

1. 회기 활동을 생각해 보고 느낌 나누기를 한다.
2. 집단원이 의논하여 오늘의 '적극왕' 1명 뽑아 왕관 스티커를 붙여 주고, 투표 참여한 경품으로 집단원 모두에게 왕관 스티커를 1개씩 붙여 준다.
3. 다음 회기의 주제와 내용에 대해 알려 준다.

직업적 자기 가치 탐색

1. 실내 직업이 좋은가? 실외 직업이 좋은가?(%로 표시)

_____

2. 여러 사람과 함께하는 일, 자료를 다루는 일, 물건을 취급하는 일 중 어느 것이 좋은가?

_____

3. 존경하고 본받고 싶은 인물은? 그 이유는?

_____

4. 손으로 하는 일과 머리와 마음을 써서 하는 일 중 어느 것이 더 좋은가?

_____

5. 당신과 함께 일하는 사람이 '나를 (   )이라고 생각한다.' 문장을 완성하도록 하세요.

_____

6. 가장 이상적이라고 생각하는 직업은? 그 이유는?

_____

7. 세상에서 가장 나쁘다고 생각하는 직업은? 그 이유는?

_____

진로가치 투표용지		
직업적 가치들	나의 순위	집단 순위
1. 자신의 능력을 발휘할 수 있는 직업		
2. 도움을 필요로 하는 사람을 도와주는 직업		
3. 예술, 음악 등과 같은 예술 작품을 다루는 직업		
4. 단순한 일보다는 다양한 작업을 요구하는 직업		
5. 자신의 감정, 생각, 재능 등을 잘 표현할 수 있는 직업		
6. 다른 사람들과 함께 일하는 직업		
7. 다른 사람에게 일을 지시하거나 자신이 직접 결정하는 일을 하는 직업		
8. 새로운 것을 배우며 정보를 축적하고 호기심을 만족시켜 주는 직업		
9. 일 이외의 활동에 충분한 시간을 보낼 수 있는 직업		
10. 권력이 있고 통솔력을 요구하는 직업		
11. 깔끔하고 조직적이며 잘 계획된 일을 하는 직업		
12. 여러 가지 면에서 존경을 받을 수 있는 직업		
13. 가식적으로 품위를 부릴 수 있는 직업		
14. 위험성을 동반하는 직업		
15. 안정성을 동반하는 직업		
16. 자립할 수 있는 직업		
17. 정적인 일보다는 동적인 일을 하는 직업		
18. 성스러운 것을 추구하는 직업		
19. 높은 수익을 보장하는 직업		
20. 학문이나 진리 탐구에 전념할 수 있는 직업		

9회기 행복에 가치를 입히다

🗇 활동 목표

• 자신의 직업 가치관을 정할 수 있다.
• 직업에 만족하고 행복하게 일할 수 있는 가치관의 중요성을 알게 된다.

🗇 준비물 명찰, 도서(행복한 청소부), 탐색자료, 활동지, 색연필, 색 사인펜, 필기
도구, 왕관 스티커

🗇 활동 내용

1. 직업 가치관의 종류에 대해 설명한다.
2. 직업 가치관 인형 뽑기
   - 직업 가치관 인형통에서 세 가지의 가치관을 뽑아 꾸며 본다.
   - 세 가지의 가치관이 나에게 중요한 이유에 대해 집단원 전체가 이야기를 나눈다.
3. 〈행복한 청소부〉를 읽고, 청소부의 어떤 가치관이 행복감을 느끼게 하는지에 대해 이야기한다.
4. 〈행복한 청소부〉와 같은 실제 인물이 있는지 찾아보고 그 인물이 중요하게 생각하는 가치에는 어떤 것이 있는지 짝과 서로 이야기 나눈다.

🗇 마무리 활동

1. 회기 활동을 생각해 보고 느낌 나누기를 한다.
2. 집단원이 의논하여 오늘의 '문제해결왕'을 뽑아 왕관 스티커를 1개 붙여 준다.
3. 다음 회기의 주제와 내용에 대해 알려 준다.

직업 가치관의 종류

		직업가치
1	성취감	스스로 목표를 세우고 이를 달성하여 얻은 만족감을 중시하는 가치
2	봉사	자신의 이익보다 사회의 이익을 고려하고 다른 사람에게 도움이 되고자 하는 것을 중시하는 가치
3	보수	경제적인 어려움이 없도록 수입이 많은 것에 대한 가치
4	직업안정	자신이 원하지 않는 퇴직의 염려 없이 오랫동안 그 직장에서 일하며 안정적인 수입을 보장받는 가치
5	공평성	일한 만큼 대우받으며 모든 사람이 공평하게 대우받는 작업환경과 기회에 대한 가치
6	발전성	일에서 새로운 지식과 기술을 얻을 수 있거나 발견할 수 있는 기회가 있는가를 중시하는 가치
7	협력/독립성	여러 사람과 어울려 일하거나, 자신만의 시간과 공간을 가지고 일할 수 있는가의 환경을 중요하게 여기는 가치
8	사회적 인정	자신의 일이 다른 사람들로부터 인정과 존경을 받을 수 있는지를 중시하는 가치
9	흥미	자신이 좋아하는 것을 중요하게 여기는 가치
10	적성	자신이 잘하는 것을 중요하게 여기는 가치
11	창의성	아이디어를 중시하고 새롭고 독창적인 일을 하는 것에 대한 가치
12	자율성	일하는 방식과 스타일이 자율적인 것을 중요하게 여기는 가치
13	도전	새로운 일을 해 볼 수 있는 기회를 갖는 가치
14	지식추구	지식과 전문성을 쌓아 가는 것에 대한 가치
15	리더십	사람들을 이끌고 목표를 이루어 가는 것을 중요하게 여기는 가치

출처: 김지항, 안은정, 안향선, 이창숙(2016).

내가 뽑은 3개의 가치관 인형을 예쁘게 꾸며 보세요.

- 제1직업가치 :
- 그 가치를 뽑은 이유 :

- 제2직업가치 :
- 그 가치를 뽑은 이유 :

- 제3직업가치 :
- 그 가치를 뽑은 이유 :

나는 직업 활동을 통해 _____, _____, _____를 추구하고 자 합니다.

성격에 직업을 더하다

☐ **활동 목표**
- 열여섯 가지 성격 유형을 탐색하여 나에게 알맞은 직업을 선택하여 발표할 수 있다.
- 적성, 흥미, 성격 유형을 고려한 직업을 선택할 수 있다.
- 나만의 성격 강점을 알고 활용할 수 있다.

☐ **준비물** 명찰, 탐색 자료, 성격 강점 카드, 활동지, 색연필, 색 사인펜, 필기도구, 왕관 스티커

☐ **활동 내용**
1. 성격에 따른 직업 유형 찾기를 한다.
2. 나의 성격 강점은 무엇인지 찾아본다.
   - 자신의 성격에서 뛰어난 점을 '성격 강점'임을 알려 주고, 강점 카드를 살펴보면서 내가 가진 성격 강점 다섯 가지를 찾고 진행자와 집단원들 한 명 한 명에게 나의 강점이라고 생각되는 세 가지를 선택해 달라고 요청한 후 그중에서 나만의 성격 강점 BEST 3을 고르게 한다.
3. 서로 신문기자가 되어 짝의 성격 강점이 발휘된 사건에 대해 기사를 쓴다.
4. 집단원들이 한 명씩 돌아가면서 기사 내용을 발표하면서, 자신과 짝의 닮은 성격 강점과 다른 점에 대해 이야기 나눈다.

☐ **마무리 활동**
1. 회기 활동을 생각해 보고 느낌 나누기를 한다.
2. 집단원이 의논하여 오늘의 '기자상'이 뽑아 왕관 스티커를 1개 붙여 준다.
3. 다음 회기의 주제와 내용에 대해 알려 준다.

성격	성격의 특성	관련직업
생각형	생각이 깊고, 모든 일을 신중히 처리하며, 책임감이 강하다.	물리학자, 인류학자, 화학자, 수학자, 생물학자
안정형	변화를 싫어하고 한 곳에 머물기를 좋아한다.	은행원, 공무원, 통계학자
사교형	매사에 적극적이며 활달하고 화술이 뛰어나다.	외교관, 사업가, 임상심리학자, 교육자, 목사, 상담사, 아나운서
냉담형	감정이 별로 없고 싸늘하게 느껴진다.	의사, 변호사, 판사, 검사, 경찰관, 요리사, 간호사
민감형	감정이 예민하여 조그만 일에도 민감하게 반응한다.	형사, 연출가, 탤런트, 배우
흥분형	다혈질로 감정 노출이 심하다.	응원단자, 치어리더, 스포츠맨
고독형	말이 없고 혼자 있기를 좋아하며 매사에 조심스럽다.	작가, 소설가, 시인, 화가
담대형	배짱이 두둑하고 두려움이 없으며 모험적, 저항적이다.	모험가, 탐험가, 발명가
활동형	말보다 행동이 앞서며 현실적 감각이 뛰어나 매우 정열적이다.	비행사, 기계조작, 운전기사, 사회사업가, 농부, 낙농가
강인형	끈기가 있고 인내심이 강하여 하고자 하는 일에서는 포기가 없다.	등산가, 탐험가, 기관사, 승무원
예술형	감정이 풍부하고 예술적인 것을 좋아한다.	문학가, 음악가, 조각가, 화가. 극작가, 연출가, 성악가
지배형	남을 이끌고 지배하기 위하여 화술이 뛰어나다.	정치가, 군인, 사회자, 경영자
독립형	의지가 강하여 남의 간섭을 싫어하고 독자적으로 판단하고 주장이 강하다.	사업가, 신문기자, 잡지 편집인, 약사, 개인 사업
내성형	사람 앞에 나서기를 수줍어하고 매사에 소극적이다.	디자이너, 사진작가
순종형	순종하기를 좋아하고 얌전하고 차분하여 어디서나 잘 어울린다.	회사원, 공무원
태평형	낙천적이며 매사를 좋은 쪽으로만 생각한다.	농부, 농장 경영인

출처:서울특별시교육연구원(2000).

나에게 어울리는 직업유형은?

성격 강점 카드

창의성	호기심	배려
도덕성	공정성	리더십
학구열	지혜	낙관성
의사소통	유머	미래지향성
친절	대인관계	용감성
자기조절	예술성	활력
끈기	진실성	신중함
도전정신	책임감	감사

강점 신문

○월호

제 호

발행인 ○○○, ○○○ / 편집인 ○○○, ○○○

11회기   미래 나와의 만남

활동 목표
- 이미지트레이닝을 통해 마음속에 있는 꿈을 선명하게 이미지로 그릴 수 있다.

준비물   명찰, 잡지, 도화지, 사진, 풀, 가위, 색연필, 색 사인펜, 필기도구, 왕관 스티커

활동 내용
1. 도화지에 자신을 나타내는 이미지를 잡지나 사진에서 찾아 중앙에 붙인다.
   - 10년 후 나의 하루 일상을 시간대별로 표현한다.
2. 나만의 블로그를 꾸미고 하루의 일기를 써 본다.
3. 집단원 전체가 자신의 블로그와 일기를 발표하고 이야기 나눈다.

마무리 활동
1. 회기 활동을 생각해 보고 느낌 나누기를 한다.
2. 집단원이 의논하여 오늘의 '블로그왕'을 뽑아 왕관 스티커를 1개 붙여 준다.

12회기 꿈과 비전을 이루는 열쇠!

🗇 활동 목표

• 꿈 목록을 통해 생애목표를 구체적으로 명료화하게 말할 수 있다.
• 구체적인 행동 실천 계획을 세울 수 있다.
• 전체 프로그램의 종합 평가 및 소감을 발표할 수 있다.

🗇 준비물 명찰, 활동지, 색연필, 색 사인펜, 필기도구, 만족도 평가지, 선물

🗇 활동 내용

1. 나의 드림 리스트를 작성한다.
   - 배우고 싶은 것, 가고 싶은 곳, 만나고 싶은 사람, 사고 싶은 것 등을 생각한다.
2. 꿈을 이루기 위한 나만의 실천 영역과 세부적인 목표를 세워 본다.
3. 내가 되고 싶은 나에 대해 스스로 예언하는 자기충족예언 일기를 쓴다.
4. 나만의 선언문을 작성하고, 집단원 모두 오른손을 들고 낭독한다.
5. 12회기 동안의 집단활동 중에서 각자에게 유용했던 활동에 대해 발표하고, 참여 소감을 나눈다.

🗇 마무리 활동

1. 만족도 평가지를 작성한다.
2. 수료증 전달식과 최다 왕관 스티커 보유자에게 선물 증정을 하고 프로그램을 마무리한다.

나의 목표 다트 만들기

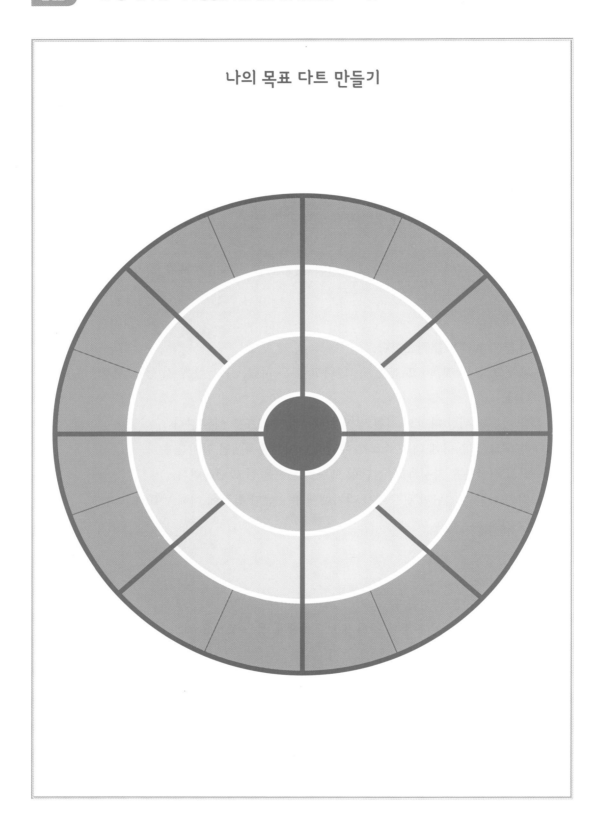

꿈꾸는 다락방

나는

_____을 가지고 있다.

나는

_____을 한다.

나는

_____을 할 수 있다.

나는

_____에 도전할 것이다.

나는

_____을 _____까지 이루겠다.

나는

_____가 될 것이다.

이루마!

나 _____는(은)

_____강점을 발휘해서

_____직업을 통해

_____를(을) 추구하며

행복한 사람으로 살아가기를 선언합니다.

년   월   일

이름: 서명

만족도 평가지

회기	프로그램 목표	전혀 아니다	아니다	보통 이다	그렇다	매우 그렇다
1	프로그램의 필요성과 목적에 대해 이해할 수 있었고, 참여 동기를 갖게 되었다.					
2	자신의 능력과 특성에 대해 알게 되었다.					
3	자신이 중요한 존재임을 깨닫게 되었다.					
4	힘든 일을 극복한 나를 자랑스럽게 생각할 수 있었다.					
5	나만의 능력과 적성에 대해 알 수 있었다.					
6	가치 유형 탐색을 통하여 자신의 가치를 알게 되었다.					
7	직업적 가치 탐색을 통하여 자신에게 적합하게 생각하는 직업을 탐색할 수 있었다.					
8	직업의 가치관을 정할 수 있었다.					
9	열여섯 가지 성격 유형 탐색을 통해 나의 성격 강점을 잘 알고 활용할 수 있었다.					
10	꿈 목록을 통해 생애목표를 구체적으로 명료화할 수 있었다.					

직업 정보 탐색하기

☑ 워크넷: https://www.work.go.kr

한국고용정보원이 운영하는 취업포털 사이트로 심리검사, 직업정보, 채용정보, 고용정보 등 진로 결정과 취업에 관한 상세정보가 수록되어 있다.

☑ 커리어넷: https://www.career.go.kr

한국직업능력개발원이 운영하는 웹사이트로 대상별 진로 및 직업정보를 제공한다.

☑ 전국 17개 시·도교육청 진로진학센터:
    https://bit.ly/3bfPugH

서울특별시 교육연구정보원에서 운영하는 웹사이트로 직업정보 및 진로 진학정보를 검색할 수 있다.

☑ 어디가: https://bit.ly/3bj5DSy

☑ 꿈길: https://www.ggoomgil.go.kr

13
청소년의 스트레스 감소를 위한
이야기치료 집단상담 프로그램

경제협력개발기구(OECD)와 유럽연합(EU) 회원국의 아동 · 청소년을 대상으로 삶의 질을 평가한 연구에서, '삶에 만족한다'는 우리나라 15세 청소년의 비율은 67%로 33개국 회원국 중 30위에 머물고 있다(이상미, 2020). 2018년 보건복지부에서는 청소년 건강행태에 관한 조사내용을 발표하였는데, 우리나라 청소년들의 스트레스 인지율에서 '대단히 많이' 혹은 '많이' 느끼는 학생은 전체 대상자의 40.4%로, 성인의 스트레스 인지율 29.1%에 비해 매우 높은 수준으로 나타났다. 청소년들은 생활 속에서 겪는 크고 작은 경험과 사건들에 대해 낮은 수준의 삶의 만족도를 보이며, 높은 수준의 스트레스를 경험하고 있기 때문에 이를 감소시키기 위한 접근이 필요하다. 청소년들의 삶의 만족도를 감소시키는 주요 요인으로 스트레스가 주목받고 있지만, 급변하는 현대 사회를 살아가야 하는 청소년기에는 누구나 스트레스 경험에 노출될 수 있으므로 스트레스 상황을 슬기롭게 대처하기 위한 방안적 연구가 이루어져야 한다.

청소년기는 인간 발달과정에서 아동기에서 성인기로 이행되는 변화기로 여러 가지 변화에 적응하는 능력이 요구되는 동시에, 이후 사회인으로서 기능을 취하기 위한 인격을 완성해 가는 시기다. 더불어 자아정체성의 혼란, 심리적 · 사회적으로 가장 극심한 혼돈과 좌절, 도전과 격동의 시기다(정옥분, 2006). 청소년기는 자아에 대한 정체감을 확립하지 못하고 방황하는 과도기로서 자신에 대한 끊임없는 회의와 의문을 제기하게 되는 시기인 것이다. 특히 급격한 심리 및 신체 발달과 더불어 가족 간의 갈등, 친구와의 다툼, 학업 문제 등으로 많은 스트레스를 경험하고 있는데, 청소년에게 기대되는 역할의 변화, 공부의 압력, 맹목적 부모의 기대와 요구 등으로 인해 청소년들은 어떠한 다른 집단들보다 심각한 스트레스를 경험한다(Thoits, 2010). 또한, 성인들에 비해 이러한 스트레스 상황에서 유연하고 융통성 있게 대처하는 능력이 부족하기 때문에 문제에서 벗어나기 위해 극단적인 행동이나 자기 파괴적인 선택을 할 수 있다(Buitron et al., 2016).

스트레스를 받은 모든 청소년이 부적응 행동을 보이는 것이 아니다. 즉, 스트레스를 받는 청소년들 개개인마다의 스트레스를 지각하는 정도와 대처 방법 등에서 차이를 보인다는 점이다. 따라서 자기 스스로가 스트레스를 어떤 방식으로 받아들이는지를 지각하고, 자신이 충분히 기능하여 스트레스에 적절히 대처하는 방법을 발견하게 함으로써 건강한 생활을 유지하도록 돕는 것은 매우 중요하다. 이야기치료는 스트레스를 객관적으로 지각하고 해석하게 해 주고, 자신이 가지고 있는 지배적 이야기 속 개인적 자원을 활용하여 자신만의 새로운 스트레스 대처행동을 상담사의 도움을 통해서 발견하게 해 준다(Carr, 1998; O'Connor et al., 1997). 그동안 자신이 경험하고 있던 스트레스에 관해 적절한 해소 방법을 발견하지 못할 때 이야기치료의 독특한 결과 탐색 과정을 통하여 다른 친구들이 그들 자신만의 스트레스 해소 방법을 표현하는 것을 보게 되는데, 그 행동들이 모델링이 되어 혼자서는 미처 발견할 수 없었던 부분에 대해서 새로운 대안적 행동을 발견하게 해 준다는 점에서 이야기치료는 집단상담에 유용할 수 있다.

1 청소년기 스트레스 요인

청소년이 겪는 스트레스의 요인은 다양하다. 우리나라 청소년들은 청소년기에 일반적으로 겪어야 하는 생리적·심리적 발달과정에서 나타나는 변화 이외에도 가족이나 학교, 친구관계로 인한 스트레스, 부모의 과도한 기대감이나 학업에 대한 압박감, 빈부 격차나 외모 지상주의로 인한 사회현상 등으로 많은 스트레스를 받고 있다.

청소년은 자신이 태어난 가정에서 많은 스트레스를 경험하면서 살고 있다. 가정은 사회제도 중에서 가장 작은 단위의 기관으로서 가정환경은 일차적 · 직접적인 환경이다. 경제적으로 빈곤한 가정의 부모가 심리적으로 스트레스를 받을 경우 자녀에게 부정적인 영향을 주게 되어 청소년의 스트레스를 유발할 가능성이 높은 것으로 나타났다(Barnett, 2008). 미국 중서부 고등학생 1,169명의 횡단 연구에서 자녀에게 낙천적인 관심을 갖고 대처하는 부모를 둔 청소년들은 낮은 스트레스를 보인 반면, 부모로부터 방임되는 청소년들의 경우에는 스트레스가 높았다(Finkelstein et al., 2007)는 연구결과에서처럼 부모의 부적절한 양육방식이 스트레스를 발생시키는 원인이 되고 있음을 알 수 있다.

개인 스트레스 요인은 외적 · 내적인 자극에 대해 개인이 상호작용하는 심리적 과정에서 야기되는 반응이다. 특히 빠르게 변화하는 통신 기기나 매스컴을 통하여 자신의 외모나 건강, 자신감 등의 개인적 배경을 비교할 수 있으며, 이를 어떻게 지각하고 해석하느냐에 따라서 스트레스가 가중될 수 있다. 청소년기는 자아정체감이 형성되는 시기이며, 신체적 · 사회적 · 심리적으로 급격한 변화에 적응해야 하기 때문에 정서적으로 어려움을 겪게 되는데, 구체적으로 살펴보자면 신체적 변화와 함께 사춘기를 맞는 청소년들은 정서적으로 당혹감을 느끼고, 자신에게서 느껴지는 변화와 함께 그것으로 인해 이제껏 경험해 보지 못한 새로운 세계와의 접촉에 따른 불안감을 느끼게 된다.

가정 이외에 청소년에게 있어서 가장 중요한 장소는 학교다. 학교는 청소년들이 하루 중에 가장 많은 시간을 보내는 곳으로 학업뿐만 아니라 친구들과의 관계를 통해 일상생활에 필요한 기술을 습득하는 곳이다. 청소년들은 깨어 있는 시간 중 1/3 이상을 학교에서 보내며, 청소년들이 성장함에 따라 가정에서 사회로 생활범위가 확대된다. 학교에서는 친구와의 인간관계, 학업 성적에 대한 부모나 교사의 태도, 개인차, 청소년의 미분화, 외부의 압력이나 규제 등(Sullivan, Jones, & Mathiesen, 2010)의 문제가 발생하게 되는데, 이러한 학교생활에서의 여러 가지 경험을 통하여 형성된 긍정적 혹은 부정적 자아개념은 성격 발달에 결정적인 역할을 한다. 학교에서의 성공이나 실패에 대한 경험은 정신건강에 중요한 영향을 미치기 때문에 학교환경은 적응상의 커다란 스트레스 요인으로 작용하고, 이러한 학교 스트레스는 청소년의 문제행동에 영향을 미친다. 특히 우리나라와 같은 입시 위주의 교육체제 속에서 학교는 다양화보다 동일화라는 측면을 강조하고 있기 때문에 다양성을 추구하는 청소년들의 자아는 학교적응 과정에서 심각한 스트레스를 경험한다.

우리나라 10대의 경우 학업 성적이나 진학 문제로 인한 자살이 전체 10대 자살의 31%나 될 만큼 학업과 관련된 스트레스를 심하게 느끼고 있다는 점에서(권이종, 1991) 학업은 청소년들이 겪고 있는 대표적인 학교생활 스트레스라고 할 수 있다. 또한 학교생활 중 친구관계에서도 많은 스트레스를 경험한다. 실제로 청소년들은 부모보다 더 많은 시간을 친구와 보내고 친구와의 관계에서 많은 사회적 지지를 얻으며, 문제를 친구와 의논하는 경우가 많은데, 이러한 교우관계에서 문제가 발생하면 스트레스 해소에도 문제가 발생하여 사회적 문제행동으로 발전될 수 있다. La Greca와 Harrison(2005)은 미국의 14~19세 청소년 421명을 대상으로 조사한 연구에서 친구들로부터 집단따돌림을 받은 청소년들의 경우 많은 스트레스를 경험하였다고 보고하였으며, 친구관계가 좋을수록 스트레스를 덜 지각하는 것으로 나타났다(염행철, 조성연, 2007).

2 청소년의 스트레스 감소를 위한 집단상담 프로그램

1) 선행 연구

스트레스 감소를 위한 집단상담 프로그램에 관한 선행 연구를 살펴보면, 정경심(2012)은 고등학생을 대상으로 한 집단치료 프로그램을 통하여 실험집단이 통제집단에 비해 스트레스 점수가 감소하였고, 스트레스 대처행동 점수가 높아지고 자아존중감이 향상되었다고 보고하였다. 최현옥(2011)은 만다라 집단 미술치료를 활용하여 여고생의 스트레스 지각의 감소와 자아존중감 향상을 위해 연구하였는데, 그 결과 집단상담 프로그램이 통계적으로 유의미함을 입증하였고 그 효과가 종료 3개월 후에도 지속되고 있음을 보고하였다. 그리고 「차치료 프로그램이 청소년의 자아존중감과 스트레스에 미치는 영향」에 대한 강금이(2012)의 연구에서 프로그램 실시 후 중학생들의 자아존중감은 향상되었으며, 스트레스는 감소하였다.

김혜경(2008)은 학교부적응 청소년을 대상으로 학교생활적응과 희망, 자기효능감, 스트레스 대처 방식의 변화를 살펴보기 위하여 이야기치료 프로그램을 개발하였다. 이미진(2012)이 이야기치료를 활용한 문학치료 프로그램을 통하여 초등학생의 학업 스트레스와 자기효능감에 대해서 연구를 하였으나, 학업 스트레스에만 국한되어 전체적인 스트레스 요인에 대해서는 살펴보지 못했다. Carr(1998)는 연구를 통하여 이야기치료가 아동기의 문제행동, 비행, 왕따, 섭식장애, 아동학대, 부부갈등, 정신분열증을 포함하는 정신건강 집단 내에서 효과적이라고 보고하였는데, 이러한 사실을 통하여 이야기치료를 활용하면 스트레스를 효과적으로 다룰 수 있다고 할 수 있다.

Burger과 Samuel(2017)은 스트레스 사건이 부정적 반응에 직접 영향을 주는 것이 아니라 스트레스를 경험하는 개인이 이를 어떻게 지각하고 해석하여 어떤 능력과 개인적 자원을 가지고 반응하느냐에 따라서 적응에 영향을 미친다고 보았다. 이야기치료는 스트레스를 객관적으로 지각하고 해석하게 해 주고, 자신이 가지고 있는 지배적 이야기 속 개인적 자원을 활용하여 자신만의 새로운 스트레스 대처행동을 상담사의 도움을 통해서 발견하게 해 준다. 또한 집단상담에서는 집단원들이 갈등 상황에 대한 자신만의 대처방식을 자발적으로 표현하는 행위만으로도 다른 사람의 작업을 향상시킬 수 있다고 말하였다(Corey et al., 2005). 그동안 자신이 경험하고 있던 스트레스에 관해 적절한 해소 방법을 발견하지 못할 때 이야기치료의 독특한 결과 탐색 과정을 통하여 다른 친구들이 그들 자신만의 스트레스 해소 방법을 표현하는 것을 보게 되는데, 그 행동들이 모델링되어 혼자서는 발견할 수 없었던 부분에 대해서 새로운 대안적 행동을 발견하게 해 준다는 점에서 이야기치료가 집단상담에 유용할 수 있다.

2) 이야기치료

이야기치료는 포스트모더니즘 시대의 기초가 되는 이론이다. 치료자 자신이 전문가라는 신념을 기반으로 한 힘(power)의 중요성을 언급한 모더니즘 시대의 상담접근에서 벗어나 동반자로서의 역할, 즉 개인이 경험하는 의미의 구성에 초점을 맞추어 스스로 찾을 수 있도록 돕는 것이다. 경험을 변화시키는 것이 아니라, 집단원들이 어떠한 문제가 지속되거나 자주 발생할 때, 문제를 제한하기 위해 만들어진 것이다. 이야기치료 이론은 철학자인 Michael Foucault와 인류학자인 Gregory Bateson에 의해 받아들여졌으며, 이 치료는 사회구성주의적이다(O'Connor et al.,

2004). Foucault는 사회에서 지배적인 이야기를 구성하는 사람들이 복종시키는 힘을 가졌을 뿐만 아니라, 사회의 판단자(의사, 교육자, 목회자, 심리치료사, 정치가, 저명인사 등)가 정한 기준을 바탕으로 사람들이 그들의 신체, 성취, 인격을 판단할 때도 그 이야기 자체가 내재화된 진실이 되어 버린다고 믿었다. 그리하여 Foucault는 White로 하여금 절대적인 진리는 없다는 사회구성주의의 공리를 취하여 사람들의 삶을 억압하는 기존의 진리들을 해체하는 방향으로 나아가게 하였다. 사회구성주의의 주요 가정은 우리의 사회적 실재를 구성하는 신념, 가치, 관습, 습관, 문구, 법률, 노동의 분배, 기호가 문화 구성원들에 의해 세대에서 세대로, 시대에서 시대로 서로 상호작용하면서 구성된다는 것이다. 이러한 실재는 우리의 삶을 구성해 온 경험과 신념, 실천, 단어를 제공한다(Freedman & Combs, 2009).

어떠한 사건에 대해서 내가 부여하는 의미는 중립적이기보다는 개인의 생각에 따라 미래의 삶에 영향을 미치게 된다. 모든 이야기는 우리의 삶 속에 구성된 이야기들을 토대로 우리 삶의 형태를 만드는 것이다(Morgan, 2000). 사람들은 스스로 문제를 극복할 수 없을 때 누군가의 도움을 요청하게 되는데, White(2010)는 이러한 과정에서 그들의 지배적인 이야기에 관심을 가져야 한다고 보았다. 지배적 이야기(dominant story)는 역사를 통한 과거와 현재, 미래의 사건들과 대안적인 것보다는 문제로서 전달되는 경향이 크기 때문이다. 이러한 지배적 이야기는 정형화될 수 있고 불평등하며, 그로 인해 대안적 이야기를 방해한다(이현경, 2008). 문제를 중심으로 만들어지는 지배적 이야기는 자신들의 의식 속에 문제가 발생하지 않았던 경험을 감추어 버리게 함으로써 다른 방식의 긍정적 경험이 이야기로 만들어지지 못하게 방해하는 역할을 하지만, 지배적 이야기 속에는 자기 스스로는 발견하지 못한 스트레스를 극복했던 성공적 이야기를 가지고 있다(White, 2010). 이야기치료의 목표는 이러한 성공적 이야기를 스스로 발견하고, 그 이야기를 재구성하여 새로운 대안적 이야기를 만들어 가도록 돕는 데 있다.

대안적 이야기(alternative story)는 내담자를 위한 가장 우선적이고 대표적인 것으로서, 내담자와 치료사가 함께 고쳐 나가고, 삶의 경험에 대한 중요한 견해에 대해서 부정하지 않으며, 내담자들이 소유한 그들의 삶을 통제하기 위한 그 이상의 가능성에 대해 마음을 털어놓는 것을 의미한다(Carr, 1998). 개인적 작용과 성공하는 순간에 초점을 맞추면서 만들어지는 대안적 이야기는 주변 사람들과의의 대화를 통하여 발견하고 확언하며 재구성한다. 사람들이 자신에 관해 새롭고 보다 긍정적인 이야기를 구성하도록 도움을 받는다면, 전략주의에서 이야기하는 재명명은 불필요해진다. 내담자 자신이 자신에 대해서 좋게 생각하기 시작한다면 자신의 말을 다른 사람들도 인정할 것이라고 믿는 것이다.

개인이 가진 지배적 이야기를 새로운 대안적 이야기로 만들기 위한 기법으로 외재화 대화, 독특한 결과, 재저작 대화, 비계 설정 대화, 회원 재구성 대화가 있다. 자신만의 새로운 이야기를 재구성하기 위한 첫 번째 과정으로 현재 가진 지배적 이야기를 해체하는 작업이 필요한데, 이야기치료에서는 외재화 대화를 활용한다.

외재화 대화(externalization conversations)는 문제와 내담자를 분리하는 작업이다. 내담자를 압박하고 있는 문제를 개인 내부에서 보는 것이 아니라 밖으로 끄집어내서 바라보는 것이다(O'Connor et al., 2004). 외재화는 문제를 재구성하기 위한 치료적 과정으로, 개인적인 문제를 외부에 존재하게 만들어서 내담자와 분리시키는 것이다. 내담자들이 문제가 발생하였을 때, 그들의 행위와 그들의 행동에서의 부정적 결과, 외재화 과정을 인지할 수 있다면 확인이 가능하고 외재화 과정을 시작할 수 있다. 외재화는 비판이나 비난 등의 부정적인 결과를 제한하기 위해 필요하다(O'Connor et al., 1997). 외재화 작업을 통하여 자신이 문제를 통제할 수 있다는 점을 인식하며, 문제와 자신이 동일시되어 자신감을 잃었던 부분이 회복되고, 자신이 스트레스를 받았던 문제와도 분리될 수 있다(고미영, 2004).

외재화 과정을 통해 문제가 존재하지 않는 상황이나 혹은 집단원들을 좌절시키는 순간에 이야기치료의 중요한 과업은 독특한 결과를 발견할 필요가 있다(Tomm, 1989). 독특한 결과(unique outcome)는 문제를 해체하는 과정에서 발생한 색다른 경험에서 내담자가 의미를 부여하도록 하는 것을 의미한다. 독특한 결과는 내담자가 했던 행동이 될 수도 있고, 내담자가 지향하는 가치나 의도가 될 수도 있는데, 내담자가 원하는 긍정적인 삶의 모습에 주목할 필요가 있다(Jeong et al., 2007). 즉, 지배적 이야기 밖에 존재하고 있는 잊혀진 삶의 경험 중 자신에게 매우 중요하고 의미를 가질 수 있는 경험을 발견하게 하는 것이다. 이러한 과정을 통해 발견된 독특한 결과는 선호하는 이야기 혹은 대안적 이야기를 위한 잠재적인 기초 아이디어로 작용하게 된다(Brimhall, Gardner, & Henline, 2003).

독특한 결과를 통해 기존에는 발견할 수 없었던 새로운 이야기가 만들어지면 그 하나의 이야기로 끝나는 것이 아니라, 그 이야기와 연결될 수 있는 다른 이야기를 찾아낼 수 있도록 해야 한다. 대안적 이야기와 대안적 구상을 만드는 작업을 재저작이라고 하고, 이런 재저작이 일어나도록 하는 대화를 재저작 대화(re-authoring)라고 부른다(고미영, 2004). 의도적인 이야기를 새롭게 만들기 위해서는 구성적인 차원을 사용하는데, White는 이러한 관점을 두 가지로 소개하고 있다. 하나는 행위의 관점(landscape of action)이고, 다른 하나는 정체성의 관점(landscape of identity)이다. 행위의 관점은 시간의 흐름과 특정한 구상에 맞추어 사건들의 경험을 연결하면서 구상된다. 정체성의 관점은 행위의 관점에서 서술된 사건들에 대해서 그것을 말한 사람이 내린 해석이나 의미를 보여 주는 것이다(White, 2010). 정체성의 관점에서는 어떤 사건에 대한 그 사람의 욕구나 선호하는 바에 대해 자질이나 성격, 동기, 가치나 신념 등에 대해 무엇을 말하고 있는지 보여 준다(고미영, 2004).

대안적 이야기를 구축하기 위하여 White(2010)는 비계 설정 대화(scaffolding conversation)를 많이 사용하고 있다. 이러한 치료 과정은 실제적으로 기존의 해석과 동일하지만, 이 이론은 Vygotsky(1978)의 근접발달 영역(zone of proximal development)의 개념 구조를 이용한다. Vygotsky의 이론에 따르면, 근접발달 영역은 자신의 능력에서의 활동 범위, 즉 문제해결에서 자유롭게 반영하고 잠재적 범위로 발달시키며 성인의 가이드 혹은 역량이 있는 동료와 함께 수행과업을 결정하는 것이다. 개념 형성(concept formation)은 각자의 사람들과의 의미를 언어와 생각의 연결고리를 통하여 형성하는 과정이다. Vygotsky는 개념 형성의 분석을 통하여, 아동은 새로운 개념을 깨닫고 발달시키며, 체계에 따르는 양상에 대해 점차 이해하게 된다고 하였다. 이러한 체계는 그들의 경험에서 오는 자신들만의 새로운 인생 설계 과정에서, 단계에 따르는 차이를 관련시키는 청소년의 모습을 통하여 사물에 관한 일반화를 다음 단계로 발전시키는 데 영향을 끼친다(Vygotsky, 1978). 자기 자신이 잘 알고 있고 익숙한 것 그리고 자기 경험의 즉시성으로부터 점진적이고 점증적으로 거리를 두도록 하면 삶의 사건이나 사물 사이에 유대와 관계를 수립하는 연결고리를 발전시키게 되는데, 이러한 과정을 가리켜 '복합적 사고'의 발달이라고 불렀고 이 사고가 삶과 정체성에 관한 개념을 발달시키는 토대가 된다고 하였다(White, 2010).

이야기치료 문맥에서의 비계 설정 대화는 일반적 단계를 증가시키는 것인데, 각 단계는 거리 두기와 관련하여 과업이 존재하며 그 과업을 달성하면 상위 단계로 나아가게 된다. 개념 형성의 단계에 따라 경계를 두게 되는데, 하위 단계 거리 두기 과업(low-level distancing tasks)은 흔히 일어나지 않거나 별 관심을 두지 않왔던 사건에 의미를 부여하거나 이름을 붙이는 것이다. 중간 단계 거리 두기 과업 (medium-level distancing tasks)은 삶의 영역에서의 문제와 계획, 결과에서 관련성에 대해서 연결고리를 만드는 것이다. 이러한 과업은 구체적 사건을 연관시킴으로써 그 사건 간에 유대 관계가 수립되도록 하는 연결고리의 발달을 촉진시킨다. 중상위 단계 거리 두기 과업(medium-high-level distancing tasks)에서는 문제와 계획, 결과에 대해서 평가하고, 연결고리와의 관련성에 대해서 반영하여 무언가를 깨닫거나 배우도록 내담자를 촉구하게 된다. 상위 단계 거리 두기 과업(high-level distancing tasks)은 독특한 사건에서의 추상화 과정을 통하여 인간의 삶과 정체성에 대한 개념을 형성하도록 한다. 최상위 단계 거리 두기 과업(very-high-level distancing tasks)은 이러한 추상화를 통한 새로운 정체성에 관해 새롭게 발달된 개념을 토대로 행위를 계획하고 실행에 옮기는 단계다(Ramey et al., 2009). 자신의 인생에서 과업이 필요로 할 때 자신의 의지에 따라 그와 같은 개념을 조작하여 작업할 수 있게 되는데, 자기 인생을 스스로 살아 내기 시작하는 것은 바로 개념적 사고를 발달시키는 과정을 통해서 이루어지는 것이다(White, 2010).

대안적 이야기를 굳히기 위한 방법으로 회원 재구성 대화(remembering conversation)가 있다. 내담자 정체성에 영향을 미쳐 왔던 인물들을 내담자 이야기에 초청하여 그들의 시각으로 평가하고 반응하도록 하는 것이다. 물질 의존이나 행동중독 등을 가진 낮은 자존감의 내담자에게 회원 재구성 대화과정은 중요한 의미를 가진다. 한 사람의 생애에서 자신을 가치 있다고 여겨졌던 영향력 있는 사람의 시각에 의해서 내담자 자신을 다시 바라볼 수 있다. 그것은 중요한 사람들의 영향력을 과거의 기억 속에 묻어 두지 않고 현재로 불러들여 그들이 내담자의 삶을 구성하도록 도와준다(이현경, 2008). 한 사람의 삶에서 중요한 인물들은 치료사와 상담하는 사람들이 보여 준 특정한 기술이나 특성, 능력에 관해 기억하는 사람들이다. 주요 인물들이 알고 있는 이 사건들은 지금 생성되고 있는 대안적 이야기의 다른 사건들과 연결될 수 있다. 이러한 방법으로 대안적 이야기 안에서 사건들을 함께 연결하면 풍부한 서술을 할 수 있다(Morgan, 2000).

기존에 중요하지 않던 우리 삶 속의 매우 풍부하며 다양한 이야기는 새로운 대안적 이야기 만들기 기법을 통해 새롭게 해석되고, 자신만의 새로운 지배적 이야기가 만들어지게 된다. 특별한 경우 진실로 해석될 수 있으며, 이미 알고 있는 이야기를 보충하는 역할을 할 수 있다(O'Connor et al., 2004). 이러한 대안적 이야기는 결국 지배적 이야기가 되는 것이다. 이렇게 재구성된 자신들만의 대안적 이야기는 현재의 삶 속에서 스트레스를 감소시켜 줄 뿐만 아니라 자아존중감도 향상시켜 준다. 대안적 행동을 통하여 스트레스를 잘 극복하고 현실 세계에 잘 적응한 삶을 살 수 있고, 나아가 미래의 삶도 풍요롭고 행복해질 수 있다.

3) 프로그램의 목표

이 이야기치료 프로그램은 생활(개인생활, 가정생활, 학교생활, 사회생활) 속에서 받는 스트레스를 객관화하고, 독특한 결과(대안적 이야기)를 통하여 스트레스를 감소시키며, 자신만의 강점을 찾아 자아존중감을 향상하도록 도와준다.

- 스트레스와 자기 자신을 분리하여 스트레스에 대해서 객관적으로 바라보게 한다.
- 부정적인 감정은 정화시키고 긍정적인 감정을 가지도록 한다.
- 스트레스 상황에서 스트레스에 올바르게 대처하도록 한다.
- 자신만의 새로운 대안적 행동을 통하여 스스로를 가치 있는 존재로 여길 수 있게 됨으로써 자아존중감이 향상되도록 한다.

4) 프로그램의 구성

이 연구에서 사용한 이야기치료 집단상담 프로그램은 관계 형성 단계, 지배적 이야기 단계, 외재화 대화 단계, 독특한 결과 단계, 재저작 대화 단계, 대안적 이야기 단계, 대안적 이야기 강화 단계, 종결 단계로 구성되어 있으며, 스트레스로 인한 문제와 관련된 주제와 활동으로 구성되었다. 프로그램은 총 12회기로 회기당 45분으로 구성하였다.

각 단계를 구체적으로 살펴보면 다음과 같다.

(1) 관계 형성 단계(1회기)

이 단계는 프로그램을 처음 시작하는 단계로, 프로그램에 참여하는 청소년들과 상담사 간의 친밀감 형성과 어색한 분위기를 해소하도록 돕는다. 또한 청소년들에게 자신이 참여하고 있는 프로그램에 대하여 명확한 목표와 내용을 이해시킴으로써 프로그램 전체 회기에 참여하도록 동기를 유발하는 데 목적이 있다. 프로그램을 소개한 후 간단한 보드게임을 통해 라포 형성 및 규칙의 필요성에 대해서 언급한 후, 집단 내에서 지켜야 할 규칙을 정하고 서약서를 작성해 보도록 한다. 이것은 집단에 대한 소속감과 책임감을 가지도록 하는 데 매우 중요한 과정이다. 자기소개 과정에서는 집단 안에서 사용할 별칭을 상자 속에 넣어 두고 종이를 한 장씩 뽑아 해당되는 집단원이 돌아가면서 소개를 하는데, 이 과정은 어색할 수 있는 초기 만남 상황에서 서로 간에 친밀감 형성 및 각각의 집단원들에 대해 알 수 있는 과정이다.

(2) 지배적 이야기 단계(2~3회기)

이 단계는 현재 자신을 지배하고 있는 자신의 느낌과 문제에 관하여 이야기를 나누는 단계다. 지배적 이야기 단계는 총 2회기로 구성되어 있는데, 은유를 통하여 현재 자신이 처한 스트레스를 동물을 통해 간접적으로 표현하는 회기와 스트레스 상황에서의 감정을 느껴 보는 회기다.

2회기에서는 자신이 지금 가지고 있는 스트레스를 동물로 은유하여 간접적으로 표현하게 해 보도록 한다. 3회기에서 자신이 가진 감정을 표현하기에 앞서 동물에 은유하여 자신의 문제를 표출해 보는 것이 현재 자신을 지배하고 있는 문제를 자유롭게 이야기하는 데 효과적일 수 있다. 여러 가지 동물 모형을 보면서 지금 자신이 느끼고 있는 스트레스와 비슷한 경우의 느낌을 가질 것 같은 모형을 참고로 하여 그 동물이 현재 받고 있는 스트레스 상황에 대해 그림을 그리고 이야기를 쓰게 한다. 그 동물이 실제로 존재하는 동물인지 그렇지 않은지는 중요하지 않다. 이 작업을 통해서 현재 집단원들이 받고 있는 스트레스가 어떤 것인지 알 수 있다.

3회기에서는 현재 나의 삶 속에서 받고 있는 스트레스에 관해서 은유를 통하여 자신의 감정을 느끼고 이야기해 보도록 한다. 2회기에서 간접적으로 현재 자신이 당면하고 있는 스트레스를 자유롭게 표현하도록 하며 3회기에서는 삶 속에서 지금 겪고 있는 스트레스에 대해서 인식하고 표출하도록 하여 스트레스 상황에서의 자신의 감정을 표현해 봄으로써 스트레스가 자기 자신의 감정에 얼마나 많은 영향을 미치는지 알 수 있다. 잡지책에서 자신이 받고 있는 스트레스와 관련된 것을 콜라주 작업을 통해서 표현하고 이야기하게 한다. 스트레스 상황을 생각할 때의 감정에 대해서 풍선 그림을 색칠해 보게 함으로써 그 당시 스트레스로 인한 자신의 감정 상태를 자연스럽게 경험할 수 있다.

(3) 외재화 대화 단계(4~6회기)

이 단계는 자신의 문제를 외재화하는 단계로, 스트레스로 인해 나타난 문제행동과 청소년 자신을 분리하는 단계다. 스트레스의 의인화를 통하여 스트레스와 나를 분리하고, 스트레스가 나의 삶에 미친 영향력을 탐색해 봄으로써 스트레스로 인해 받은 고통에 대해 알며, 스트레스 상황의 행동 자체가 문제이지 나 자신이 문제가 아니라는 것을 알 수 있다. 또한 그 당시 감정에 대해서 평가함으로써 부정적인 행동이 나의 정체성의 일부로 보이지 않도록 할 수 있다.

4회기에서는 지금 자신이 겪고 있는 스트레스 상황을 찰흙을 통해 형상화하고, 스트레스에 대하여 이름을 부여하여 자신과 문제를 분리하도록 한다. 찰흙을 통해 스트레스를 시각화함으로써 자신과 스트레스가 분리될 수 있다는 것을 알 수 있고, 포스트잇 작업을 통해서 스트레스와 분리되며, 다른 관점에서 스트레스를 볼 수 있다.

5회기에서는 스트레스가 내 삶에서 얼마나 많은 영향을 미치고 있는지 탐색하는 과정을 통하여 스트레스가 내 삶에서 걸림돌로 작용하고 있다는 것을 인식하고, 문제행동과 나 자신을 분리하도록 한다. 스트레스 상황에서 그동안에 내가 했던 행동 중 어떤 행동을 하였을 때 스트레스를 받았는지 보여 준다. 그 상황에 내가 했던 행동들을 만화 컷으로 그려 보는데, 이 작업을 통하여 그 당시 나의 스트레스로 인해 그러한 행동을 했던 것이지 나 자신에게 문제가 있어서 그런 것이 아니었다는 것을 알 수 있다.

6회기에서는 5회기에 느꼈던 행동에 대해서 그 당시 감정을 느껴 보게 함으로써 긍정적인 감정을 갖는 것에 대한 중요성을 인식하도록 한다. 부정적 감정을 날려 버리기 위하여 5회기에 그렸던 행동에 대하여 느꼈던 감정을 얼굴 표정으로 그려 보게 한다. 그 표정을 오려서 풍선에 붙인다. 그 후 부정적 감정이 붙은 풍선을 터트려서 부정적 감정은 날려 버리고 긍정적인 감정을 기억하도록 함으로써 부정적 행동이 나의 정체성이 되지 않도록 한다.

(4) 독특한 결과 단계(7~8회기)

독특한 결과 단계는 문제에 지배당하지 않은 순간(이겨 낸 순간)을 발견하는 단계다. 스트레스의 영향력이 감소하였을 때의 나의 행동에 대해 알아보고, 스트레스에 지배당하지 않고 스트레스를 극복해 내는 새로운 이야기를 만들어 내기 위해 필요한 과정이다.

7회기에서는 독특한 결과에 대한 영향력을 탐색해 보고, 문제 상황에서의 여러 가지 결과 중 스트레스의 영향력이 감소했을 때 내가 했던 행동을 발견하도록 한다. 활동지를 통해서 스트레스의 영향력이 가장 약했을 때의 행동을 찾아서 기록해 보고, 그 행동들 중 긍정적인 행동을 찾아서 그림으로 그려 보도록 한다. 그리고 각자 자신이 그린 행동에 대해서 친구들 앞에서 이야기하도록 한다.

8회기에서는 각자의 독특한 결과에서 발견한 행동에 대해 알아보고 서로 간의 행동을 존중해 주도록 한다. 7회기에서 자신이 직접 발견한 행동을 다른 사람에게 이야기하는 과정으로 팀을 둘로 나누어 자신이 생각하는 행동들을 포스트잇에 적는다. 그 후 각자의 나무에 그 행동들을 적은 포스트잇을 붙여 풍성한 나무를 완성한다. 각 팀에서 한 명씩 나와서 나무에 붙은 행동을 흉내 내고, 나머지 사람들은 그 행동이 어떤 것인지 맞힌다. 이 게임을 통해서 자신의 행동 외에 다른 긍정적인 행동에 대해서 발견할 수 있고, 다른 행동들에 대해서도 존중하게 한다.

(5) 대안적 이야기 단계(9~10회기)

대안적 이야기 단계는 독특한 결과의 내력과 그 영향력을 자세히 탐색함으로써 자신의 행동에서 새로운 정체성을 발견하여, 정당화를 통한 새로운 정체성을 확립하는 단계다. 문제의 영향력 탐구에서 나온 독특한 결과의 행동을 발견하여, 더 이상 스트레스에 지배당하거나 스트레스가 악화되지 않고 문제를 극복해 낼 수 있는 자신만의 새로운 이야기를 만들어 가는 과정이라 할 수 있다. 이 과정을 통하여 자신만의 강점을 발견하여 자아존중감을 향상시킬 수 있게 된다.

9회기에서는 자신의 행동에서 새로운 정체성을 발견하고 확립하도록 한다. 독특한 결과를 통해서 발견한 자신의 행동에 대해서 자신만의 새로운 스토리를 만들어 가는 과정이다. 손인형을 활용한 역할극을 통하여 그 행동이 어떤 것인지 친구들 앞에서 연기해 본다. 이 과정을 통해서 스트레스에 슬기롭게 대처하는 자신만의 방법을 발견한다.

10회기에서는 입장 진술 지도를 통하여 정체성을 정당화하고 확립하도록 한다. 스트레스에 슬기롭게 대처한 후, 미래의 나의 모습에 대해서 그림으로 그려 보고 꿈을 이루기 위해서 내가 해야 할 행동에 대해서 생각해 본다. 이 작업은 미래의 가능한 일을 위해서 현재 자신의 행동이 중요하다는 것을 알 수 있게 하는 과정이다.

(6) 대안적 이야기 강화 단계(11회기)

대안적 이야기 강화 단계는 대안적 이야기 단계에서 발견한 새로운 이야기를 확장하고 강화하는 단계다. 주변의 영향력 있는 인물을 통하여 자신이 새롭게 발전시켜 나갈 방법을 강화시키는 과정이다.

11회기에서는 회원 재구성 대화를 통하여 자신이 보는 강점 이외에 다른 사람이 보는 나만의 강점을 파악하고, 다른 사람의 눈으로 내담자가 설계한 새로운 정체성을 강화받는다. 10회기에서 자신의 삶에서 가장 가치 있는 사람에게 편지를 써 보게 하는데, 편지 내용에는 그 사람이 지금 내가 하는 행동에 대해서 어떻게 긍정적으로 이야기할지 쓰도록 한다. 쓴 편지는 그 사람의 목소리를 흉내 내어 친구들 앞에서 자신의 편지를 읽어 보도록 한다.

(7) 종결 단계(12회기)

이 단계는 변화된 자신을 돌아보고 스트레스를 잘 극복한 친구들을 칭찬해 주는 단계다. 롤링페이퍼 쓰기를 통해서 상대방의 장점에 대해서 칭찬해 주는 글을 쓰도록 한다. 그리고 프로그램에 참여함으로써 집단원들이 새롭게 알게 된 것들을 정리하고 집단상담에서의 경험이 현실에서도 잘 적응될 수 있게 돕는다.

표 6-1 스트레스 감소를 위한 이야기치료 집단상담 프로그램의 전체 구성

단계	회기	주제	활동 목표	활동 내용
관계 형성	1	만나서 반가워	• 자기 소개 • 프로그램에 대한 안내 • 지도자와의 친밀감 형성	- 지도자를 소개한다. - 프로그램을 안내한다. - 자기소개(상자 속 친구를 소개하기, 보드게임)를 한다. - 서약서를 작성한다(규칙 정하기).
지배적 이야기	2	나를 상징하는 동물	• 자신의 상태를 동물에 은유해 보기 • 동물을 활용한 간접적 스트레스 표현하기	- 자기 자신을 상징하는 동물을 찾는다. - 그 동물이 지금 느끼는 스트레스에 관한 그림을 그리고, 이야기를 쓴다. - 활동지(나는 ~다, 나는 ~을 가지고 있다.)를 작성한다.
	3	내 삶의 이야기	• 현재 당면한 스트레스 탐색하기 • 스트레스로 인한 내안의 감정상태 알아보기	- 현재 자신이 가장 스트레스 받는 것을 콜라주를 통해서 표현하고, 이야기해 본다. - 활동지(풍선 그림을 활용한 감정 표현)를 작성한다.
외재화 대화	4	내 인생의 걸림돌	• 문제와 아동을 분리하기 • 다른 관점에서 문제를 볼 수 있게 하기 • 문제를 탐색하기	- 찰흙 작업을 통해서 자신들이 가진 문제(스트레스)를 형상화해 본다. - 문제에 이름 붙여 본다(포스트잇). - 활동지(내 작품을 소개합니다)를 작정한다.
	5	나의 행동을 돌이켜 보기	• 문제의 영향력 평가하기 • 문제행동과 나 자신을 분리하기	- 스트레스 상황에서의 나의 행동을 이야기한다. - 활동지(만화 연습): 자신이 가진 문제에 대해서 내가 했던 행동을 그려 본다. - 나 자신과 행동을 분리시킨다.
	6	부정적인 감정 날려 보내기	• 자신이 가진 정체성의 일부로 보여지지 않도록 하기(부정적 행동) • 긍정적 감정 가지기	- 5회기의 스트레스 상황에 따른 나의 감정을 표현한다. - 활동지(얼굴 표정 그리기)를 작성한다. - 풍선 터트리기: 스트레스를 받았을 때의 표정을 그린 후 풍선에 붙여, 그 풍선을 터트려 날려 보낸다. - 긍정적인 감정의 중요성을 인식시킨다.
독특한 결과	7	가장 빛나는 순간	• 독특한 결과 발견하기 • 문제의 영향력이 감소했을 때에 내가 했던 행동 알아보기	- 활동지 1(나 이런 사람이야!): 자신의 스트레스 상황에서의 행동 중 문제의 힘이 가장 약했을 때의 나의 행동을 찾아본다(이겨 낸 경험). - 활동지 2(가장 빛나는 순간): 그 행동들 중 긍정적인 행동을 찾아서 그림으로 그린다.

(계속)

	8	몸으로 말해요	• 각자의 독특한 행동 알아보기 • 서로 간의 행동 존중해 주기	− 자신이 생각하지 못한 스트레스의 힘이 약한 순간의 행동을 발견한다. − 풍성한 나무를 만든다(2팀이 각자의 나무에 자신의 행동 적어 붙이기). − 게임(몸으로 말해요): 행동을 흉내 내고 다른 팀에서 그 행동이 무엇인지 맞추는 게임을 한다.
대안적 이야기	9	나만의 방식으로	• 비계 설정 대화 • 새로운 행동 발견하기 • 새로운 정체성 확립하기	− 독특한 결과를 토대로 새로운 이야기 만들어 본다. − 활동지(나의 행동 스토리): 스트레스 상황이 발생한다면 어떤 행동을 할 것인지 자신만의 새로운 스토리 만들어 본다. − 나만의 방식으로: 손인형을 활용한 역할극을 한다.
	10	내 인생의 설계도	• 입장 진술하기(정당화하기) • 현재의 실제적 영향과 미래에 가능하게 될 것 표현하기 • 꿈을 이루기 위한 현재 행동의 중요성 인식시키기	− 활동지 1(나의 꿈): 20년 후 미래의 나의 모습을 그려 본다. − 활동지 2(내 인생의 설계도): 꿈을 이루기 위해서 내가 해야 할 행동을 생각해 본다.
대안적 이야기 강화	11	다른 사람의 눈으로	• 회원 재구성 대화 • 자신이 보는 강점 외에 다른 사람이 보는 나의 강점 파악하기 • 다른 사람의 눈으로 내담자의 정체성을 강화시켜 주기	− 주변의 사람을 찾아본다(자신에게 긍정적인 영향을 끼치는 사람 찾기). − 활동지(편지 쓰기): 새로운 설계방법에 대한 격려하는 글을 쓴다. − 편지를 낭독한다.
종결	12	새로운 출발을 위하여	• 마무리하기 • 스트레스를 잘 극복한 친구들에게 칭찬하는 글 써 주기	− 롤링페이퍼에 친구들을 칭찬하는 글을 써 준다. − 집단 경험의 의미를 정리한다. − 평가지를 작성한다.

만나서 반가워

🗐 **활동 목표**

- 프로그램에 적극적으로 참여하도록 동기를 부여한다.
- 집단원들과 치료사 간에 친밀감을 형성한다.
- 프로그램 전반에 관하여 안내한다.

🗐 **준비물** 서약서, 해적 룰렛 게임기, 상자

🗐 **활동 내용**

1. 집단원들에게 프로그램에 참여하게 된 것을 환영하고, 지도자 자신을 소개한다.
2. 전체 프로그램의 내용과 목표에 대해 설명하여 프로그램에 대한 참여 동기를 부여한다.
3. 자신들의 이름 혹은 별칭을 쪽지에 적어 상자 속에 넣는다.
4. 해적 룰렛 보드게임을 통하여 발표 순서를 정한 후, 상자 속에서 자신이 뽑은 친구를 다른 친구들에게 소개한다. 만약 본인의 이름을 뽑았다면 자신을 직접 소개한다.
5. 프로그램을 하는 동안 지켜야 할 규칙을 함께 만들어 서약서를 작성한다.
6. 프로그램의 참여를 높이기 위해서 출석 스티커를 붙여 준다.

🗐 **마무리 활동**

1. 자신이 직접 자신을 소개했던 경우와 짝이 자신을 소개해 주었을 때 어떤 점이 다른가를 이야기해 본다.
2. 다음 회기의 주제(내용)와 시간에 대해 알려 준다.

우리들의 약속

- 친구들의 이야기를 집단 밖에서 이야기하지 않습니다.

- 나의 의견과 친구들의 의견을 존중하는 마음을 갖습니다.

- 친구들의 이야기를 잘 듣고 이해하려고 노력합니다.

- 나의 생각이나 느낌을 솔직하게 표현합니다.

- 끝까지 적극적으로 자기를 개방하여 참여합니다.

- _____

- _____

- _____

위의 약속을 꼭 지킬 것을 맹세합니다.

년   월   일 이름:

별칭:

2회기 나를 상징하는 동물

□ 활동 목표
• 자신의 현재 상태를 동물로 은유해 표현해 봄으로써 자신이 지금 겪고 있는 스트레스를 간접적으로 알아본다.

□ 준비물 활동지, 크레파스, 색연필, 동물 피규어

□ 활동 내용
1. 명찰을 목에 걸고 친구들의 별칭을 부르며 서로 인사한다.
2. 지난 회기 후 일주일간 자신에게 일어났던 일에 대해서 자유롭게 이야기를 나눈다.
3. 준비해 둔 동물 피규어를 보면서 동물을 탐색해 본다.
4. 자신이 느끼는 스트레스와 비슷한 스트레스를 느낄 것 같은 동물을 찾아본다.
5. 동물 그림을 활동지에 그리고 색칠한다.
6. 그 동물이 느끼고 있는 스트레스에 관하여 이야기 쓰기를 한다.

□ 마무리 활동
1. 활동에 대해 느낀 점을 이야기해 본다.
2. 동물들이 느낀 스트레스와 나와의 관련성에 대해 생각해 보도록 한다.

나를 동물로 비유한다면?

이름:

별칭:

• 나는 _____다.

• 나는 _____스트레스를 가지고 있다.

• 내가 이 동물을 선택한 이유는,

_____

_____

_____

_____

3회기　**내 삶의 이야기**

◻ **활동 목표**
- 현재 당면한 자신의 스트레스를 탐색해 보고, 그 스트레스로 인한 내 안의 감정 상태를 알아본다.

◻ **준비물**　활동지, 크레파스, 잡지, 풀, 가위

◻ **활동 내용**
1. 지난 회기 후 일주일간 자신에게 일어났던 일을 자유롭게 이야기한다.
2. 자신이 가장 스트레스를 받는 상황에 대하여 콜라주를 활용하여 스트레스를 탐색하도록 한다.
3. 그 상황에 대해서 친구들과 서로 이야기를 나눈다.
4. 풍선 그림이 그려진 활동지에 그 당시 나의 가정에 대해서 이야기해 본다.
5. 감정 상태에 따라서 풍선 그림을 색칠한다.

◻ **마무리 활동**
1. 활동에 대해 느낀 점을 이야기해 본다.
2. 스트레스를 어떻게 분리할 수 있을지 생각해 본다.

나의 스트레스 상황은?

이름:

별칭:

그 당시 감정 색칠해 보기

 좋았음

 좋지 좋았음

4회기   내 인생의 걸림돌

◻ 활동 목표
- 스트레스에 대해 탐색해 보고, 스트레스와 청소년을 분리하여 스트레스를 객관적인 시선으로 바라보도록 한다.

◻ 준비물 클레이, 활동지, 포스트잇

◻ 활동 내용
1. 지난 회기 후 일주일간 자신에게 일어났던 일을 자유롭게 이야기한다.
2. 클레이 작업을 통해서 자신이 가진 스트레스를 형상화하도록 한다.
3. 포스트잇에 그 작품의 이름을 적어 붙이도록 한다.
4. 한 걸음 물러서서 그 작품을 바라볼 수 있도록 한다(스트레스에 대한 객관적 시선을 가지게 한다).
5. 활동지의 질문을 활용하여 자신의 스트레스에 대해 기술해 본다.
6. 친구들 앞에서 자신의 작품을 소개해 본다.
7. 포스트잇을 떼어 내도록 한다(포스트잇이 쉽게 떨어지는 것처럼 스트레스와 자신도 쉽게 분리될 수 있음을 느낄 수 있도록 한다).
8. 청소년과 스트레스를 분리한다(스트레스는 스트레스이며, 나는 나다).

◻ 마무리 활동
1. 활동에 대해 느낀 점을 이야기해 본다.
2. 스트레스 상황에 처했을 때 내가 하는 행동으로 어떤 것이 있는지 생각해 보도록 한다.

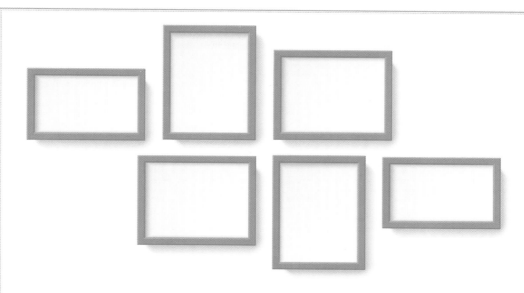

내 작품을 소개합니다

이름:
별칭:

나를 괴롭히는 문제의 이름은 (　　　　　　　)입니다.

• (　　) 생김새는 어떤가요?

_____

• (　　) 언제부터 나의 곁에 있었나요?

_____

• (　　)라고 이름을 붙이게 된 이유는 무엇인가요?

_____

5회기 나의 행동을 돌이켜 보기

🗇 활동 목표
- 스트레스의 영향력을 평가하고, 문제행동과 나 자신을 분리해 보도록 한다.

🗇 준비물 활동지

🗇 활동 내용
1. 지난 회기 후 일주일간 자신에게 일어났던 일을 자유롭게 이야기한다.
2. 스트레스 상황에서 내가 친구나 부모님, 선생님에게 했던 행동에 대해 이야기해 보도록 한다.
3. 활동지를 통하여 자신이 가진 스트레스로 인하여 내가 했던 행동을 그림으로 그려 본다.
4. 나 자신과 행동은 분리한다(나와 스트레스를 분리하듯이 나와 문제행동은 분리한다).
5. 스트레스 상황에서 자신이 한 행동에 대해서 행동 자체가 문제였음을 알 수 있게 한다.

🗇 마무리 활동
1. 활동에 대해 느낀 점을 이야기해 본다.
2. 스트레스와 분리된 후 나의 감정에 대해 생각해 본다.

나의 행동을 돌이켜 보기

이름:

별칭:

6회기   부정적인 감정 날려 보내기

□ 활동 목표
• 활동에 대해 느낀 점을 이야기해 본다.
• 부정적인 행동이 자신이 가진 정체성의 일부로 보이지 않도록 긍정적인 감정을 기억하도록 한다.

□ 준비물 활동지, 풀, 가위, 풍선

□ 활동 내용
1. 지난 회기 후 일주일간 자신에게 일어났던 일을 자유롭게 이야기한다.
2. 5회기의 스트레스 상황에서 내가 한 행동에 대한 감정 상태를 이야기해 본다.
3. 친구들 앞에서 그 당시 기분을 생각하며 얼굴 표정을 지어 본다.
4. 활동지를 이용하여 얼굴 표정을 그려 본다.
5. 스트레스 상황은 부정적인 감정을 가져온다는 것을 알 수 있게 한다.
6. 그린 얼굴을 풍선에 붙여 터트리면서 부정적인 감정을 날려 보낸다.
7. 스트레스 상황에서의 부정적인 감정을 날려 보내고 긍정적인 감정의 중요성에 대해 이야기를 나눈다.

□ 마무리 활동
1. 활동에 대해 느낀 점을 이야기해 본다.
2. 스트레스 상황에서 어떤 행동을 해야 하는지 생각해 본다.

이름:

별칭:

사랑하는   에게

12회기 새로운 출발을 위하여

□ 활동 목표

• 스트레스를 잘 극복한 친구들에게 칭찬하는 글을 써 주며 마무리한다.

□ 준비물 활동지

□ 활동 내용

1. 지난 회기 후 일주일간 자신에게 일어났던 일을 자유롭게 이야기한다.
2. 함께 프로그램에 참여한 친구들을 칭찬하는 글을 써 준다.
3. 집단활동을 통하여 서로에게 감사하는 마음을 표현한다.
4. 서로 포옹하고 악수하며 그동안의 프로그램에 대해 이야기를 나눈다.

□ 마무리 활동

1. 활동에 대해 느낀 점을 이야기해 본다.
2. 소감문을 작성하도록 한다.

(   )를 칭찬합니다

이름:
별칭:

　　　　　＿＿＿＿＿＿＿＿＿＿＿＿는(은)

1. ＿＿＿＿＿＿＿＿＿＿＿＿＿＿＿＿＿＿＿＿＿＿
   ＿＿＿＿＿＿＿＿＿＿＿＿＿＿＿＿＿＿＿＿＿＿

2. ＿＿＿＿＿＿＿＿＿＿＿＿＿＿＿＿＿＿＿＿＿＿
   ＿＿＿＿＿＿＿＿＿＿＿＿＿＿＿＿＿＿＿＿＿＿

3. ＿＿＿＿＿＿＿＿＿＿＿＿＿＿＿＿＿＿＿＿＿＿
   ＿＿＿＿＿＿＿＿＿＿＿＿＿＿＿＿＿＿＿＿＿＿

4. ＿＿＿＿＿＿＿＿＿＿＿＿＿＿＿＿＿＿＿＿＿＿
   ＿＿＿＿＿＿＿＿＿＿＿＿＿＿＿＿＿＿＿＿＿＿

14
또래 괴롭힘 예방을 위한
독서치료 집단상담 프로그램

초등학생은 친구가 자기를 미워하는 것, 원하지 않는 별명으로 불리는 것, 자신의 신체적 약점에 대해 친구들이 놀리는 것 등 어른이 보기에는 별로 심각하지 않은 문제에도 크게 괴로워하며 위기로 느낀다. 친구들 간의 괴롭힘이 교사나 학부모, 상담사가 보기에는 사소한 일상적인 일로 생각될 수 있지만, 초등학생에게는 매우 현실적이고 스트레스를 주는 사건이 되기도 한다(김춘경, 2004). '2019년 1차 학교폭력 실태조사 결과 발표'에 따르면 피해 유형별로 차지하는 비중은 언어폭력, 집단따돌림, 사이버 괴롭힘 순으로 컸으며, 신체폭행, 성추행·성폭행, 금품갈취의 비중은 낮아지는 추세다(교육부 보도자료, 2019. 8. 27.). 지속적인 학교폭력 예방 노력으로 학교폭력에 대한 민감도가 높아지고 신체폭행 등 문제시되던 사례는 줄어들고 있지만 언어폭력을 동반한 또래 괴롭힘은 여전히 줄어들지 않고 있다.

학교에서도 학교폭력 근절을 위해 법률에 따라 학교폭력 예방교육을 실시하고 있다. 학교장이 학생의 육체적·정신적 보호와 학교폭력의 예방을 위한 학생들에 대한 교육을 학기별로 1회 이상 실시하여야 하고(학교폭력예방 및 대책에 관한 법률 제15조), 교육 횟수·시간 및 강사 등 세부적인 사항은 학교 여건에 따라 학교장이 정하고 학생에 대한 학교폭력 예방교육은 학급 단위로 실시함을 원칙으로 하되, 학교 여건에 따라 전체 학생을 대상으로 한 장소에서 동시에 실시할 수 있다는 내용을 포함하여 구체적인 기준을 제시하고 있다(학교폭력예방 및 대책에 관한 법률 시행령 제17조).

학교별 학교폭력 예방교육 프로그램이 지속적으로 실시되고, 체계적으로 교사 대상 연수를 진행하고 있지만 학급 전체를 대상으로 하는 프로그램이 제공되어도 교사의 입장에서 프로그램 실행을 위한 시간 확보가 쉽지 않다. 현행 교육과정에 창의적 체험 활동 등의 영역이 있으나, 시·도교육청과 지역교육지원청, 각 학교에서 실시하는 특색 활동 등 담임교사 재량으로 할 수 있는 시수가 많지 않고, 또래 괴롭힘 예방교육 외에도 교실 내에서 반드시 해야 할 교육 요소가 많아 별도의 시간 확보조차 어려운 실정이다.

이러한 현실에서 또래 괴롭힘 예방 프로그램을 위해 각 지역의 학교가 공통적으로 할애할 수 있는 시간 중에서 학급 단위로 실시하는 독서활동 시간에 주목할 필요가 있다. 전국 초등학생의 77.2%가 아침독서활동에 참가하고 있어(교육과학기술부, 2011) 또래 괴롭힘 예방을 목적으로 할 때, 독서치료는 초등학생들에게 효과적인 도구가 될 수 있다. 대부분의 초등학생은 책 읽기를 좋아하며, 특히 동화를 좋아한다. 초등학생들은 동화 속의 인물과 자신을 동일시하는 경향이 강하고, 그로 인해 성인에 비해 카타르시스 반응이 강하게 일어난다. 그리고 교사의 도움을 받아 책 속 다른 사람들의 문제해결 과정을 통하여 자신의 문제를 통찰할 수 있다. 따라서 아동의 상담과 치료에 독서를 활용하면 부적응 아동을 보다 효과적으로 도울 수 있다(홍종관, 2003). 특히 초등학교에서 학급 단위 독서활동 시간을 활용하여 또래 괴롭힘 예방을 위한 독서치료 프로그램을 실시한다면 학급의 모든 학생이 자연스럽게 참여할 수 있고, 담임교사 입장에서도 별도의 시간을 확보할 필요가 없어 일선 학교에서의 참여율이 높을 것으로 기대된다.

1 초등학생의 또래 괴롭힘 특징

Olweus(1993)는 또래 괴롭힘을 힘의 불균형이 나타나는 상황에서 "한 명 또는 여러 명의 학생이 한 학생을 대상으로 지속적이고 반복적인 부정적 행동을 행하는 것"으로 정의하였다. 또래 괴롭힘은 신체폭행, 언어폭력과 같은 직접적인 폭력과 따돌림 등 간접적인 폭력을 모두 포함하지만 학교폭력에 대한 민감도가 높아지면서 또래 괴롭힘 양상이 점점 교묘해지고 있다.

처음 학교폭력을 경험하는 시기(청소년폭력예방재단, 2013)에 대해 초등학교 저학년(1~3학년)에서는 30.5%, 고학년(4~6학년)에서는 47.8%로 응답 학생 중 78.3%가 초등학교 때 학교폭력 피해를 경험한 것으로 나타났고, 가해 학생에게 복수 충동을 느끼는 학생은 전체의 70.7%로 학교폭력 피해 경험이 또 다른 가해행동을 불러올 수도 있다.

Swearer 등(2009)은 사회–생태학적 틀을 또래 괴롭힘의 예측 모델로 확장하였는데, 또래 괴롭힘에 기여하는 사회–생태학적 변인으로 개인 변인, 가족 변인, 또래 집단 변인, 학교 변인, 지역사회 변인을 제시하였다. 이 모델을 기준으로 국내 또래 괴롭힘 연구의 경향을 살펴보면, 또래 괴롭힘 피해 학생이나 가해 학생의 개인적 특징에 관한 연구가 주를 이루었고, 또래 괴롭힘과 관련된 환경 변인에 대한 연구가 그다음으로 많이 연구되었으며, 환경 변인 중에서는 부모 변인과 학교 변인 순이었다(정옥분 외, 2008).

개인의 심리적 변인 중 또래 괴롭힘 피해 경험과 가해행동을 함께 예측하고, 예방적 개입에 기초가 될 변인으로 '자아탄력성(ego-resiliency)'이 주목받고 있다 (Donnon, 2010; Taub & Pearrow, 2006). 자아탄력성은 개인의 감정 수준을 조절하고, 변화하는 상황적 요구들에 대해 낙담하거나 스트레스 상황에서도 경직되지 않고 유연하게 반응하는 능력으로(Block & Block, 1980), 또래 괴롭힘 가해와 피해에 모두 영향을 미치는 변인이다(Donnon, 2010). 이윤주(2004)는 자아탄력성 수준이 높은 아동이 낮은 아동에 비해 학교생활에 더 잘 적응하고 있어 자아탄력성이 학교 생활의 부적응에 영향을 주는 중요한 심리적 보호 요인(protective factor)으로서 기능하고 있음을 밝혔다. 이것은 자아탄력성이 전문상담이나 치료의 개입과 조력이 없이도 문제를 예방하고 조기에 해결하도록 작용할 수 있음을 의미한다. Taub와 Pearrow(2006)는 또래 괴롭힘 예방 프로그램과 같은 학교폭력 예방을 위한 프로그램이 폭넓게 말해서 자아탄력성을 증진하기 위한 것이라고 할 정도로 자아탄력성은 또래 괴롭힘 예방에 매우 핵심적인 변인이다.

기존의 연구를 통하여 부모–자녀 관계와 교사–학생 관계, 자아탄력성이 또래 괴롭힘의 피해 경험과 가해행동에 중요한 역할을 한다는 것을 알 수 있으며, 특히 부모–자녀 관계와 교사–학생 관계, 또래 괴롭힘 간에 자아탄력성이 매개변인의 역할을 하는 것으로 나타났다(한은수, 김춘경, 2013). 따라서 초등학생의 자아탄력성 향상을 통해 또래 괴롭힘 예방 효과를 기대할 수 있다.

2 또래 괴롭힘 예방 집단상담 프로그램

1) 선행 연구

또래 괴롭힘 예방을 위한 노력이 국내외적으로 활발하게 진행되고 있다. 노르웨이에서는 2004년 OECD 산하 '학교 괴롭힘과 폭력에 관한 국제적 네트워크(International Network on School Bullying and Violence)'를 구성하여 2006년까지 국제 코디네이터로서 학교폭력 근절을 위한 국제적인 활동을 주도하였다. 노르웨이에서는 학교폭력을 없애기 위해 사회 전체가 '괴롭힘 근절 실천 운동(Manifest to Aganist Bullying)'과 'Olweus 괴롭힘 방지 프로그램'을 비롯한 다양한 학교폭력 예방 프로그램과 매니페스토 운동을 펼쳐 오고 있다(정종진, 2012).

핀란드에서는 핀란드어로 '왕따에 맞서는 학교'라는 의미인 '키바코울루(Kiva Koulu)' 프로젝트를 3년간의 연구 개발 과정을 거쳐 2009년 가을부터 실시하여 핀란드 초·중등학교 90% 이상이 이 프로젝트에 참여하고 있으며, 실시 첫해 또래 괴롭힘이 67%나 줄었다고 하였다. 초등학교 1학년에서 중학교 3학년까지 일주일에 한 번씩 총 20시간의 프로젝트 수업을 실시하는 '키바코울루'는 단순히 또래 괴롭힘 피해 학생과 가해 학생에만 초점을 맞추지 않고 학교 전체 학생을 대상으로 한다는 점이 가장 큰 특징으로 꼽힌다(이보영, 2012).

일본에서도 국가 정책적으로 또래 괴롭힘에 대한 예방에 노력하고 있다. 1980년대부터 교내 학생 지도와 함께 일관되게 강조되고 있는 것이 '연대'인데, 일본에서는 학교의 노력만으로는 학교폭력 문제가 해결되지 않는다는 여론이 형성되고 있어 학교와 가정, 지역, 관계 기관과의 연대를 위해 교사 이외에 '스쿨 카운슬러'와 '스쿨 소셜 워커'가 개입하여 학교와 관계 기관과의 연대를 원활히 하고 있으며, 또래 괴롭힘 예방을 위해 초등학교와 중학교의 연대도 강화하고 있다(김지영, 2012).

캐나다에서는 유치원 교사였던 Gordon(2005)이 '아무것도 모르는 갓난아기가 가진 힘'을 발견하고 지역에 사는 갓난아기를 초·중등학교에 초대해 학생들로 하여

금 한 학년 동안 성장 과정을 지켜보도록 하는 '공감 능력을 높이는 심리 교육' 프로그램을 실시하였다. '공감의 뿌리(Roots of Empathy)' 프로그램이 실시된 지 10년이 지나면서 캐나다 전역의 또래 괴롭힘이 90%나 줄어드는 효과가 있었다. '공감의 뿌리' 교육과정은 유치원, 1학년에서 3학년, 4학년에서 6학년, 7학년에서 8학년의 네 단계로 이루어지며, 매달 3회에 걸쳐 한 가지 주제를 다루고, 일 년에 아홉 가지 주제로 총 27회 수업을 한다. '공감의 뿌리' 프로그램은 호주, 뉴질랜드, 미국에도 전파되어 실시되고 있다(Gordon, 2005).

영국에서는 교육노동부(the Department for Education and Employment)에 의해 셰필드 지역에서 또래 괴롭힘 예방 프로젝트인 '셰필드 프로젝트(Sheffield Project)'를 실시하였다. 23개 학교가 18개월 동안 참여하였는데 약 12개 학교가 모든 개입 단계를 우수한 수준으로 진행하였다. '셰필드 프로젝트'를 통해 또래 괴롭힘 가해행동이 46% 감소하였다고 보고하였으며, 해당 학년이 끝날 때는 약 15%의 감소를 보였다(Smith, 1999).

미국에서는 각 지역마다 다양한 프로그램이 소개되고 있다. '세컨드 스텝(Second Step)'은 유치원과 초등학교 학생들에게 공격적인 행동을 감소시키고 사회적 유능감 기술을 증가시키기 위하여 설계된 학교 기반 사회기술 교육과정이다. 학급에서 '세컨드 스텝' 프로그램을 16~20주에 걸쳐 20~30시간 교육한 결과, 사후검사에서는 공격적 행동이 낮아졌고, 6개월 후에 실시한 추후검사에서도 처치집단과 통제집단 간 차이가 있었다(Grossman et al., 1997).

국내에서는 학교폭력을 반드시 뿌리 뽑겠다는 각오로 2012년 '학교폭력 근절 종합대책'을 발표하면서 '사소한 괴롭힘'도 '범죄'라는 인식으로 대응하여 강력한 처벌을 통해 예방 효과를 기대하는 정책이 시작되었다. 또한 예방 차원으로 공감과 소통을 통한 행복한 학교 만들기 프로젝트인 '어울림 프로그램'을 실시하고 있다. 어울림 프로그램은 2012학년도 상반기에 전국 15개 학교에서 시범 운영하였으며, 단위 학교의 프로그램 운영을 지원하고 있는 국가 수준의 학교폭력 예방 프로그램이다. 어울림 프로그램은 2014년에 502교에서 2019년에는 4,506교로 늘어났으며, 2020년에는 전국의 모든 초등학교에서 초등 학년군별 어울림 프로그램 운영을 목표로 하고 있다. 성윤숙 등(2020)은 학교폭력 예방 어울림 프로그램의 효과적 적용 방안 탐색에서 어울림 프로그램을 4년 이상 운영한 학교 학생들의 역량 평균이 모두 높게 나온 점에 주목하면서 학교폭력 예방 교육은 일회적 프로그램 운영을 통한 단기적 역량 향상보다 학교폭력 예방 교육의 일상화와 학교폭력 예방을 위한 학교 문화 조성이 중요하다고 하였다. 단기간의 집단상담도 중요하지만 학교 생활 중 꾸준히 실시할 수 있는 또래 괴롭힘 예방 프로그램이 필요한 이유다.

곽금주(2006)는 인지, 정서, 행동 차원에서 학교폭력의 원인 및 결과를 조망하고, 그 대처는 물론 사후 중재의 측면에서도 영향을 줄 수 있는 '시우보우 프로그램'을 개발하여 교육부를 통해 전국 학교에 배부하였다. 초등학생용과 중고등학생용으로 구분하여, 학급 내 전체 학생을 대상으로 각 10회기씩 10분 내외의 시청각 자료를 통해 예방교육을 실시하는 프로그램으로 학급에서 손쉽게 사용할 수 있다.

박종효 등(2012)은 교육부를 통해 중학교 1학년을 대상으로 하는 또래 괴롭힘 예방 프로그램인 '우리들의 행복한 교실'을 개발하여 각 학교에 보급하였다. 학년 초에 담임교사가 학급 학생 전체를 대상으로 또래 괴롭힘에 관한 학생들의 생각과 태도를 변화시키는 교사 주도형 교육 프로그램으로 총 8회기로 구성되어 있으며, 초등학교 고학년도 사용 가능하고 담임교사가 담당하고 있는 학급에서 즉시 사용할 수 있도록 구성되어 있다. 그 외에도 집단상담 프로그램이 또래 괴롭힘 피해 수준을 감소시킨다는 연구결과(권혜영, 김춘경, 2006; 김성혜, 김춘경, 2002; 김종운, 천성문, 2005; 윤보나 외, 2009)가 보고되었다.

2) 독서치료 집단상담

독서치료(bibliotherapy)는 'biblion(책, 문학)'과 'therapeia(도움이 되다, 의학적으로 돕다, 병을 고쳐 주다)'라는 그리스어의 두 단어에서 유래되었다(김현희 외, 2001). 초등학교에서 독서치료는 학급 단위 독서활동 시간을 이용하여 담임교사와 함께 지정된 문학 작품을 다양한 형태로 읽고, 읽기 후 활동을 통해 친구관계, 활력성, 감정통제, 낙관성 등을 체득해 나가는 과정이다(한은수, 2012). 초등학생을 대상으로 독서치료를 실시한 선행 연구에서 다음과 같은 효과가 있었다.

Pardeck(1990)은 문학 작품을 이용한 독서치료가 아동의 인간관계 및 교우관계에 효과적이라고 하였고, Gregory와 Vessey(2004)는 또래 괴롭힘에 관련된 도서 목록을 제시하고, 책이나 인터넷을 활용한 독서치료 활동을 통하여 어른들에게 그들의 감정을 표현할 수 있으며, 또래 괴롭힘과 같은 이슈들을 다룰 수 있는 새로운 메커니즘을 배운다고 하였다.

Shechtman(1999)은 공격성이 높은 초등학교 4학년 남학생들을 대상으로 짧은 이야기, 시, 영화, 그림을 사용한 10회기의 독서치료 프로그램을 실시한 결과, 실험 집단에 속한 학생 모두 공격성이 감소되었음을 보고하였다.

국내에서도 이은희 등(2003)이 독서치료 집단상담과 분노조절 훈련 집단상담을 통해 초등학생의 공격성 감소에 미치는 효과를 알아본 결과, 독서치료가 공격성 감소에 효과가 있다는 것을 확인하였고, 정은해와 김춘경(2003)은 독서치료 프로그램이 초등학생의 수줍음 수준을 감소시키고 수줍음으로 인해 겪던 문제들을 해소시키는 데 효과적이라고 하였다. 권혜영과 김춘경(2006)은 또래 괴롭힘 피해 점수가 높은 학생을 대상으로 독서치료를 실시하여 또래 괴롭힘 피해 수준을 감소시키는 데 독서치료가 효과적이라고 보고하였다.

이순욱(2007)은 부부갈등 가정의 아동을 위한 독서치료 집단상담 프로그램을 개발하여 효과를 검증하였는데, 집단상담 프로그램 참가 아동의 정서 변인, 행동 변인, 사회적 관계 변인, 자아존중감에서 유의한 효과가 확인되었다.

3) 프로그램의 목표

자아탄력성을 증진시켜 또래 괴롭힘을 예방하려는 목적 및 목표를 선정하고, 그에 맞는 내용을 선정하였다. 프로그램의 목적을 초등학생의 자아탄력성 향상 독서치료를 통한 또래 괴롭힘 가해와 피해의 예방에 두고 선행 연구 분석 내용과 요구조사 결과를 반영하여 프로그램 목표를 수립하였다. 프로그램 목표는, 첫째, 친구와 원활한 의사소통과 협력하기, 둘째, 활기차고 적극적인 생활태도 찾기, 셋째, 자신의 감정을 정확히 표현하고 부정적인 감정을 적절히 통제하기, 넷째, 어떤 일이 생겨도 잘 헤쳐 나갈 것이라는 자신감 향상하기 등으로 하였다.

4) 프로그램의 구성

프로그램은 많은 학교에서 실시하고 있는 아침 독서활동 시간이나 학급 단위 독서활동 시간에 실시할 수 있도록 구성하였다. 교육과학기술부(2011)에서도 아침독서 10분 운동·2050운동(하루 20분씩, 연간 50권)을 강조하여 전국 초등학생 중 아침독서 운동에 참여하는 학생이 77.2%라는 발표에 비추어 볼 때, 학급 단위 독서활동 시간을 통해 또래 괴롭힘 예방을 위한 독서치료 프로그램을 실시한다면 교육과정 외 별도의 시수를 확보하기 어려운 현실에서 좋은 대안이 될 수 있을 것으로 보인다. 프로그램의 각 회기는 이틀에 걸쳐 진행되며, 하루에 20~30분으로 구성하여 학급 상황에 따라 탄력적으로 운영할 수 있도록 하였다.

김춘경(2004)의 독서치료 단계에 따라 1일차에는 읽기 단계를 실시하고, 2일차에는 읽기 후 단계를 실시하기로 하였다. 1일차 읽기 단계에서는 학급 학생들에게 담임교사가 책을 읽어 주거나 슬라이드를 보면서 함께 읽을 수 있는 그림동화책 위주로 독서자료를 선정하기로 하였다. 일선 학교에서 학급 단위 책 읽기를 하면 책의 수량이 부족하여 한 권을 모두 읽는 데 걸리는 시간이 많음을 고려할 때 얇지만 은유적이고 치료적인 동화책을 선정하여 실시하는 것이 더 효과적일 것이라 판단하였다. 2일차에는 편지 쓰기와 일기 쓰기 등의 창의적 글쓰기 활동과 미술활동, 역할놀이와 토의 등의 읽기 후 단계로 구성하였다.

프로그램을 총 8회기로 실시하며 자아탄력성 하위 영역에서 호기심은 다른 관련 하위 변인과 통합해서 실시하고, 나머지 4개 영역을 2회기씩 배치하여 각 회기마다 1일차에는 읽기 단계, 2일차에는 읽기 후 단계로 내용 선정을 하게 됨에 따라 프로그램의 목적과 목표를 달성하기 위해 회기별 목표를 다음과 같이 선정하였다.

표 7-1 **독서치료 집단상담 프로그램의 회기별 목표**

회기	회기별 목표	영역
1	친구 간에 갈등을 겪는 까닭을 알고 다른 친구의 마음을 이해한다.	친구관계
2	다른 생활방식을 가진 친구를 이해하고 서로 수용한다.	친구관계
3	걱정을 극복하고 일상생활에 자신감을 갖는다.	활력성
4	희망을 향해 도전하는 데 필요한 자신감 및 문제해결의 자원을 스스로 에게서 찾는다.	활력성 호기심
5	신체적·성격적으로 불만족스러운 점도 생각하기에 따라 좋은 점이 될 수 있다는 것을 발견한다.	감정통제
6	어떤 행동이 친구의 감정을 상하게 하는지 알아보고 적절한 감정 표현 방법을 익힌다.	감정통제
7	변하고 싶은 자신의 모습을 상상하며 실천의지를 기른다.	낙관성 호기심
8	활기찬 학교생활과 또래관계를 위해 깨달은 것을 실천할 수 있도록 다짐한다.	낙관성

독서치료 프로그램에서는 프로그램의 목적과 목표를 달성하기 위하여 최적의 독서자료 선정 절차를 필요로 한다.

초등학생의 자아탄력성 증진 독서치료를 통한 또래 괴롭힘 가해와 피해 예방을 위해 참가자의 발달 수준과 특성을 고려한 독서자료 선정이 중요하다. 이를 위해 20년 이상 경력이 있는 초등교사 4명(상담심리 박사학위 소지자 1명, 교육심리 박사학위 소지자 1명, 아동상담 박사과정 1명, 그림동화 전문가 1명)과 10년 경력의 초등 사서교사 1명을 전문가 집단으로 구성하여 타당도 검증을 받아 독서자료를 선정하였다.

자료 선정을 할 때에는 자료 선택자, 참여자의 생활환경, 자료의 형태, 장르별 효과 등을 고려해야 하며(김현희 외, 2001), 내담자의 흥미와 연령, 이해 수준에 맞는 책을 선정해야 한다(Doll & Doll, 1997; Schlichter & Burke, 1994). 독서자료 선정 기준은 다음과 같다.

첫째, 자아탄력성의 해당 요소를 포함하고 있으면서 초등학생의 또래 괴롭힘을 예방할 수 있는 독서자료를 선택한다. 이 연구의 독서치료 프로그램은 자아탄력성 증진을 통해 또래 괴롭힘 예방을 목적으로 하고, 가해와 피해 경험이 있는 학생뿐만 아니라 방관자에 속해 있는 일반학생들이 함께 참여하여 또래 괴롭힘을 예방해야 하므로, 자아탄력성의 해당 요소를 증진시켜 주면서 또래 괴롭힘에 대해 학생들이 생각하고 대처할 수 있는 내용을 포함한 자료가 적절하다.

둘째, 읽기 활동은 학급의 독서활동 시간을 이용해서 실시하므로 담임교사가 전체 학생을 대상으로 읽어 주거나 모둠별로 읽는 등 단위시간 내에 읽을 수 있는 분량으로 한다. 책의 내용이 많거나 책 수량이 부족하여 돌려 읽어야 할 경우 반 전체가 다 읽는 데 시간이 많이 걸리고 학생들에게 책 읽기를 숙제로 내줘야 할 수도 있어 독서활동이 교사와 학생 모두에게 부담이 될 수 있다.

셋째, 학급 단위로 프로그램이 진행되는 만큼 학급의 모든 학생이 이해할 수 있는 쉬운 내용이어야 한다. 실시하는 학년 수준보다 낮은 도서자료를 선정하여 모든 학생들이 단위시간 내에 쉽게 내용을 이해하고 읽기 후 단계까지 갈 수 있도록 해야 프로그램의 목표에 도달할 수 있다.

넷째, 학생들의 흥미를 유발하고 효과를 극대화하기 위해 다양한 형태의 읽기 자료를 선택한다. 2015년 고시된 초등학교 교육과정에서도 5~6학년군의 국어 읽기 내용 성취 기준 중에 '매체에 따른 다양한 읽기 방법을 이해하고 적절하게 적용하며 읽는다.'라는 성취 기준이 있다. 애니메이션이나 영화 같은 매체자료나 인터넷에 실린 기사 등 매체의 유형에 따라 적절한 읽기 방법을 선택하고 효과적으로 읽는 능력을 기르기 위한 성취 기준이다(교육부, 2015). 독서치료 프로그램에서도 학생들이 보다 적극적으로 참여하게 하기 위해 다양한 읽기 매체 자료를 활용한다.

이 내용을 종합하면, 자아탄력성 증진 독서치료 프로그램을 통하여 또래 괴롭힘을 예방하기 위해서는 자아탄력성의 하위 변인과 또래 괴롭힘과 관련이 있고 학급 독서활동 시간에 담임교사가 제시해 줄 수 있는 주제가 명확한 그림동화를 포함한 다양한 매체 자료가 효과적이라 할 수 있다. 선정된 독서자료를 포함하여 이 프로그램의 구성은 다음과 같다.

표 7-2   또래 괴롭힘 예방을 위한 독서치료 집단상담 프로그램의 전체 구성

프로그램의 목적
자아탄력성 향상을 통한 또래 괴롭힘 가해와 피해의 예방

목표
• 친구와의 원활한 의사소통 및 협력하기 • 활기차고 적극적인 생활 태도 기르기 • 자신의 감정을 정확히 표현하고, 부정적인 감정을 적절히 통제하기 • 어떤 일이 생겨도 잘 헤쳐 나갈 것이라는 자신감 증진하기

활동 방법
• 주 4회 아침 독서 시간 활용   • 월, 목: 읽기 단계 • 화, 금: 읽기 후 단계   • 월요일과 목요일은 읽었던 책과 관련된 일기 쓰기

(계속)

영역	회기	주제	활동 목표	활동 내용	자료
친구 관계	1	서로 다른 우리	• 친구 간에 갈등을 겪는 까닭을 알고, 다른 친구의 마음을 이해	- 갈등을 겪었던 경험을 나눈다. - 역할에 따른 대립 토론을 한다.	'방구 아저씨'(6 읽기 교과서)
	2	네가 있어 행복해	• 다른 생활방식을 가진 친구를 이해하고 서로 수용	- 까마귀 소년 이야기를 우리반 상황과 연관 지어 만화로 표현한다.	『까마귀 소년』
활력성	3	걱정을 떨치고	• 걱정을 극복하고, 일상생활에 자신감을 가짐	- 걱정 인형을 활동지에 그리고 뒷면에 적을 걱정거리를 적어 본다.	『겁쟁이 빌리』
활력성 호기심	4	이겨 낼 수 있어요	• 희망을 향해 도전하는 데 필요한 자신감 및 문제해결의 자원을 스스로에게서 찾음	- 이슬이와 비슷한 경험을 집단 친구들과 나눈다. - 이슬이에게 편지를 쓴다.	『이슬이의 첫 심부름』
감정 통제	5	희망을 찾아서	• 신체적·성격적으로 불만족스러운 점도 생각하기에 따라 좋은 점이 될 수 있다는 것을 발견	- 자신의 모습 중 불만족스러운 모습을 적는다. - 나의 장점을 찾아 본다.	〈강아지똥〉
	6	친구를 화나게 하는 방법	• 어떤 행동이 친구의 감정을 건드리게 되는지 알아보고, 적절한 감정 표현 방법을 익힘	- 친구를 화나게 하는 방법과 기쁘게 하는 방법을 세 가지씩 찾는다.	『엄마를 화나게 하는 10가지 방법』
낙관성 호기심	7	행복한 내 모습	• 변하고 싶은 자신의 모습을 상상하며 실천 의지를 기름	- 행복한 의자 나무처럼 변하고 싶은 내 모습을 그려 본다.	『행복한 의자 나무』
낙관성	8	이렇게 결심해요	• 활기찬 학교생활과 또래 관계를 위해 깨달은 것을 실천할 수 있도록 다짐함	- 우리 반 약속을 정한다. - 프로그램을 마무리한다.	『우리에겐 권리가 있어』

서로 다른 우리

▢ 활동 목표
- 친구 간에 갈등을 겪는 까닭을 알고, 다른 친구의 마음을 이해한다.

▢ 준비물 국어 6-2가 교과서(pp. 96-103), 필기도구

▢ 읽기 전 단계
1. 집단지도자는 집단원들을 환영하고, 8회기 동안 함께할 프로그램을 소개한다.
2. 명찰을 나누어 주고 자신의 이름과 자신이 원하는 별칭을 지어 명찰에 기록한 후 가슴에 달도록 한다.

▢ 읽기 단계
1. 국어 6학년 2학기 읽기 교과서에 나오는 '방구 아저씨' 이야기를 읽도록 한다. 이때 학년과 발달 수준에 따라 인물 사이에 갈등을 나타낸 다른 이야기를 읽어도 된다.
2. '방구 아저씨' 영상 자료를 함께 보면서 이야기의 전체적인 맥락을 확인한다.
3. 이야기의 주요 내용을 파악한다.
   - 봉구 아저씨는 왜 방구 아저씨가 되었나요?
   - 이장이 방구 아저씨를 찾아온 까닭은 무엇인가요?
   - 방구 아저씨에게 '백통 은나비 괴목장'은 어떤 물건인가요?
   - 방구 아저씨가 생각한 '좋은 세상'은 무엇인가요?

▢ 읽기 후 단계

1. 집단 내에서 방구 아저씨와 일본인 순사가 괴목장을 바라보는 다른 관점에 대해 찬성과 반대로 나누어 토론을 해 본다.
2. 학급 단위로 이루어질 경우 집단끼리 찬성과 반대로 나누어 학급 토론을 해 보면서 서로의 입장에서 생각해 본다
3. 이번 회기에서 활동 이전과 도중, 활동 후 자신의 느낌이나 생각을 서로 나누도록 한다.
4. 다음 회기의 주제와 시간에 대해 알려 준다.

2회기 네가 있어 행복해

🗀 활동 목표
- 다른 생활방식을 가진 친구를 이해하고 서로 수용한다.

🗀 준비물 책『까마귀 소년』, 읽기 자료 PPT, 활동지, 크레파스

🗀 읽기 단계
1. 집단지도자는 집단원들을 환영한다. 그리고 지난 시간의 활동을 언급한 뒤, 이번 시간에 하게 될 내용을 소개한다.
2. 지도자는 읽기 자료 PPT를 보면서『까마귀 소년』을 읽어 준다.『까마귀 소년』은 분량이 많아 지도자가 책 순서대로 읽어 주기에는 시간에 많이 걸리므로 집단원들이 사전에 읽어 오게 한다.
3. 이야기의 주요 내용을 파악한다.
   - 땅꼬마는 어떤 친구였나요?
   - 땅꼬마는 어떻게 해서 까마귀 소년이라는 별명을 얻게 되었나요?
   - 까마귀 소년이 만약 이소베 선생님을 만나지 못했다면 어떻게 되었을까요?

🗀 읽기 후 단계
1. 까마귀 소년과 같은 경험을 하였거나 어울리지 못하는 친구와 친해지게 된 경험 등을 독후 만화로 그려 보도록 한다.
2. 집단원들에게 자신이 그린 독후 만화에 대해 소개한다.
3. 학급 단위로 실시할 경우 집단마다 한 명씩 정해서 다른 집단 학생들에게도 독후 만화를 소개하도록 한다.
4. 집단원들이 그린 독후 만화를 게시판에 부착한다.
5. 이번 회기에서 활동 이전과 도중, 활동 후 자신의 느낌이나 생각을 서로 나누도록 한다.
6. 다음 회기의 주제와 시간에 대해 알려 준다.

네가 있어 행복해

_____ 반　　이름(별칭): _____

＊ 나도 까마귀 소년과 같은 경험을 한 적이 있나요? 외톨이에서 인정받는 소년이 된 주인공
　의 모습을 여러분의 모습과 연관 지어 만화로 꾸며 봅시다.

3회기   걱정을 떨치고

□ 활동 목표

• 걱정을 극복하고, 일상생활에 자신감을 가진다.

□ 준비물   책『겁쟁이 빌리』, 읽기 자료 PPT, 활동지, 크레파스, 가위, 나무젓가락

□ 읽기 단계

1. 집단지도자는 집단원들을 환영한다. 그리고 지난 시간의 활동을 언급한 뒤, 이번 시간에 하게 될 내용을 소개한다.

2. 지도자는 읽기 자료 PPT를 보면서『겁쟁이 빌리』를 읽어 준다. 소규모 집단을 대상으로 할 때는 지도자가 집단원들에게 책을 보여 주면서 읽어 주는 것이 더 효과적일 수 있다.

3. 이야기의 주요 내용을 파악한다.
   – 할머니는 빌리의 걱정을 어떻게 해결해 주었나요?
   – 걱정 인형의 걱정 인형을 만들어 주는 빌리의 마음은 어떠했을까요?

□ 읽기 후 단계

1. 걱정 인형을 만들어 본다.
   – 내가 생각하는 걱정 인형을 그려 본다.
   – 걱정 인형 뒷면에 나의 걱정을 적어 본다.

2. 집단별로 내가 만든 걱정 인형을 보여 주고 나의 걱정을 나눈다.

3. 학급 단위로 실시할 경우 집단마다 한 명씩 정해서 다른 집단 학생들에게도 나의 걱정 인형을 소개하도록 한다.

4. 집단원들이 만든 걱정 인형을 게시판에 부착한다.

5. 이번 회기에서 활동 이전과 도중, 활동 후 자신의 느낌이나 생각을 서로 나누도록 한다.

6. 다음 회기의 주제와 시간에 대해 알려 준다.

걱정을 떨치고

_____ 반   이름(별칭): _____

✻ 내가 생각하는 걱정 인형을 그려 보고, 걱정 인형에 적고 싶은 여러분의 걱정을 적어 봅시다.

_____

_____

_____

_____

_____

4회기 **이겨 낼 수 있어요**

🗇 활동 목표

• 희망을 향해 도전하는 데 필요한 자신감 및 문제해결의 자원을 스스로에게서 찾는다.

🗇 준비물 책『이슬이의 첫 심부름』, 읽기 자료 PPT, 활동지, 필기도구

🗇 읽기 단계

1. 집단지도자는 집단원들을 환영한다. 그리고 지난 시간의 활동을 언급한 뒤, 이번 시간에 하게 될 내용을 소개한다.

2. 지도자는 읽기 자료 PPT를 보면서『이슬이의 첫 심부름』을 읽어 준다. 소규모 집단을 대상으로 할 때는 지도자가 집단원들에게 책을 보여 주면서 읽어 주는 것이 더 효과적일 수 있다.

3. 이야기의 주요 내용을 파악한다.
   – 처음으로 혼자 심부름을 가는 이슬이의 마음은 어떠했을까요?
   – 이슬이를 혼자 심부름 보내는 어머니의 마음은 어떠했을까요?

🗇 읽기 후 단계

1. 이슬이와 비슷한 경험을 나누어 본다.
   – 처음에 할 때는 힘들었지만 지금은 잘할 수 있는 일에 대한 경험을 나눈다.

2. 집단원들이 각자 극복해야 할 일을 생각해 보고 나누어 본다.
   – 두렵고 걱정되는 일을 찾아보고, 이를 극복하기 위한 방법을 찾아본다.

3. 이슬이의 심정을 이해하고 격려하는 마음으로 이슬이에게 편지를 쓰게 한다.

4. 이슬이에게 쓴 편지를 집단원들에게 발표하고 각자 다짐을 굳히게 한다.

5. 집단원들이 만든 걱정 인형을 게시판에 부착한다.

6. 이번 회기에서 활동 이전과 도중, 활동 후 자신의 느낌이나 생각을 서로 나누도록 한다.

7. 다음 회기의 주제와 시간에 대해 알려 준다.

이겨 낼 수 있어요

_____ 반　이름(별칭): _____

● '이슬이의 첫 심부름'과 같이 처음에 할 때는 두렵고 떨렸지만 지금은 자신 있게 할 수 있는 일에 대한 경험을 적어 봅시다.

| |
| |

● 지금 하고 있는 일 중에 이슬이의 심부름처럼 두렵고 걱정되는 일이 있나요? 그것을 극복하기 위해서 어떻게 노력해야 할까요?

| |
| |

● '1번'과 '2번'의 내용을 포함해서 이슬이에게 편지를 써 봅시다.

5회기　희망을 찾아서

🗋 **활동 목표**

• 신체적·성격적으로 불만족스러운 점도 생각하기에 따라 좋은 점이 될 수 있다는 것을 발견한다.

🗋 **준비물**　애니메이션 〈강아지 똥〉, 활동지, 필기도구

🗋 **읽기 단계**

1. 집단지도자는 집단원들을 환영한다. 그리고 지난 시간의 활동을 언급한 뒤, 이번 시간에 하게 될 내용을 소개한다.
2. 지도자는 애니메이션 〈강아지 똥〉을 보여 준다. 이전 회기에서 책『강아지똥』을 읽어 오도록 과제를 주고, 애니메이션도 집단원들의 이해 정도를 고려하여 한 번 더 보여 줄 수 있다.
3. 이야기의 주요 내용을 파악한다.
   - 흙덩이, 병아리, 참새 등은 강아지 똥에게 어떻게 대했나요?
   - 그때 강아지 똥의 마음은 어떠했을까요?

🗋 **읽기 후 단계**

1. '강아지 똥'과 비슷한 경험을 나누어 본다.
   - 나 자신의 불만족스러운 모습을 찾아서 적어 보고 집단원들과 나누어 본다.
2. '강아지 똥' 이야기를 생각하며 집단원의 장점을 찾아 준다.
   - 집단원들의 장점을 찾아서 적어 보고, 집단원들에게 알려 준다.
   - 집단원들이 나에게 들려주는 장점을 적어 본다.
   - 집단원들이 알려 주는 나의 장점을 들으며 느낀 점을 나누어 본다.
3. 이번 회기에서 활동 이전과 도중, 활동 후 자신의 느낌이나 생각을 서로 나눈다.
4. 다음 회기의 주제와 시간에 대해 알려 준다.

희망을 찾아서

_____ 반   이름(별칭): _____

● '나 자신에게 불만족스러운 모습이 있다면 적어 보세요.

● 친구들의 장점을 한 가지씩 찾아보세요.

친구 이름	장점(친구의 좋은 점)

● 친구들이 나에게 알려 준 나의 장점을 적어 보세요.

친구 이름	장점(나의 좋은 점)

6회기 **친구를 화나게 하는 방법**

⬚ **활동 목표**
• 어떤 행동이 친구의 감정을 상하게 하는지 알아보고 적절한 감정 표현 방법을 익힌다.

⬚ **준비물** 책『엄마를 화나게 하는 방법 10가지』, 읽기 자료 PPT, 활동지, 필기도구

⬚ **읽기 단계**
1. 집단지도자는 집단원들을 환영한다. 그리고 지난 시간의 활동을 언급한 뒤, 이번 시간에 하게 될 내용을 소개한다.
2. 지도자는 읽기 자료 PPT를 보면서 『엄마를 화나게 하는 방법 10가지』를 읽어 준다. 소규모 집단을 대상으로 할 때는 지도자가 집단원들에게 책을 보여 주면서 읽어 주는 것이 더 효과적일 수 있다.
3. 책 내용을 이해한 대로 집단원들에게 이야기해 본다.
4. 이야기의 주요 내용을 파악한다.
   – 엄마를 화나게 하는 방법을 통해 글쓴이가 전하려고 하는 내용은 무엇일까요?

⬚ **읽기 후 단계**
1. 친구를 화나게 한 경험이나 기쁘게 한 경험을 생각하여 나누어 본다.
2. 경험을 바탕으로 친구를 화나게 하는 방법과 기쁘게 하는 방법을 세 가지씩 적어서 집단원들에게 소개하여 가장 공감하는 방법을 선정해 본다.
3. 반대의 입장에서 친구가 화나게 할 때 그 상황을 슬기롭게 이겨 내는 방법을 생각해 보고 집단에서 가장 슬기로운 방법을 찾아본다.
4. 친구를 화나게 하는 방법과 슬기롭게 그 상황을 이겨 내는 방법을 사용하여 집단별로 역할극을 꾸며 본다.
5. 이번 회기에서 활동 이전과 도중, 활동 후 자신의 느낌이나 생각을 서로 나누도록 한다.
6. 다음 회기의 주제와 시간에 대해 알려 준다.

친구를 화나게 하는 방법

_____ 반   이름(별칭): _____

● 친구를 화나게 하는 방법과 기쁘게 하는 방법을 여러분의 경험을 생각하며 세 가지씩 적어
  봅시다.

기쁘게 하는 방법	화나게 하는 방법	기쁘게 하는 방법

화나게 하는 방법	기쁘게 하는 방법	화나게 하는 방법

● 다른 친구들의 발표를 들으면서 친구들을 대할 때 어떻게 해야 할지 여러분의 생각을 적어
  보세요.

행복한 내 모습

7회기

◻ 활동 목표
• 변하고 싶은 자신의 모습을 상상하며 실천 의지를 기른다.

◻ 준비물 책『행복한 의자 나무』, 읽기 자료 PPT, 활동지, 필기도구, 크레파스,
색연필

◻ 읽기 단계
1. 집단지도자는 집단원들을 환영한다. 그리고 지난 시간의 활동을 언급한 뒤,
이번 시간에 하게 될 내용을 소개한다.
2. 지도자는 읽기 자료 PPT를 보면서『행복한 의자 나무』를 읽어 준다. 소규모 집
단을 대상으로 할 때는 지도자가 집단원들에게 책을 보여 주면서 읽어 주는
것이 더 효과적일 수 있다.
3. 책 내용을 이해한 대로 집단원들에게 이야기해 본다.
4. 이야기의 주요 내용을 파악한다.
– 이상한 나무는 어떻게 행복한 나무가 되었을까요?
– 나무가 거인 에이트를 만나지 못했다면 어떻게 되었을까요?

◻ 읽기 후 단계
1. 거인 에이트 같은 역할을 해 준 친구가 있거나 내가 그 역할을 한 경험을 나누
어 본다.
2. 각자 원하는 행복한 모습을 그려 보고 어떤 모습인지 자신의 생각을 적는다.
3. 집단원들에게 그림으로 그린 행복한 모습을 소개하고 친구가 행복해지도록
도와준다.
4. 이번 회기에서 활동 이전과 도중, 활동 후 자신의 느낌이나 생각을 서로 나누
도록 한다.
5. 다음 회기의 주제와 시간에 대해 알려 준다.

행복한 내 모습

_____ 반   이름(별칭): _____

✱ 행복한 의자 나무처럼 여러분이 원하는 행복한 모습을 그리고, 간단한 설명을 적어 주세요.

_____
_____
_____
_____
_____
_____
_____
_____
_____
_____
_____
_____

8회기 ┃ **이렇게 결심해요**

❏ 활동 목표

• 활기찬 학교생활과 또래관계를 위해 깨달은 것을 실천할 수 있도록 다짐한다.

❏ 준비물 책『우리에겐 권리가 있어』, 읽기 자료 PPT, 활동지, 필기도구

❏ 읽기 단계

1. 집단지도자는 집단원들을 환영한다. 그리고 지난 시간의 활동을 언급한 뒤, 이번 시간에 하게 될 내용을 소개한다.
2. 지도자는 읽기 자료 PPT를 보면서『우리에겐 권리가 있어』를 읽어 준다. 소규모 집단을 대상으로 할 때는 지도자가 집단원들에게 책을 보여 주면서 읽어 주는 것이 더 효과적일 수 있다.
3. 책 내용을 이해한 대로 집단원들에게 이야기해 본다.
4. 이야기의 주요 내용을 파악한다.
   – 여러분에게 있는 권리에는 어떤 것들이 있을까요?
   – 다른 친구들의 권리를 지켜 주기 위해서는 어떻게 해야 할까요?

❏ 읽기 후 단계

1. 집단원들이 모두 권리를 누리고, 다른 친구들의 권리도 지켜 주기 위해 필요한 약속을 세 가지씩 적어 본다.
2. 집단원들이 적은 내용을 바탕으로 집단에서 지켜야 할 약속을 정한다.
3. 학급에서 여러 집단으로 나누어 실시할 경우, 집단에서 지켜야 할 약속을 바탕으로 학급에서 지켜야 할 약속을 정하고 약속 나무에 게시한다.
4. 이번 회기에서 활동 이전과 도중, 활동 후 자신의 느낌이나 생각을 서로 나누도록 한다.
5. 지도자는 프로그램 전체 과정에 대해 요약하고, 프로그램을 통해 깨달은 점이나 결심한 내용을 나누고 프로그램을 마무리한다.

이렇게 결심해요

_____ 반   이름(별칭): _____

＊ 세상의 모든 어린이는 건강하고 행복하게 자랄 권리를 가지고 있습니다. 내 권리를 소중
하게 생각하는 만큼 다른 사람들의 권리도 잘 지켜 주는 것이 더 중요합니다.

● 다른 친구들의 권리를 지켜 주기 위해 어떻게 해야 할까요?

● 우리 반 친구들이 모두 권리를 누리고, 다른 친구들의 권리도 잘 지켜 주기 위해 우리 반에
서 지킬 약속을 각자 세 가지씩 생각해 봅시다.

● 집단에서 공통된 의견을 모은 후 전체 발표를 통해 우리 반에서 지킬 약속을 정하고 지키
도록 합시다.

15
ADHD 청소년의 사회기술 향상을 위한
미술/음악치료 집단상담 프로그램

학교 수업시간에 제대로 집중하지 못하고, 충동적으로 행동하거나 공격적인 행동을 보이는 청소년들을 볼 수 있는데, 이런 청소년들은 많은 경우 주의력결핍 과잉행동장애를 가지고 있다. 소아정신과 임상에서 가장 많은 비중을 차지하는 질환은 주의력결핍 과잉행동장애(Attention-Deficit Hyperactivity Disorder: ADHD)로(이효철 외, 2015), 학교에서 이러한 문제를 가진 청소년이 점점 증가하고 있는 추세다. 최근 건강보험심사평가원 통계자료(2018)에 따르면 ADHD로 진료를 받은 인원은 3년 사이(2015~2017년) 3천 명가량 증가하였다. 2017년 연령별 진료 인원을 살펴보면 10대(56.8%), 0~9세(34.6%) 순으로 아동과 청소년에 집중되어 있었다. 성별 현황에서도 10~14세 남성(1만 5천 명, 35.2%), 10~14세 여성(3천 명, 28.9%)으로 나타나고 있다.

미국정신의학회의 『정신질환의 진단 및 통계 편람 제5판(Diagnostic and Statistical Manual of Mental Disorders, Fifth Edition: DSM-5)』의 진단 기준에 의하면, ADHD는 부주의, 과잉행동 및 충동성을 주요 증상으로 하는 장애다(American Psychiatric Association, 2013). ADHD는 주로 12세 이전에 조기 발병하며 전 세계적으로 5.3~7.2%의 높은 발병률이 보고되고 있다(APA, 2013; Polanczyk, Willcutt, Salum, Kieling,

& Rohde, 2014; Thomas, Sanders, Doust, Beller, & Glasziou, 2015). ADHD 증상은 학년이 올라감에 따라 감소하지만, 핵심문제는 성인이 될 때까지 지속되는 특성이 있다(DuPaul, & Stoner, 2014).

ADHD 청소년의 행동은 그들의 ADHD 특성 때문에 대부분 사회기술이 결여되어 있다. 사회기술은 대인관계에서 발생하는 다양한 상황을 잘 이해하고 대처할 수 있도록 적절하게 행동하는 기술을 말한다.

이러한 사회기술의 결여는 사회적으로 고립되는 심리적 장애로 진전될 수 있다. 사회기술 결여는 또래들과의 사회적 관계에서 자주 거부되고 교사와 부모와의 관계에서도 부정적인 피드백을 받는 요인으로 작용하여 ADHD 청소년의 낮은 자존감이나 자신감 결여, 부정적 자아개념 형성에 영향을 미친다. 즉, ADHD 청소년들은 그들이 가진 증상 때문에 또래들과의 긍정적인 관계에서 자연스럽게 사회기술을 습득할 수 있는 기회가 감소하고, 이러한 부정적인 또래관계와 사회기술의 부족은 청소년기의 비행, 학교 중퇴와 같은 문제뿐만 아니라 성인기의 사회부적응 문제를 유발할 수 있다. 그러므로 ADHD를 가진 청소년에게는 그들의 문제행동 못지않게 사회기술 부족도 매우 심각한 문제라고 할 수 있다.

따라서 ADHD 청소년의 주요 증상인 문제행동의 감소는 물론이고 그들의 2차적 징후인 사회기술의 부족을 향상시키기 위해 청소년들이 흥미와 재미를 가지고 적극적으로 참여할 수 있는 프로그램 개발이 필요하다.

1 ADHD 청소년의 특성

ADHD 증상은 1차적 징후와 2차적 징후로 나뉜다. ADHD의 주된 증상인 부주의, 과잉행동, 충동성은 1차적 징후이고, ADHD의 1차적 징후로 인해서 청소년이 겪게 되는 학습문제, 공격성, 사회적인 어려움, 낮은 자존감 등을 2차적 징후라고 부른다.

ADHD의 첫 번째 1차적 징후는 부주의다. 부주의는 주의집중이 어렵고 방심하지 않고 긴장하여 있을 수 없는 상태다(Douglas, 1983). 그래서 ADHD 청소년들을 다른 아이들에 비해 인내심이 부족하고 '산만하다'는 말을 자주 듣는다. 이러한 부주의는 비교적 구조화되지 않은 자유놀이 장면에서는 큰 문제가 되지 않으나, 고도로 구조화된 학업 장면에서는 커다란 문제를 일으킨다(Milich, Loney, & Landau, 1982). 수업시간에 선생님의 말씀에 집중을 하지 못하고, 자주 자리를 이탈하는 행동을 보인다. 그래서 대부분 부주의의 ADHD 증상을 가진 청소년들은 학습에 문제를 동시에 가진다.

ADHD의 두 번째 1차적 징후는 충동성이다. ADHD 청소년들은 특정 장면에서 반응을 제지할 수 없다(Barkley, 1990). ADHD 청소년은 학습과제에 직면했을 때, 꼼꼼하게 과제를 살펴보지 않고 충동적으로 반응한다(김옥정, 1998).

ADHD의 세 번째 1차적 징후는 과잉행동이다. 가만히 있지 못하고 끊임없이 움직이는 과잉행동은 ADHD를 가장 잘 나타내며, 주변 사람들이 가장 견디기 힘든 징후다. ADHD 청소년은 책상에 앉아서 해야 하는 학습 상황을 상당히 힘들어하며 말썽을 피운다.

ADHD 청소년의 1차적 징후로 인해 나타날 수 있는 2차적 징후는 다양하다. 2차적 징후의 특징을 보면, 먼저 행동장애와 관련된 문제가 있다. ADHD 청소년의 대부분은 극도의 완고함, 불복종, 적개심, 규칙위반, 절도, 거짓말, 공격행동을 나타낸다. ADHD에 관한 선행 연구들은 이 행동장애가 청소년기에 문제가 될 뿐 아니라 청소년기 이후에 더욱 심각한 부적응 문제를 야기한다고 지적하고 있다(Weiss & Hechtman, 1986). 또 ADHD 청소년들은 성장하면서 잦은 실패와 주위의 부정적인 피드백으로 인해 대체로 낮은 자아존중감을 가지는 경향이 있다. ADHD 청소년은 성인이 되어서도 낮은 자아존중감, 심한 반사회적 행동, 품행장애, 약물남용, 우울 그리고 직장 또는 학교와 가정에서의 부적응 등의 어려움을 겪는다(Barkley, 1991; Dulcan, 1981; Henker & Whalen, 1989; Horn et al., 1983).

청소년은 부모와 또래와의 관계 그리고 교육을 통해서 적절한 사회기술을 자연스럽게 획득한다. 그러나 ADHD 청소년들은 그들의 가진 1차적 징후인 충동성과 부주의 특성으로 인해, 다른 청소년보다 정상적이고 적절한 사회적 행동과 사회인지를 학습할 기회를 충분히 가지지 못해 대인관계에서 요구되는 다양한 사회기술에 결함이 발생할 수 있다. 이러한 사회기술의 부족으로 인한 부적절한 또래관계는 청소년기의 비행과도 관련이 높다. 비행청소년들은 긍정적인 사회적 관계를 맺는 능력이 부족하고, 행동의 절제와 책임, 타인의 감정이나 권리의 존중, 자신의 감정을 적절하게 표현하는 것, 동료에 대한 배려 등 사회생활을 위한 기본적 태도와 행동인 사회기술을 습득하지 못한다(청소년대화의 광장, 1996).

2 ADHD 청소년의 사회기술 향상을 위한 미술치료 집단상담 프로그램

1) 선행 연구

미술활동이 ADHD 청소년의 문제행동에 효과가 있다는 선행 연구를 보면 콜라주 기법을 적용하여 ADHD 청소년의 충동성, 과잉행동, 부주의를 감소시켰다고 하였으며(김은숙, 2005), 임하연(2015)은 미술활동이 주의집중과 충동성 감소에 긍정적인 효과가 있다고 하였다. 배숙경(2015)은 또래 집단미술을 적용하여 ADHD 청소년의 문제행동과 사회능력을 향상시킬 수 있다고 보고하였으며, 강민경 등(2019)은 미술치료를 통해 ADHD 청소년의 주의집중 향상과 충동성 감소, 공격적 행동과 과잉행동의 감소에 치료 효과가 있다고 보고하였다. 이와 같이 많은 연구에서 미술치료가 ADHD 청소년의 문제행동 감소에 효과가 있다는 것이 입증되고 있다.

앞에서 살펴본 바와 같이 다양한 연구에서 미술활동이 ADHD 청소년의 문제행동 개선에 도움이 된다는 것이 확인되었다. 그러나 대부분의 연구는 ADHD 청소년의 1차적 징후인 부주의와 충동성을 개선하는 연구였다. 이에 이 프로그램에서는 미술활동을 통해 ADHD 청소년의 1차적 징후인 부주의와 충동성의 개선뿐만 아니라 2차적 징후인 사회기술을 증진시킬 수 있는 미술 프로그램을 소개하고자 한다.

2) 미술치료의 이론적 배경

(1) 미술치료의 특성

미술을 중시하는 Kramer(1982)의 관점은 그림의 상징적 해석보다는 창조적 행위 그 자체에 치료적 가치가 있고, 미술치료사의 역할은 해석이 아니라 승화와 통합을 돕는 데 있다는 것이다.

치료에 중점을 두는 Namburg(1966)의 관점에서 미술은 치료사와 환자 사이에서 전달된 상징적 회화이며, 미술치료는 본질적으로 정신분석적 치료법의 도입 수단으로 이해되어야 한다고 주장하고 그림의 상징성을 통한 치료사의 해석을 주된 방법으로 사용하였다.

미술치료에서 치료의 의미는 창작활동을 통하여 그 증상이 경감하도록 도와주는 것이다. 활동의 진행 과정에서 부정적인 자아개념을 바꾸어 긍정적인 자아상을 개발하고, 창조적 성취감을 통해 자기 가치의 상승을 경험하며, 미술 작업과 다양한 재료 경험을 통해 집중력 증진 및 인지 발달 효과를 가져올 수 있다. 미술활동은 그리기, 만들기, 꾸미기 등의 표현활동으로, 인간의 기본적 표현이자 개인적인 것이다(강민경 외, 2019). 인간은 미술활동을 통해 자신의 즐거움이나 두려움과 같은 감정이나 생각을 표현하며, 이는 청소년의 성장발달과 관련이 있다(서정훈, 고영란, 2011).

미술치료는 예술치료의 한 영역으로 조소, 집단미술치료 안에서 청소년들이 서로에게 도움이 되는 방법으로 상호작용할 수 있는 창조적 활동을 제공하며 집단원 간의 교류와 지원을 촉진시킨다(최은영, 2009).

미술치료의 적용 대상은 비행청소년, 우울증, 불안, 정신질환자를 비롯한 특수교육 대상자 등 그 범위가 넓으며, 다른 중재에 비해 쉽게 참여를 유도할 수 있다는 장점이 있다(김희정, 2003). 특히 장애를 지닌 청소년들은 감각기관의 지체, 발달 부진, 의사소통의 부족 등으로 인해 그들에게 잠재해 있는 욕구를 일반 청소년과는 달리 표현하지 못하거나 표현할 기회를 가질 수 없는 경우가 많다. 그럴 경우 미술치료는 그들의 감각기관과 정서적 무반응에 자극을 줄 수 있으며, 장애 및 부적응 행동에 나타나는 문제점을 경감시키고, 교육적·치료적 효과를 높일 수 있다(이희석, 2005).

미술치료와 관련하여 한국미술치료학회(2000)가 제시한 미술의 특성을 살펴보면 다음과 같다.

- 미술은 심상의 표현이다.
- 미술은 비언어적 수단이므로 통제를 적게 받아 환자의 방어를 감소시킬 수 있는 이점이 있다.
- 구체적인 유형의 자료를 작품 활동을 통해 직접 얻을 수 있다.
- 미술 작품은 보관이 가능하므로 자료의 영속성을 들 수 있다.
- 미술은 공간성을 지닌다.
- 미술 작업은 진행, 토론, 감상, 정리하는 시간에 대체로 활기찬 모습이 되는 것을 볼 때, 이것이 '창조적 에너지'의 발산이라고 볼 수 있다.

미술치료는 미술활동을 통해 개인의 내적인 갈등과 욕구를 표출하게 함으로써 미술을 심리치료의 매개체로 생각하고 있다는 데 차이점이 있다. 즉, 미술치료에서의 미술활동 과정은 원칙적으로 미술치료의 대상에게 초점을 맞춘 것으로, 이들이 자유롭게 무의식적인 억압과 갈등의 세계를 표현하도록 촉진한다(이희석, 2005).

미술활동은 청소년에게 다음과 같은 치료적 도움을 줄 수 있다(김동연, 2000).

첫째, 미술활동은 청소년들로 하여금 분노, 적대감 등의 부정적인 감정을 미술이라는 긍정적인 방법으로 해소시킬 수 있는 정화 기능을 가지고 있다.

둘째, 미술 표현은 청소년이 방어기제를 허물지 않고, 자신의 무의식적인 생각, 감정, 느낌 등을 전달하게 하는 의사소통 기능을 가지고 있다.

셋째, 미술 재료를 선택하고 제작 과정을 스스로 주도하여 작품을 완성함으로써 개인적인 성취감, 만족감 등을 느끼면서 자아개념의 인식을 강화할 수 있다.

넷째, 미술 재료와 용구 등을 사용하고, 주변 환경 및 타인과의 관계를 관찰 및 인식하는 방법을 터득하면서 청소년은 인지적 능력과 신체적 기능을 발달시킬 수 있다.

다섯째, 미술활동은 청소년과 치료자 간의 긍정적인 관계 형성에 도움을 줄 수 있다.

여섯째, 미술 작품은 여러 정보와 더불어 청소년에 대한 보충적 자료로서 진단에 도움을 줄 수 있다.

발달과정에 따라 청소년들은 자르고, 붙이고, 만들고, 주무르고, 그리기를 하는 동안 작은 근육운동의 신체 발달뿐만 아니라 사고력, 추리력, 문제해결력, 창의력 등이 발달된다. 나아가 함께 작업하고, 협동하며, 공유하기를 통해 사회성이 발달됨은 물론 만족감, 성취감, 자신감을 가질 수 있다.

청소년의 그림은 그들이 획득한 개념과 생활 경험을 표현한 것으로, 청소년의 생활 경험의 깊이와 폭 그리고 그 내용을 암시하는 것이라고도 볼 수 있으며, 청소년에게 있어서 표현활동은 성장 과정에서 가질 수 있는 한 부분이라고 할 수 있다. 미술활동은 다양한 매체를 이용하여 색, 선, 형태, 질감을 탐구할 수 있도록 돕고, 시각적 활동을 통하여 자기의 느낌과 생각을 표현하여 성취감 및 자기수용의 기회를 제공한다(홍순옥, 정수금, 2003).

따라서 청소년에게 있어서 미술활동의 가치는 청소년의 성장을 돕고, 그들의 창의적인 능력을 증진시킨다(강은주, 이효신, 2002).

(2) 미술치료 기법

미술활동을 통해 심리치료를 하는 미술치료 과정에서는 대상 및 치료의 목적에 따라 다양한 기법이 적용될 수 있고, 기법의 제한은 거의 없으며, 다양한 미술 분야를 활용할 수 있다. 미술 작업을 통해 게임 및 놀이(찰흙, 물감놀이), 역할극(인형 제작), 율동(가면 제작) 등으로 연결하여 보다 창조적인 즐거움을 주는 활동적인 작업도 있을 수 있다(한국미술치료학회, 1994).

치료의 목적으로 사용되는 미술치료 기법으로는 테두리법, 난화 상호 이야기법, 콜라주, 역할교환법, 색채 선택법, 갈겨 그리기법, 그림 완성법, 이미지 묘화법, 조소활동법, 풍경구성법 등이 있으며, 선행 연구를 통해 ADHD 청소년들에게 적합하다고 알려진 미술치료 프로그램으로는 콜라주, 종이접기법, 조소활동법, 입체활동, 협동화법, 핑거페인팅 등이 있다.

■ 테두리법

도화지에 테두리를 그려서 건네주는 방법으로, 묘화를 자극하고 공포를 줄일 수 있어 자아가 약한 청소년들에게 많이 사용되고 있다. 테두리를 그릴 때는 자를 사용하지 않고 원을 그려 주고, 원 안에 그림을 그리거나 채색을 하여 과잉행동과 주의산만을 통제할 수 있다(한국미술치료학회, 2000).

■ 난화 상호 이야기법

난화법과 이야기법을 종합하여 응용한 것으로, 자유롭게 선을 그린 후 이미지화하여 그림의 형태를 만들며, 상호 이야기를 꾸며 나가는 방법이다. 교사가 만든 난화에 청소년의 심상을 투영하여 형상을 찾아 완성하면 미술 표현에 대한 저항감을 감소시켜 준다. 자유로운 선이나 색을 사용하여 내면의 감정을 표출해 보거나 언어적 상호작용을 유발할 수 있다(김동연, 2000).

■ 콜라주

최근에 가장 많이 사용되는 미술치료 기법이다. 자신의 감정을 표현하기 위한 수단으로 적당한 그림을 찾아 구성하고, 상호 이야기해 나가는 것이다. 청소년은 콜라주 기법으로 자기감정을 나타내기, 가족이나 친구에게 말하고 싶은 것, 선물을 주고받고 싶은 것, 타인에 대한 느낌의 표현, 문제의 예방 및 대책 방법 등을 쉽게 표현할 수 있다(강삼희, 2004).

■ 조소활동법

이 방법의 특징은 무엇이든지 만들 수 있고 부착과 제거가 용이하여 마음에 들지 않으면 언제든지 수정이 가능하다는 점이다. 재료로는 찰흙, 지점토 등이 사용되며, 점토로 인물상을 만들거나 자기의 느낌을 표현하고 해석하게 한다. 묽은 점토는 수채물감과 같이 액체 도구로서 언어화가 결핍된 청소년에게 유용하며, 특히 대상관계가 부족한 자폐청소년의 치료에도 유용하다(한국미술치료학회, 2000).

■ 협동화법

가족이나 내담자가 소집단을 이루어 한 장의 종이에 협동해서 그림을 그리게 하는 방법이다(강삼희, 2004). 집단상담에 유용하며 자발성의 정도, 경험의 표출, 협동성의 정도, 그리는 위치와 내용, 그림 순서, 주의력 등을 관찰하여 분석한다. 정해진 제재를 주는 경우와 주지 않는 경우로 나누어 실시할 수 있다. 집단상담의 장점을 활용하면 효과적이다(한국미술치료학회, 2000).

■ 핑거페인팅

밀가루 풀에 수채물감을 혼합하여 손가락으로 그리는 방법으로, 미술치료 초기 또는 말기에 사용한다. 정서의 안정과 저항의 감소, 이완 등의 효과를 가져온다. 또한 작업의 촉진, 스트레스 해소에도 큰 도움이 된다. 이것은 나중에 작품으로 게시해도 좋고, 카드로 제작하여 마음의 글을 써도 좋다(한국미술치료학회, 2000).

(3) 미술치료와 ADHD

미술활동은 비언어적 수단이므로 통제를 적게 받으며, 자신의 작품을 통해서 자신도 모르는 자신의 감정을 느끼며, 개인이 만든 작품의 변화를 직접 눈으로 확인함으로써 자신의 감정을 회상하거나 새로운 통찰을 일으킨다(강삼희, 2004). 특히 미술에서는 언어와 같은 규칙이 필요 없으며, 공간 속에서의 연관성이 발생하기 때문에 개인의 경험을 이해하기 쉬우므로, 미술활동은 단순한 신체운동이 아니라 창조적 에너지를 발산하는 것이라 할 수 있다. 그래서 각종 심신 부적응자들의 심리치료 과정에서 미술을 매개로 하는 미술활동 자체를 중요시하며, 창작활동을 통해 치료해 나간다.

ADHD 청소년에게 미술활동을 실시할 경우, 그들의 행동 특성을 파악하며 부적절한 행동과 긍정적인 행동에 대한 설명을 포함하는 체계적인 접근 방법이 요구된다. 한국미술치료학회(2000)에서는 미술활동이 특히 ADHD 청소년에게 다음과 같은 치료 효과를 나타낸다고 하였다.

- 생활 부적응으로 인한 외부 세계와의 단절을 회복하는 데 크게 도움이 되고, 미술활동을 통해서 손으로 무엇인가 표현하는 능력을 길러 줌으로써 다른 사람과의 관계와 부적응을 회복하는 데 도움을 줄 수 있다.
- 부적응 행동 청소년의 부주의 및 과잉행동을 교정할 수 있다.
- 내면의 욕구불만을 해소하는 역할을 통해 충동성을 억제시킨다.
- 억압된 정서를 안정된 정서로 치환시켜 줄 수 있다. 심리적 갈등이나 불쾌감 등을 표현함으로써 억압된 정서의 해소감을 맛볼 수 있다. 특히 청소년들의 짜증, 불만 같은 것은 손을 움직여 그리기, 만들기 등을 통해서 해소되므로, 억눌리고 위축된 정서를 안정된 정서로 바꾸는 데도 도움이 된다.
- 지도자와 학습적인 관계를 자연스럽게 형성하고 신뢰감을 다지는 데 효과적이며, 어린이들의 긁적거리기, 낙서 등을 이해하고 수용하면서 함께 미술활동을 하는 가운데 자연스럽게 학습에 익숙해질 수 있다.
- 상당한 단계를 거치면서 사건과 사물에 대한 개념이 확실해지고, 대뇌가 조직적이고 체계적인 인식을 하게 한다.
- 청소년이 생활 속에서 또는 자연과 접하는 가운데 그 자신의 입장에서 경험한 것을 현재에 실제적으로 표현하는 과정에서 인지 능력이 발달하고 창의성이 증진된다.

3) 프로그램의 목표

이 프로그램은 ADHD 청소년의 1차적 징후인 부주의와 충동성을 개선하고, 2차적 징후인 부족한 사회기술을 향상시켜 올바른 대인관계를 맺도록 돕는 사회기술 훈련 프로그램이다. 이 프로그램의 목표는 다음과 같다.

첫째, ADHD 청소년의 문제행동인 부주의와 충동성을 개선하도록 돕는다.

둘째, 또래관계에서 중요한 사회기술인 자기주장하기와 타인에 대한 공감 능력을 기른다.

셋째, ADHD 청소년의 부족했던 또래관계를 경험하게 한다.

넷째, 학습한 사회기술을 생활에 적용할 수 있도록 돕는다.

4) 프로그램의 구성

이 프로그램의 전체적인 내용은 크게 관계 형성 단계, 자기인식과 타인인식 단계, 문제해결과 사회기술 습득 단계, 종결 단계로 구성되어 있다. 먼저, 청소년들이 즐겁고 편안한 분위기에서 자신의 모습을 돌아볼 수 있도록 집단 간의 관계 형성에 중점을 두었다. 충분한 관계 형성 속에서 자신과 타인의 다른 점을 인식하고, 자신의 모습을 되돌아볼 기회를 제공하였다. 또한 ADHD 청소년은 부주의와 충동성으로 인해 타인과 적절하게 관계하는 데 어려움을 겪는다. 이 프로그램에서는 ADHD 청소년의 주의집중력을 증진시키고 충동성을 감소시킴으로써 타인의 말을 끝까지 듣고 반응할 수 있도록 도왔다. ADHD 청소년들은 그들의 문제행동으로 인해 작업을 완벽하게 끝내고, 스스로 무엇인가를 이루는 성공 경험이 많지 않다. 그래서 프로그램에서 개인 또는 또래들과의 공동 작업을 통해 성공감을 경험하도록 도왔다. 마지막으로 프로그램을 종결하면서 청소년이 변화될 수 있고, 변화된 모습이 지속될 수 있도록 격려하였다.

ADHD 청소년들은 충동성으로 인해 자신의 감정을 조절하는 능력이 부족하다. 이러한 자기조절 능력의 부족으로 인해 자신의 감정을 올바르게 전달하는 방법도 잘 알지 못해서 자주 타인과 갈등을 겪는다. 따라서 이 프로그램에서는 ADHD 청소년이 자신의 감정을 올바르게 조절할 수 있는 다양한 방법을 제시하고, 이를 실생활에 사용할 수 있도록 도왔다.

이 프로그램에서는 이와 같은 ADHD 청소년의 문제행동 개선과 사회기술 훈련을 미술 매체를 사용하여 실시하였다. 일반적인 인지적 방법보다 미술이라는 표현

매체를 사용하면, 청소년들의 저항이 덜하고 흥미를 가지고 적극적으로 프로그램에 참여하면서 사회기술을 배울 수 있다.

　매 프로그램의 진행 형식을 살펴보면, 긴장-이완 활동, 프로그램 시작, 본 활동, 마무리로 나눌 수 있다. 먼저, 프로그램 시작 전에 간단한 이완 활동을 통해 청소년들의 긴장을 이완시켜 주고, 프로그램 시작 시에 그 시간에 하게 될 활동에 대한 소개를 한다. 그리고 본 활동이 이어지며, 이후에 본 활동에 대한 집단원들의 느낌과 피드백을 나누는 시간을 주어 그날의 활동을 정리할 수 있도록 하였다.

(1) 관계 형성 단계(1~2회기)

　이 단계에서는 프로그램에 참여하는 청소년들 간의 서먹함을 감소시키고, 친밀감을 형성하도록 돕는다. 청소년들은 편안하고 신뢰할 수 있는 분위기에서 자신들을 더 많이 노출할 것이다. 상담사는 청소년들이 프로그램에 편안하게 참여할 수 있고, 서로 간의 친밀감을 두텁게 하기 위해 이완 활동을 비롯한 다양한 활동을 제공한다. 또 프로그램에 대한 이해를 높이고, 좀 더 적극적으로 프로그램에 참여할 수 있도록 돕는다. 1회기에서는 집단지도자 및 프로그램의 목표를 소개하고, 나의 마음 그리기 활동을 통해서 집단원들을 소개하는 시간을 가진다. 또한 전체 회기 동안에 청소년들의 자발적 참여와 집단의 원활한 운영을 위해 규칙을 정하고, 그 규칙을 청소년들이 스스로 지킬 수 있음을 다짐한다. 2회기에서는 돌려 그림 그리기 활동을 통해서 집단원들 간에 친밀감을 형성하도록 돕는다.

(2) 자기인식 및 타인인식 단계(3~4회기)

　이 단계에서는 청소년 자신이 가지고 있는 문제에 대해서 스스로 인식하게 된다. 청소년들은 ADHD의 특성으로 인해 스스로에게도 부주의하다. 그래서 자신의 욕구와 감정에 대해 잘 모른다. 이 단계에서 ADHD 청소년들이 자신에 대해 신중하게 생각해 볼 기회를 제공한다. 또 청소년들에게 타인에 대해서 인식하게 한다. 즉, 자기와 타인이 개별적인, 서로 다른 존재임을 인식하는 기회를 제공한다. 3회기에서는 자신의 감정을 콜라주로 표현해 보는 활동을 통해서 자신의 감정과 느낌을 언어적으로 또는 비언어적으로 표현하고, 스스로의 감정을 확인하고 이해하도록 돕는다. 또한 한 주 동안 자신의 감정을 확인해 보기 위한 과제를 부여한다. 4회기에서는 다른 집단원과 함께하는 손바닥 찍기 활동을 통해서 타인의 감정을 이해하고,

타인의 모습을 수용하는 것을 돕는다. 또한 한 주 동안 타인에 대한 관심을 가지도록 돕기 위한 과제를 부여한다.

(3) 문제해결 및 사회기술 습득 단계(5~10회기)

이 단계에서는 ADHD 청소년의 문제행동을 개선하고, 부족했던 사회기술을 습득하고 연습해 보는 기회를 제공하며, 다양한 활동을 통해서 문제행동인 부주의와 충동성을 개선시킨다. 또 청소년들이 친구를 사귀는 데 필요한 타인에 대한 공감 능력과 자신의 감정과 생각을 올바르게 전달하는 방법을 배우고 연습해 본다. 이 단계에서는 실제적인 기술의 연습을 돕기 위한 과제를 매 회기마다 부여한다. 5회기에서는 단단한 점토와 무른 점토를 가지고 작품을 만들어 봄으로써 주의력을 증진시키고, 어떠한 일에 있어서의 성공감을 경험하도록 돕는다. 또한 긴장된 상황을 인식하고, 신체를 이완하는 것을 돕기 위한 과제를 부여한다. 6회기에서는 즉흥적으로 만든 점토와 충분히 구상한 점토 작품의 비교를 통해서 주의력을 증진시키고, 자기조절 능력을 향상시키도록 돕는다. 또한 주의력을 증진시키고 자기조절력을 강화하는 것을 돕는 과제를 부여한다. 7회기에서는 등으로 그림을 전달하는 게임을 통해서 충동성을 감소시키고, 집중력을 증진시키도록 돕는다. 또한 충동성을 감소시키고 집중력을 증진시키는 것을 돕는 과제를 부여한다. 8회기에서는 집단 만다라 그리기를 통해서 협동하는 방법을 배우고, 자기표현 기술을 향상시키도록 돕는다. 또한 자기표현 기술을 향상시키는 것을 돕는 과제를 부여한다. 9회기에서는 화산을 표현하는 그리기 활동을 통해서 자신의 분노를 표출시키고, 분노를 조절하는 방법을 익힌다. 또한 분노 감정을 인식하고 바르게 표출하는 것을 돕기 위한 과제를 부여한다. 10회기에서는 협동화 그리기를 통해서 타인과 협력하는 방법을 배우고, 외부 환경에 관심을 가지도록 돕는다. 또한 외부 환경에 관심을 가지도록 돕는 과제를 부여한다.

(4) 종결 단계(11~12회기)

마지막 종결 단계에서는 지금까지 배운 것들을 실생활에 사용할 수 있도록 격려하고, 프로그램 동안에 자신의 모습이 어떻게 바뀌었는지 이해하며, 그 바뀐 모습을 계속해서 유지할 수 있도록 돕는다. 전체 프로그램 동안에 느꼈던 다른 집단원들의 장점을 칭찬해 주고, 자신이 몰랐던 장점도 이해함으로써 자신의 자존감도 높아진다. 11회기에서는 서로의 장점을 적어 주는 롤링페이퍼 활동을 통해서 긍정적인 자아상을 형성하고, 자신에 대한 믿음을 확고히 한다. 12회기에서는 프로그램 참여 전후 자신의 모습을 비교하는 '나의 나무 그리기' 활동을 통해서 변화된 자신의 모습을 유지할 수 있도록 돕는다.

표 8-1 **미술치료 프로그램의 각 회기별 목표와 내용**

단계	회기	주제	활동 목표	활동 내용
관계 형성	1	만나서 모두들 반가워	• 집단원들의 긴장된 분위기 해소 • 프로그램 참여 동기 부여 • 서로에 대한 친밀감과 신뢰감 형성	– 지도자 및 프로그램 소개 – 나의 마음 그리기 – 서약서 작성하기
	2	이야기 만들기	• 친밀감 형성 • 공동체감 느끼기	– 돌려 그림 그리기 – 소감 나누기
자기 인식 및 타인 인식	3	나의 감정은	• 자신의 감정과 느낌을 언어적 · 비언어적으로 표현하여 스스로의 감정 확인하고 이해하기	– 감정 그리기: 감정을 콜라주로 나타내기 – 소감 나누기
	4	다른 친구들은	• 타인에 대한 관심 가지기 • 다양한 역할을 경험함으로써, 자신과 타인의 모습을 있는 그대로 이해하고 수용하기	– 손바닥 찍기: 친구 옷에 손바닥 찍어 주고 다른 점 적어 주기 – 소감 나누기
문제 해결 및 사회 기술 습득	5	점토 작업	• 주의력 증진 • 성공감 증진	– 점토 작업: 단단한 점토와 무른 점토의 차이점 알기 – 소감 나누기
	6	어느 쪽이 더 쉬울까	• 주의력 증진 • 자기 조절 능력 향상 • 지속력 증진	– 점토 활동: 생각하고 만든 것과 생각하지 않고 만든 작품의 차이점 알기 – 소감 나누기
	7	이심전심	• 자기 조절 능력 향상 • 충동성 감소 • 집중력 증진 • 성공 경험 증진	– 이심전심: 등에 그려진 친구의 그림을 종이 옮겨 그리고 정확하게 그렸는지 점수 매기기 – 소감 나누기
	8	집단 만다라	• 협력 기술 증진 • 자기표현 기술 향상 • 감성 증진	– 집단 만다라 그리기 – 소감 나누기
	9	화산 폭발	• 분노 감정을 표현하고 해소함으로써 공격성 감소 • 충동성 감소 • 자기표현의 경험 제공	– 화산 폭발: 나–전달법으로 올바르게 화를 전달하는 법 배우기 – 소감 나누기

(계속)

	10	협동화 그리기	• 자기통제를 통한 충동성 감소 • 외부 환경에 귀 기울이고 반응하기 • 협력 기술 증진	- 협동화 그리기 - 소감 나누기
재교육 및 종결	11	상장 주기	• 자신에 대한 믿음과 변화에 대한 결심	- 장점으로 롤링페이퍼 만들기(콜라주) - 소감 나누기
	12	나의 나무	• 회기를 되돌아보면서 자신과 집단 정리해 보기 • 자신과 타인의 장점 인식하고 수용	- 나의 나무 - 프로그램 마무리하기

5) 프로그램에 사용된 미술치료 기법

이 미술치료 프로그램에 사용된 기법들을 살펴보면 다음과 같다.

■ 난화 상호 이야기법

난화법과 이야기법을 종합하여 응용한 것이다. 난화 상호 이야기법은 주로 치료 목적으로 많이 이용되나, 이 프로그램에서는 치료 목적보다는 프로그램 초기에 집단원들 사이에 친밀감을 두텁게 하는 목적으로 사용하였다. 집단원들과 단순한 선이나 면으로 그림을 그린 후에 협동하여 이야기를 만드는 과정에서 서로에 대해 친밀감을 가지는 것이 목적이다.

■ 콜라주

콜라주는 최근에 가장 많이 사용되는 미술치료 기법이다. 오직 콜라주 활동만을 이용하여 ADHD 청소년의 문제행동을 개선시킨 연구도 있을 만큼 ADHD 청소년의 프로그램에 많이 사용된다. 이 연구에서는 콜라주를 청소년들이 자신과 타인의 감정을 어떻게 인식하고 이해하는지 알아보기 위해 사용하였다. 또 마지막 회기에서 자신과 타인의 장점을 발견하고, 자신의 모습을 새롭게 받아들이며, 다른 사람의 말을 주의 깊게 듣도록 돕는 방법으로 콜라주를 사용하였다.

■ 핑거페인팅

이 연구에서는 핑거페인팅의 장점을 이용하여 청소년들이 긴장을 이완하고, 다른 집단원들과 더욱 친밀한 관계를 가지며, 자신과 타인의 다름을 인정하도록 도왔다. 또한 핑거페인팅을 변형시켜 손도장을 찍는 활동을 하였다. 대야에 물감을 풀고, 그 속에 짝의 손과 자신의 손을 넣어 물감의 질감을 느끼는 동안 타인의 촉감을 인지함으로써 자신과 타인을 함께 인식하고 친밀함을 느낄 수 있도록 활동을 구성하였다.

■ 조소활동법

이 연구에서는 점토를 사용한 활동을 제시하였다. 단단한 점토와 무른 점토의 성질을 이용하여 청소년들이 긴장된 상태를 자각하게 하였고, 생각하고 만들었을 때와 생각하지 않고 만들었을 때의 차이점을 이해함으로써 충동성과 부주의의 개선에 도움을 주었다.

■ 만다라

이 연구에서는 큰 종이에 개인 만다라를 그리고, 그 위에 검정색 크레파스로 덧칠하여 스크레치를 하도록 유도하였다. 만다라를 그리는 동안에 청소년들은 긴장을 이완하고, 주의집중력을 기르도록 도왔다. 또 스크레치 작업을 통해 스트레스를 해소하고, 공격성을 감소시키도록 도왔다.

■ 협동화 그리기

가족이나 내담자들이 소집단을 이루어 한 장의 종이에 협동해서 그림을 그리게 하는 방법이다. 집단 체계의 진단과 치료에 유용하며, 자발성의 정도, 경험의 표출, 협동성을 유도한다(한국미술학회, 1994). 이 연구에서는 청소년들이 협동하여 자신들이 좋아하는 동화를 그리도록 유도하였다. 또한 협동 작업을 통해 타인과 작업할 때의 유의점과 좋은 점을 스스로 인식하도록 돕고, 완성된 작품을 통해 성취감을 고취시켰다.

만나서 모두들 반가워

◻ 활동 목표
- 처음 집단에 참여한 집단원들의 긴장된 분위기를 해소한다.
- 집단원들에게 프로그램의 참여 동기를 부여한다.
- 집단원들이 서로에 대해서 친밀감과 신뢰감을 형성하도록 돕는다.

◻ 준비물 도화지, 크레파스, 사인펜, 서약서

◻ 활동 내용
1. 집단원들을 반갑게 맞이하고 출석을 확인한다.
2. 집단지도자 및 함께할 프로그램의 목적에 대해 간단히 소개한다.
3. 긴장한 집단원들이 좀 더 편안하고 덜 불안한 상태로 자신을 소개하는 활동으로 '나의 마음 그리기' 하기
   - 집단원들에게 도화지를 나누어 주고, 도화지에 원을 그리도록 한다(원은 잘 그리지 않아도 되고, 집단원들이 그리고 싶은 크기만큼 그리도록 유도한다).
   - 그려진 원을 원하는 모양으로 5등분하도록 지시한다(피자 모양으로 5등분해도 되고, 네모 모양으로 5등분해도 되는데, 5등분하지 못하는 집단원들에게는 지도자가 시범을 보이도록 한다).
   - 지도자가 다섯 가지 질문을 한 후, 그 답을 5등분한 칸에 적은 후에 원 주위를 집단원들이 원하는 그림으로 꾸민다.
4. 완성된 그림을 가지고 집단원들은 완성된 그림과 적은 답을 다른 집단원들에게 설명해 주면서 자기소개를 한다. 집단원들의 소개를 다 들은 후에 집단원들이 다른 집단원이 발표한 내용을 잘 듣고 있었는지 확인하고, 활동에 적극적으로 참여하도록 유도하기 위해서 소개된 내용을 퀴즈로 풀어 보면서 집단원들의 이름을 익히고, 집단원들 간의 관계를 형성한다.

🗋 마무리 활동

1. 앞으로 집단원들이 집단 속에서 지켜야 할 규칙을 다 함께 정한다. 어떤 규칙이 필요한지 질문하고, 집단원들이 이야기하는 규칙을 정리하여 전체 집단 규칙으로 정한다.

2. 집단원들이 앞으로의 집단활동에 적극적으로 참여하도록 유도하기 위해서 집단의 규칙을 잘 지켰을 경우에 주는 쿠폰에 대해서 설명해 주고, 집단의 규칙을 잘 지키고 활동에 잘 참여하겠다는 서약서를 작성하고 사인을 한다.

3. 앞으로의 집단활동을 통해서 얻기를 바라는 것을 이야기한다.

서약서

1. 나는 프로그램 시작 시간 5분 전에 도착한다.

2. 1회부터 12회까지 절대 결석하지 않는다.

3. 우리가 정한 규칙을 잘 지킨다.

4. 다른 친구들의 이야기를 잘 귀담아듣는다.

5. 모든 활동에 적극적으로 참여한다.
    단, 1회에 한해서 활동을 건너뛸 수 있다.

이상 다섯 가지 항목을 틀림없이 지킬 것을 약속합니다.

년   월   일

별 칭: _____
사 인: _____

2회기 이야기 만들기

🗋 활동 목표
- 집단원들 간에 친밀감과 신뢰감을 형성한다.
- 집단원들이 서로에게 공동체감을 느낀다.

🗋 준비물 규칙판, 쿠폰판, 도화지, 크레파스, 사인펜, 색연필

🗋 활동 내용
1. 이 활동을 시작하기 전에 간단한 게임으로 집단원들의 긴장을 이완시킨다.
2. 집단원들 간의 어색함을 줄이고 친밀감을 높이는 활동으로 '돌려 그림 그리기' 하기
   - 집단원들에게 원하는 색의 색연필이나 사인펜을 고르도록 지시한다(만약 원하는 색이 같은 집단원들이 있다면 서로 의논하여 바꾸도록 유도하여 되도록 모든 집단원들이 다른 색을 선택하도록 한다).
   - 선택한 색의 사인펜이나 색연필로 도화지에 연결되는 선이나 모양을 하나 그리도록 지시한다.
   - 선이나 모양이 그려진 자신의 도화지를 오른쪽 옆의 집단원에게 건네준다.
   - 자신에게 온 옆 집단원의 도화지에 5분 정도 그리고 싶은 대로 그림을 그린다.
   - 5분 뒤에 다시 자신의 오른쪽 옆 집단원에게 도화지를 넘긴다. 이런 식으로 자신의 도화지가 자신에게 돌아올 때까지 그림을 그린 후, 자신의 도화지가 자신에게 돌아오면 그 그림을 마음에 들 때까지 수정한다.
   - 집단원들이 모든 그림을 모아서 짧은 동화를 만들고, 이야기를 그림 뒷부분에 적은 후에 앞에 나와서 동화를 들려준다.

☐ 마무리 활동

1. 활동 소감 나누기
   - 다른 집단원들이 자신의 도화지에 그림을 그려 주었을 때의 느낌을 이야기 한다.
   - 이야기를 만드는 과정 중에 느꼈던 감정을 이야기한다.
   - 짧은 동화가 완성된 후에 발표를 한 느낌을 이야기해 본다.

2. 쿠폰 확인하기
   - 집단의 규칙을 잘 지켰는지 점검한 후에 쿠폰을 나누어 준다.
   - 오늘의 활동에서 자신의 행동에 대해서 점수를 주고, 점수에 따라 쿠폰을 나누어 준다.

쿠폰 사용 방법

- 쿠폰의 용도
  - 프로그램 기간 동안 쿠폰을 모아 마지막에 선물로 교환한다.

- 쿠폰 받는 방법
  - 출석하면 쿠폰을 3개 받는다.
  - 활동에 열심히 참여하여 작업물을 끝까지 완성하면 1개를 추가로 받는다.
  - 그날의 자기행동을 평가하여 쿠폰을 받는다.
    * 90점 이상: 3개
    * 80점 이상: 2개
    * 70점 이상: 1개

- 쿠폰 반납 시기
  - 함께 정한 규칙을 어겼을 때, 3개를 반납한다.

3회기　나의 감정은

□ 활동 목표
- 자신의 감정과 느낌을 언어적 · 비언어적으로 표현해 본다.
- 스스로의 감정을 확인하고 이해한다.

□ 준비물　도화지, 색종이, 실, 스티로폼, 잡지, 가위, 풀, 크레파스, 사인펜, 규칙
판, 쿠폰판

□ 활동 내용
1. 본 활동을 시작하기 전에 간단한 게임으로 집단원들의 긴장을 이완시킨다.
2. 과제 점검하기
  - 일주일 동안 자신의 충동적 행동의 경험을 적어 본 과제를 발표하고, 다른
    집단원들의 피드백을 듣는다.
3. 자신의 감정을 확인하고 이해하기 위한 활동으로 콜라주 하기.
  - 집단원들에게 도화지를 하나씩 나누어 준다. 다양한 색의 색종이를 가운데
    펼쳐 놓고 집단원들에게 자신의 현재 감정이나 기분을 잘 나타내는 색의 색
    종이를 선택한 후에 도화지 중앙에 붙이도록 지시한다. 도화지에 붙인 색종
    이 주위를 다양한 재료(색종이, 잡지, 실, 스티로폼 등)로 오리거나 찢어 붙여
    서 꾸민다. 콜라주 작업을 다 한 후 사인펜이나 크레파스로 원하는 대로 그
    림을 그린다.
  - 자신의 작품을 다른 집단원들에게 보여 주면, 집단원들이 그 그림이 나타내
    는 감정이 무엇이고, 어떤 때의 감정인지를 질문하고 답을 맞히는 놀이를
    한다.
  - 자신과 비슷한 상황을 경험했던 집단원의 감정과 자신의 감정을 비교해
    본다.

⬜ 마무리 활동

1. 활동을 마무리하며 소감 나누기
   - 자신의 감정을 콜라주로 표현해 본 느낌을 이야기한다.
   - 다른 집단원들의 감정을 알고 난 후에 드는 생각을 이야기한다.
   - 다양한 감정이 있고, 같은 상황에서 자신과 타인의 감정을 나타내는 방법도
     다양함을 인식한다.
2. 쿠폰 확인하기
   - 집단의 규칙을 잘 지켰는지 점검한 후에 쿠폰을 나누어 준다.
   - 오늘의 활동에서 자신의 행동에 대해서 점수를 주고, 점수에 따라 쿠폰을 나
     누어 준다.
3. 과제 부여하기
   - 일주일 동안의 자신의 감정을 알아본다.

나의 감정

＊ 여러분이 다음과 같은 감정을 느낄 때가 언제인지 적거나 그림을 그려 보세요.

두려움	화남
혼란스러움	당황스러움
흥분	좌절
행복	즐거움
긴장됨	슬픔

＊ 앞에서 말한 감정을 얼마나 자주 느끼는지 체크해 보세요.

(두려움)

1	2	3	4	5
절대 아님	자주는 아님	가끔씩	자주	항상

(화남)

1	2	3	4	5
절대 아님	자주는 아님	가끔씩	자주	항상

(혼란스러움)

1	2	3	4	5
절대 아님	자주는 아님	가끔씩	자주	항상

(당황스러움)

1	2	3	4	5
절대 아님	자주는 아님	가끔씩	자주	항상

(흥분)

1	2	3	4	5
절대 아님	자주는 아님	가끔씩	자주	항상

(좌절)

1	2	3	4	5
절대 아님	자주는 아님	가끔씩	자주	항상

(행복)

1	2	3	4	5
절대 아님	자주는 아님	가끔씩	자주	항상

4회기 | 다른 친구들은

🗂 **활동 목표**

- 내가 아닌 타인에 대해서 관심을 가진다.
- 다양한 역할을 경험함으로써 자신과 타인의 모습을 있는 그대로 이해하고 수용하는 경험을 한다.

🗂 **준비물** 규칙판, 쿠폰판, 스티커, 대야, 유성물감, 4절 도화지, 앞치마, 사인펜

🗂 **활동 내용**

1. 이 활동을 시작하기 전에 간단한 게임으로 집단원들의 긴장을 이완시킨다.
2. 과제 점검하기
   - 일주일 동안 자신의 감정을 정리한 것을 발표한다.
3. 자신과 타인이 다르다는 것을 이해하기 위한 활동으로 손도장 찍기를 한다.
   - 집단원들이 두 명씩 짝을 짓는다. 짝을 짓는 방법은 가위바위보를 하거나 제비뽑기 등을 이용한다.
   - 큰 대야를 준비하고, 물감 중에서 짝과 합의해서 마음에 드는 색을 골라서 대야에 물감을 푼다.
   - 짝과 함께 물감을 푼 대야에 손을 넣고 서로의 손에 물감을 묻히는 과정에서 서로의 손의 감촉을 느껴 본다.
   - 짝과 자신의 물감을 묻힌 손을 도화지에 찍는다.
   - 손도장을 찍은 도화지가 마르면 짝의 손 모양 위에 짝의 장점과, 자신과 짝의 다른 점을 적어 준다.

🗂 **마무리 활동**

1. 각 조별로 손도장 찍은 것을 보여 주고 소감을 나누기
   - 짝의 장점을 이야기해 보고, 자신의 장점을 들은 소감을 이야기해 본다.
   - 짝과 내가 다른 점을 확인한 후에 느낀 점을 이야기한다.

　　- 손 모양이 서로 다르듯이 나와 다른 사람의 특성이 다른 것을 이해한다.

2. 쿠폰 확인하기

　　- 집단의 규칙을 잘 지켰는지 점검한 후에 쿠폰을 나누어 준다.

　　- 오늘의 활동에서 자신의 행동에 대해서 점수를 주고, 점수에 따라 쿠폰을 나
　　　누어 준다.

3. 과제 부여하기

　　- 일주일 동안 주변의 친구들이 나와 다른 어떤 특별한 점이 있는지 알아
　　　본다.

나의 친구를 특별하게 만드는 것

✻ 다음 빈 공간에 친구 중 네 명의 그림을 그리세요. 각 친구들이 어떻게 독특한지 표현해
  보세요.

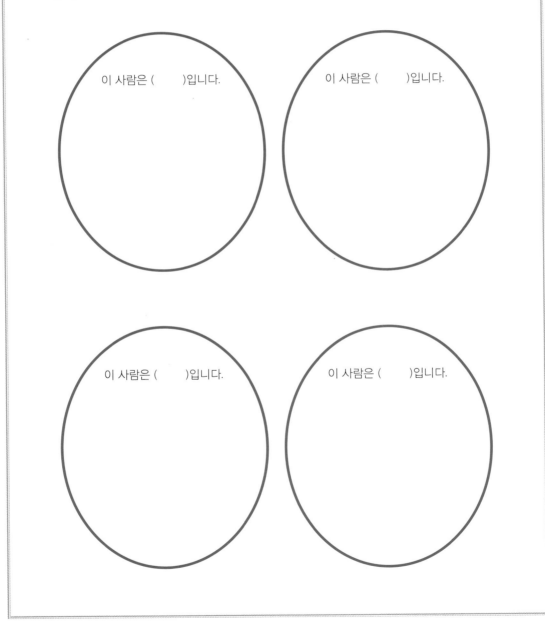

5회기   **점토 작업**

🗋 활동 목표
- 주의집중력을 증진시킨다.
- 자신이 한 작업물을 감상함으로써 성공감을 증진시킨다.

🗋 준비물 규칙판, 쿠폰판, 스티커, 단단한 점토, 무른 점토

🗋 활동 내용
1. 본 활동을 시작하기 전에 간단한 게임으로 집단원들의 긴장을 이완시킨다.
2. 과제 점검하기
    - 일주일 동안 친구들의 특별한 점을 조사한 것을 발표한다.
3. 화를 낼 때와 화를 내지 않을 때의 신체 느낌 차이를 확인해 보는 활동으로 점
   토 작업하기
    - 단단한 점토와 무른 점토를 준비하여 집단원들에게 나누어 준다.
    - 먼저 단단한 점토를 충분히 만져 본 후 무른 점토를 충분히 만져 본다. 단단
      한 점토와 무른 점토의 느낌을 기억한다.
    - 무른 점토를 가지고 원하는 모양을 만들어 본다.
    - 각자가 만든 작품을 소개한다.

🗋 마무리 활동
1. 활동을 마무리하며 소감 나누기
    - 단단한 점토와 무른 점토의 느낌의 차이점을 이야기해 본다(무른 점토는 부
      드러워서 만지면 모양이 쉽게 변하여 힘이 많이 들지 않지만, 단단한 점토는 힘을
      많이 주어도 모양이 변하지 않고 부서지지도 않으며, 부수기 위해서는 손이 아프
      고 힘이 많이 든다는 것을 인식시켜 준다. 우리가 화를 내면 몸이 긴장하여 단단한
      점토처럼 되고, 그것이 우리에게 어떤 영향을 주는지 설명해 준다).
    - 단단한 점토처럼 화를 내어 몸이 긴장했을 때가 언제인지 이야기를 나누어

본다.

– 무른 점토처럼 화를 내지 않고 이완하면 좋은 점과 어떻게 하면 화를 내지 않고 이완할 수 있는지 이야기해 본다.

2. 쿠폰 확인하기

– 집단의 규칙을 잘 지켰는지 점검한 후에 쿠폰을 나누어 준다.

– 오늘의 활동에서 자신의 행동에 대해서 점수를 주고, 점수에 따라 쿠폰을 나누어 준다.

3. 과제 부여하기

– 일주일 동안 자신이 통제력을 잃게 된 경험과 어떤 상황이었는지를 조사해 본다.

멈춰서 생각하기 ①

* 여러분이 자신의 통제력을 잃어버릴 때를 한번 생각해 보세요.

• 여러분이 자신의 통제력을 잃어버리기 전에 무슨 일이 있었나요?

_____

_____

• 여러분이 자신의 통제력을 잃어버렸을 때 무슨 일이 있었나요?

_____

_____

• 여러분은 어떻게 반응했나요? 여러분은 무엇을 했나요?

_____

_____

• 여러분의 가족들의 반응은 어땠나요?

_____

_____

• 여러분의 친구들의 반응은 어땠나요?

_____

_____

• 그날 여러분의 기분은 어땠나요?

_____

_____

• 여러분이 한 다른 행동들은 무엇이었나요?

_____

_____

• 어떻게 다시 여러분의 통제력을 되찾았나요?

_____

_____

6회기 어느 쪽이 더 쉬울까

🗂 활동 목표
- 주의집중력과 활동을 하는 데 있어서의 지속력을 증진한다.
- 자기조절 능력을 향상시킨다.

🗂 준비물 규칙판, 쿠폰판, 색점토

🗂 활동 내용
1. 이 활동을 시작하기 전에 간단한 게임으로 집단원들의 긴장을 이완시킨다.
2. 과제 점검하기
   - 일주일 동안 자신이 통제력을 잃어버리고 충동적으로 행동한 경험을 발표한다.
3. 주의집중력과 자기조절력을 증진하기 위한 활동으로 색점토 작업하기
   - 먼저 집단원들에게 원하는 색의 점토를 고르도록 한다. 선택한 색점토를 가지고 무엇을 만들지 깊게 생각하지 않고 즉흥적으로 빠르게 만들어 보도록 지시한다.
   - 이번에는 원하는 색점토를 다시 고른 후에 집단원들에게 눈을 감고 무엇을 만들 것인지 충분히 생각할 시간을 준다.
   - 눈을 뜬 후 무엇을 만들 것인지 생각한 대로 점토를 가지고 모양을 만든다.
   - 충분히 생각한 대로 만든 점토 작품을 한쪽에 모아 두고 집단원들이 감상한다.
   - 즉흥적으로 만든 작품 옆에, 생각한 후에 만든 작품을 두고 두 작품을 비교해서 살펴본다.

🗂 마무리 활동
1. 활동을 마무리하며 소감 나누기
   - 즉흥적으로 만든 작품을 보고 느낀 점을 이야기한다.

- 충분히 생각한 후에 만든 작품을 보고 느낀 점을 이야기한다.
- 즉흥적으로 만든 점토 모양과 생각하고 만든 작품을 비교해 보고 느낀 점을 이야기한다.
- 작품처럼 행동도 생각하지 않고 했을 때와 생각을 충분히 한 후에 했을 때의 차이점을 이야기해 본다.

2. 쿠폰 확인하기
- 집단의 규칙을 잘 지켰는지 점검한 후에 쿠폰을 나누어 준다.
- 오늘의 활동에서 자신의 행동에 대해서 점수를 주고, 점수에 따라 쿠폰을 나누어 준다.

3. 과제 부여하기
- 일주일 동안 평소에 충동적으로 행하는 문제해결 방법에 대해서 조사한다.

멈춰서 생각하기 ②

＊ 여러분에게 어떤 문제가 발생했을 때 어떻게 해결하나요? 여러분이 평소에 하던 문제해결 방법이 아닌, 다음과 같은 절차에 따라서 문제를 해결해 보세요.

• 문제

(평소와 다른 해결 방법)   (평소와 다른 해결 방법의 예상 결과)

1. _____   →   _____

2. _____   →   _____

3. _____   →   _____

4. _____   →   _____

5. _____   →   _____

• 최고의 선택은?

7회기 **이심전심**

🗐 활동 목표
- 자기조절 능력과 집중력을 향상시킨다.
- 충동성을 감소시킨다.
- 성공감을 경험한다.

🗐 준비물 규칙판, 쿠폰판, 크레파스, 사인펜, 16절 도화지

활동 내용
1. 이 활동을 시작하기 전에 간단한 게임으로 집단원들의 긴장을 이완시킨다.
2. 과제 점검하기
   - 일주일 동안 자신의 충동적인 문제해결 방법에 대해서 조사한 것을 발표한다.
3. 자기조절 능력과 집중력을 향상시키고, 충동성을 감소시키기 위해서 '이심전심' 게임 하기
   - 집단원들을 세 명씩 한 팀을 짠다.
   - 두 명이 게임을 하고, 한 명이 심판을 한다(집단원들이 다양한 역할을 경험하도록 하기 위해서 돌아가면서 한 번씩 다 심판을 보도록 한다).
   - 먼저 짝이 보이지 않게 짝의 등에 그려 줄 그림을 충분히 생각한 후에 도화지에 그린다.
   - 짝의 등에 자신이 생각한 그림을 그린다.
   - 짝은 등에서 느껴진 대로 도화지에 옮겨 그린다.
   - 도화지에 그려 놓은 원래 그림과 등에서 느껴진 대로 그린 그림을 비교하여 심판이 점수를 준다(비슷할수록 높은 점수를 준다).
   - 짝을 바꾸어서 같은 게임을 반복한다.

🗇 마무리 활동

1. 활동 마무리하며 소감 나누기
   - 원래 그림과 느낀 그림이 일치하려면 어떻게 해야 했는지 이야기해 보고, 가장 높은 점수를 받은 팀은 왜 그런지 이야기해 본다(예: '집중을 잘했다').

2. 쿠폰 확인하기
   - 집단의 규칙을 잘 지켰는지 점검한 후에 쿠폰을 나누어 준다.
   - 오늘의 활동에서 자신의 행동에 대해서 점수를 주고, 점수에 따라 쿠폰을 나누어 준다.

3. 과제 부여하기
   - 충동성을 감소시키고, 집중력과 자기조절력을 증진시키는 데 도움이 되는 만다라 그리기를 과제로 제시한다.

만다라 색칠하기

8회기 집단 만다라

🗇 **활동 목표**
- 협력 기술을 증진시킨다.
- 자기표현 기술을 향상시킨다.

🗇 **준비물** 규칙판, 쿠폰판, 4절 도화지, 크레파스, 못

🗇 **활동 내용**
1. 본 활동을 시작하기 전에 간단한 게임으로 집단원들의 긴장을 이완시킨다.
2. 과제 점검하기
   - 지난주에 나누어 준 만다라 그림을 색칠한 것을 보고 가장 꼼꼼하게 잘 색칠한 집단원을 뽑는다.
3. 협력 기술과 자기표현 기술을 향상시키기 위해서 '집단 만다라' 그리기 하기
   - 집단원들을 3~4명씩 나누어서 작은 집단을 만든다.
   - 집단원들에게 각자가 마음에 드는 색의 크레파스를 고르게 한 후, 한 집단에 큰 도화지 한 장을 나누어 준다.
   - 큰 도화지에 집단원들 각자가 자신의 만다라를 그린다(이야기하지 않고 그린다).
   - 팀원들이 각자의 만다라를 다 그렸으면, 검정색 크레파스로 도화지 전체를 색칠한다.
   - 집단원들에게 못을 나누어 주고, 검정색을 긁어 가면서 자신의 만다라를 찾는다.

🗇 **마무리 활동**
1. 활동 마무리하며 소감 나누기
   - 검정색 속에서 자신의 만다라를 찾을 때의 느낌을 이야기한다.
   - 전체 속에서 자신의 부분이 조화와 질서를 이루고 있다는 점을 이야기해

준다.

2. 쿠폰 확인하기
   - 집단의 규칙을 잘 지켰는지 점검한 후에 쿠폰을 나누어 준다.
   - 오늘의 활동에서 자신의 행동에 대한 점수를 주고, 점수에 따라 쿠폰을 나누어 준다.

3. 과제 부여하기
   - 일주일 동안 자신의 이야기를 얼마나 잘 전달했는지를 조사한다.

당당하게 자기주장하기

✱ 여러분은 지금 학교에 있고, 선생님은 숙제를 했지만 완벽하게 하지 않은 것에 대해서 부당하게 여러분을 비난하고 있어요.

• 긍정적인 반응을 적거나 그려 보세요.

• 공격적인 반응을 적거나 그려 보세요.

• 당당한 반응을 적거나 그려 보세요.

9회기 **화산 폭발**

◻ **활동 목표**

- 분노 감정을 표현하고 이해함으로써 공격성을 감소시킨다.
- 충동성을 감소시킨다.
- 자기표현의 경험을 제공한다.

◻ **준비물** 규칙판, 쿠폰판, 크레파스, 도화지, 색연필

◻ **활동 내용**

1. 본 활동을 시작하기 전에 간단한 게임으로 집단원들의 긴장을 이완시킨다.
2. 과제 점검하기
   - 일주일 동안 자신의 이야기를 얼마나 잘 전달했는지를 발표한다.
3. 자신의 분노 감정을 이해하고, 올바르게 자신을 표현하는 방법을 배우기 위해서 '화산 폭발' 활동을 한다.
   - 다양한 모양의 화산 사진을 집단원들에게 보여 준 후에 무엇인지 알아맞히는 퀴즈를 낸다.
   - 화산의 종류와 모양에 대해서 간단하게 설명한다(예: 활화산, 휴화산, 폭발한 화산).
   - 눈을 감고 자신이 가장 화가 났던 상황을 생각해 보고, 그때의 자기 마음은 어떤 모양의 화산이었는지 생각해 본다.
   - 자신이 가장 화가 났을 때의 마음을 화산으로 그린다.
   - 자신의 화난 마음의 화산에 대해서 다른 집단원들에게 소개한다.

◻ **마무리 활동**

1. 활동 마무리하며 소감 나누기
   - 마음의 화산이 폭발하지 않으려면 어떻게 해야 하는지 이야기해 본다.
   - 적절한 분노 표현 방법인 '나–전달법'에 대해서 배운다.

2. 쿠폰 확인하기
   - 집단의 규칙을 잘 지켰는지 점검한 후에 쿠폰을 나누어 준다.
   - 오늘의 활동에서 자신의 행동에 대한 점수를 주고, 점수에 따라 쿠폰을 나누
     어 준다.
3. 과제 부여하기
   - 일주일 동안 다른 사람들에게 올바르게 자신의 화를 잘 표현했는지를 조사
     한다.

화가 날 때는 어떻게 할까

• 내가 화가 날 때, 나는 보통 _____
_____

• 그 결과는 _____
_____

• 내가 화가 날 때 보통 하는 방법 대신에, 내가 화가 날 때 진정할 수 있는 다른 방법(예: 열
까지 세기, 운동하기, 걷기, 누군가에게 이야기하기, 내 방으로 들어가기)은 _____
_____
_____

• 언제 화가 났나요? 그렇게 화가 났을 때 보통 하는 방법 대신에 다른 방법을 사용해 보세
요. 그 결과가 어땠는지 적어 보세요.

_____
_____
_____
_____
_____
_____

10회기　**협동화 그리기**

▢ 활동 목표

• 자기통제를 통한 충동성을 감소시킨다.

• 외부 환경에 귀를 기울이며 반응한다.

• 협력 기술을 증진시킨다.

▢ 준비물　규칙판, 쿠폰판, 4절 도화지, 크레파스, 사인펜

▢ 활동 내용

1. 이 활동을 시작하기 전에 간단한 게임으로 집단원들의 긴장을 이완시킨다.

2. 과제 점검하기
  - 일주일 동안 다른 사람들에게 올바르게 자신의 화를 잘 표현했는지를 발표한다.

3. 충동성을 감소시키고, 외부 환경에 적절하게 반응하는 기술을 배우기 위해서 '협동화 그리기' 하기
  - 집단원을 두 팀으로 나눈다.
  - 팀원끼리 논의하여 협동화로 그릴 동화를 선택한다.
  - 큰 도화지를 나누어 주고, 도화지에 협동화를 그린다(서로 말을 하지 않고 상대방이 그리는 부분을 잘 보고 그린다).
  - 다 그린 그림을 벽에 걸고, 전시회를 열어 감상한다.

▢ 마무리 활동

1. 활동을 마무리하며 소감 나누기
  - 협동화를 그릴 때 좋았던 점과 어려웠던 점을 이야기해 보고, 협동의 중요성을 이해한다.

2. 쿠폰 확인하기
   - 집단의 규칙을 잘 지켰는지 점검한 후에 쿠폰을 나누어 준다.
   - 오늘의 활동에서 자신의 행동에 대해서 점수를 주고, 점수에 따라 쿠폰을 나누어 준다.
3. 과제 부여하기
   - 다른 사람들에게 관심을 가지는 경험을 조사한다.

좋은 친구, 좋은 아이 되기

✳ 하루 동안 여러분이 다른 친구나 가족들에게 한 착한 행동을 적어 보고, 상대방의 반응이 어땠는지 적거나 그려 보세요.

(누구한테 어떤 좋은 일을 했나요?)   (상대방의 반응은 어땠나요?)

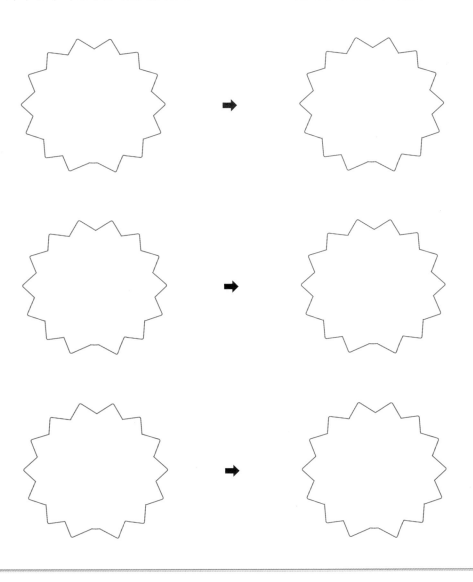

11회기 상장 주기

🗂 활동 목표
• 자신에 대한 믿음을 굳건히 하고, 변화에 대해서 결심한다.

🗂 준비물 규칙판, 쿠폰판, 잡지책, 색종이, 풀, 가위, 롤링페이퍼, 크레파스, 사인펜

🗂 활동 내용
1. 이 활동을 시작하기 전에 간단한 게임으로 집단원들의 긴장을 이완시킨다.
2. 과제 점검하기
   – 일주일 동안 다른 사람들에게 관심을 가진 경험을 발표한다.
3. 자신에 대한 믿음과 긍정적인 자아상을 획득하기 위해서 '롤링페이퍼 만들기'
   를 한다.
   – 집단원들에게 도화지를 나누어 주고, 자신의 이름을 적게 한다.
   – 자신의 이름이 적힌 도화지를 옆으로 넘긴다.
   – 자신에게 온 다른 집단원의 이름이 적힌 도화지에 그 집단원의 장점이나 고
     마웠던 점을 적어 준다.
   – 집단원들의 장점을 적을 롤링페이퍼를 나누어 준다.
   – 롤링페이퍼에 적힌 집단원의 장점을 보고 그 내용을 콜라주로 만들어 준다.
   – 다 완성되면 롤링페이퍼를 말아서 상장처럼 만들어 나누어 준다.

🗂 마무리 활동
1. 활동을 마무리하며 소감 나누기
   – 칭찬을 들었을 때의 기분을 이야기해 본다.
   – 다른 친구들이 바라보는 자신의 모습이 어떠한지 이해한다.
2. 쿠폰 확인하기
   – 집단의 규칙을 잘 지켰는지 점검한 후에 쿠폰을 나누어 준다.
   – 오늘의 활동에서 자신의 행동에 대해서 점수를 주고, 점수에 따라 쿠폰을 나
     누어 준다.

12회기   나의 나무

☐ 활동 목표

• 회기를 돌아보며 자신과 집단을 정리해 본다.

• 자신과 타인의 장점을 인식하고 수용한다.

☐ 준비물   규칙판, 쿠폰판, 도화지, 크레파스, 사인펜

☐ 활동 내용

1. 이 활동을 시작하기 전에 간단한 게임으로 집단원들의 긴장을 이완시킨다.

2. 집단 프로그램을 통해서 자신이 얼마나 성장했는지를 확인하기 위해서 '나의 나무' 그리기 하기

   - 집단원들에게 도화지를 한 장 나누어 주고, 좋아하는 색의 색연필을 고르게 한다.

   - 도화지를 반으로 나눈다.

   - 자신의 모습을 한 나무를 상상하도록 지시한다.

   - 도화지의 한쪽 면에 집단에 참가하기 전 자신의 모습을 닮은 나무 한 그루를 그린다.

   - 도화지의 남은 한쪽 면에 집단에 참가한 후의 지금 나의 모습을 닮은 나무 한 그루를 그린다.

   - 다른 집단원들에게 두 나무가 어떤 모양의 나무인지에 대해서 이야기한다.

   - 집단에 참여하기 전후의 나의 모습의 나무를 비교해 보고, 변화된 나의 모습을 인식한다.

☐ 마무리 활동

1. 인사를 나누고 집단 마무리하기

   - 집단에 참여하면서 느낀 점을 이야기한다.

   - 집단 프로그램에서 배운 것을 다시 한번 상기하고, 실생활에 사용할 것을 다짐한다.

   - 회기 동안 모은 쿠폰을 보고 선물을 나누어 준다.

3 ADHD 청소년의 사회기술 향상을 위한 음악치료 집단상담 프로그램

1) 선행 연구

치료적 음악 경험은 청소년들에게 과제에 대한 흥미를 유발하고 지속시킬 수 있으며, 다양한 변화와 활동을 통해 자극할 수 있는 힘이 있기 때문에 ADHD 청소년들에게 효과적이다. 음악치료는 자기인식, 자기표현, 자존감 증진 등을 향상시키는데 목표를 두고 행동적인 문제를 가진 청소년에게 적용할 수 있다(정현주, 김동민, 2013). 공격성이나 충동성 등의 문제행동을 음악을 사용하여 조절함으로써 과제에 더 집중할 수 있다. 청소년의 자리 이탈 행동을 감소시키기 위해 음악을 사용하거나(Davis, Gfeller, & Thaut, 1999), 음악을 사용하여 과잉행동과 산만성을 감소함으로써 과제에 대한 집중력을 향상시킬 수 있도록 하였다(Yinger & Gooding, 2014). 또한 과제에 보다 집중하고, 스트레스와 같은 부정적 정서를 조절하며, 과제에 대한 일탈 행동을 감소시키는 등 부절적한 행동을 감소시키기 위해 음악치료 활동이 사용되었다. 주어지는 치료적 음악 경험 안에서 바람직한 행동을 습득하고, 충동 조절 등의 사회적 행동을 습득하며, 음악이라는 매체를 통하여 소통하는 것을 배운다.

미국음악치료협회에 따르면, 음악치료는 음악을 사용하여 치료적인 목적을 달성하기 위한 것으로 대상자들의 정신과 신체 건강의 향상, 유지 그리고 회복시키기 위한 행동과학의 한 분야라고 하였다. 이렇게 음악치료를 행동과학이라고 정의하는 이유는 인간 행동으로서의 음악이기 때문만은 아니고, 치료에 쓰이는 음악활동을 치료 목적에 관련시키는 데 필요한 지식과 기술 외에 연주와 교육의 행동적 기술을 터득해야 하기 때문이다. ADHD 청소년들에게는 음악과 같은 창조적인 것을 이용하여 내적 욕구를 충족시켜 주고, 청소년의 억압된 경험을 표현할 수 있는 감정적 표현 수단을 찾는 것이 필요하며(McFerran, 2009), 사회 교류 기술 향상, 인지·지각, 정서적 배출구를 위한 음악치료 경험이 매우 중요하다고 할 수 있다. 음악이라는 안전한 환경을 통해 의사소통함으로써 청소년들은 자신의 감정을 보다 편안하게 표현할 수 있고, 자신을 이해하여 타인과 건강하게 소통하는 방법을 습득할 수 있다.

Aigen(2014)은 생음악(Live music)을 통한 악기 연주 활동이 기존의 녹음 음악(record music)보다 더 훌륭한 치료적 가능성을 가지며, 청소년들이 직접 연주하는 악기 활동을 통한 직접적인 경험은 스스로 음악활동 집단에 적극적으로 참여하도록 유도할 뿐만 아니라, 집단 안에서 타인을 인식하여 사회 적응 행동을 경험할 수 있다고 하였다. 이때 사용되는 악기들은 누구나 쉽게 연주할 수 있기 때문에 주의 산만 청소년의 경우에도 특별한 기술 없이 즉흥적으로 집단활동의 참여를 가능하게 하며, 이러한 참여를 통해 청소년들은 자신의 악기 연주를 통해 자긍심이 함께 증진된다(Boxill & Chase, 2007). 또한, 음악치료 활동은 청소년들의 감정을 자유롭게 배출할 수 있도록 정서적 안정감을 제공하고, 사회성을 육성하도록 하는 것이라고 한다(김관일, 1995). 뿐만 아니라 표현적 학습으로서 음악은 청소년에게 직접적으로 작용하는데, 그들의 감수성을 풍부하게 하여 정서장애나 부적응 행동을 둔화시키는 등 교육과 치료 효과가 크다(이재숙, 2000). Cripe(1986)는 ADHD 청소년들의 산만함을 감소시키고 집중력을 향상시키기 위해 록(rock) 장르의 음악감상을 사용하여 일탈행동의 효과를 보여 주었다. 이를 통해 부적응 행동의 감소를 위한 강화제로서 음악의 사용은 청소년들의 교실에서의 부적절한 행동을 제거하고, 사회 적응 행동으로 대체하는 데 효과가 있음을 보여 주었다.

David와 Linda, Kiane(1992)에 따르면, 기능이 낮은 청소년이라 할지라도 음악을 통해 정서 반응을 일으킬 수 있을 뿐만 아니라, 기억력, 의사소통 기술, 사회적·운동적 기술 능력을 향상시킬 수 있다고 한다. 다만 이들의 짧은 지속력과 집중력을 고려하여 청소년의 수준에 적합하면서 동기를 유발할 수 있는 흥미롭고 적극적인 활동을 3~5개 정도로 다양하게 시행하는 것이 중요하다고 보았다.

ADHD 청소년의 치료교육의 원리는 집단 음악치료 활동에서의 즐거운 경험이 청소년들에게 적극적인 의욕을 증진시키며, 또래와의 인간관계의 안정감을 가지도록 해 준다. 음악이라는 매체를 통하여 음악적 상호작용을 함으로써 자기표현의 기회를 가지며, 건설적으로 주장하는 방법을 습득하고, 긍정적인 교류의 경험은 결국 자긍심의 증진을 불러온다.

2) 음악치료

음악은 매력적이면서 익숙하다. 알람 소리에 맞춰 하루를 시작하고, 다양한 매체를 통해 의도적 혹은 의도하지 않게 음악을 듣고, 지하철이나 거리에서도 이어폰을 귀에 꽂고 다니며 음악을 즐기는 사람들을 흔히 볼 수 있다. 음악이 없는 영화나 TV 프로그램, 게임은 생각할 수도 없다. 태어나면서부터 음악적 자극에 노출되어 자장가를 들으며 자라고 죽음의 자리에 들어가면서도 장송곡으로 생을 마감하는 등, 음악 안에는 인간의 삶이 있고 다양한 감정이 묻어 있다. 이러한 음악은 우리의 일상생활을 윤택하게 해 주며, 때와 장소에 따라 인간생활에 도움을 준다. 음악은 시대를 통해 인간의 삶에서 중요한 역할을 해 왔으며, 자기 삶의 질적 변화와 치유를 위해 사용되어 왔다(Hesser, 2001). 음악은 정서 반응을 일으키고, 정서 반응은 인체의 혈압, 맥박, 심장박동, 피부 반응 그리고 뇌파에 영향을 주어 생리적인 반응을 일으키는데, 이러한 생리적인 반응과 심리적인 반응은 곧 사회적인 관계에도 영향을 준다. 다시 말하면, 음악으로 유발된 심리적인 반응은 생리적인 반응을 유발하며, 이러한 반응은 결국 사회적인 관계에도 영향을 미치게 된다(이순화, 2010). 음악은 감각적인 호소력이나 경험뿐만 아니라 비언어적인 의사소통으로 어떤 사회나 문화 속에서 쉽게 접근이 가능하다. 따라서 음악은 인간의 정서나 나아가서 마음을 움직이는 수단이 되므로, 인간에게 큰 의미로 작용한다. 그러므로 인간에게 영향력을 끼칠 수 있는 치료로서 음악을 쉽게 활용할 수 있는 것이다.

음악치료는 음악이라는 예술적인 부분과 치료라는 과학적인 부분이 결합된 학문인만큼 한마디로 정의 내리기 쉽지 않다. 치료에 있어 음악의 효과와 필요성은 오래전에 입증이 되었으나 학문적으로 자리 잡는 데 오랜 시간이 걸린 만큼 음악치료의 정의는 음악치료가 학문으로 자리 잡는 과정 동안 계속해서 조금씩 변화해 왔다(정현주, 2015). Bruscia(1998)는 음악치료를 "내담자의 건강을 회복시키기 위해 음악 경험을 통해 역동적인 변화를 이끌어 내는 체계적인 치료의 과정"이라고 정의하였고 체계적인 치료 과정을 강조하였다. 미국음악치료학회(American Music Therapy Association: AMTA)는 음악치료에 대한 정의를 "음악치료는 치료적인 목적, 즉 정신과 신체 건강을 복원(rehabilitation), 유지(maintenance), 향상(habilitation)시키기 위해 음악을 사용하는 것이다."라고 정의 내렸다. 이것은 치료대상자들의 행동을 바람직한 방향으로 변화시키기 위한 목적으로 사회에 잘 적응할 수 있도록 도와주며 음악을 단계적으로 사용하고 치료 계획과 목적 설정 및 평가를 비롯한 치료 전반에 관한 부분에 음악치료사의 역할이 이루어져야 하는 것을 의미한다. 음악치료는 음악적인 접근을 통해 음악 외적인 부분의 목적을 달성하는 것으로, 예를 들면 주의

집중이 잘 이루어지지 않는 산만한 아동에게 음악적인 중재를 실시하여 집중력이 향상될 수 있도록 하는 것으로 설명될 수 있다. 이 외에도 많은 학자가 음악치료에 대한 정의에 대해 정리를 하였는데 공통적인 부분은 음악적 경험을 통해 음악치료 대상자에게 중재(intervention)와 의미 있는 변화(change)가 이루어져야 한다는 것이다(정현주, 2015).

음악이 치료적으로 미치는 원리를 파악하기 위해서는 음악적 요소들이 갖는 치료적인 특징에 대한 이해가 필요하다. 이를 위해 음악의 3요소인 리듬과 멜로디, 화음에 대해 살펴보고자 한다. 리듬은 소리가 질서정연하게 나열된 것들로 음악의 시간적인 골격과 틀이 된다고 볼 수 있다. 리듬은 리듬의 가장 작은 구성단위인 박(beat)으로 구성되며 힘과 에너지 수준과 관련을 가지는데, 규칙적이고 박과 박의 시간적 간격이 동일할 경우 정서적인 안정감과 관련을 가질 수 있다. 규칙적인 리듬이 제시하는 안정감은 생리적인 항상성과도 관련이 깊어 긴장 이완과 운동영역에서 치료적으로 사용이 가능하다. 멜로디는 기본적인 리듬 구조에 음고의 요소가 추가된 것으로 시간적(음가)·공간적(음고) 차원에서 존재한다. 리듬이 에너지 수준과 관련이 있다면 멜로디는 인간의 감정을 다루어 주는 정서적인 부분에 작용하며 순차적인 진행과 예측 가능한 멜로디의 전개는 안정감과 진정시키는 역할을, 도약 진행이 빈번하고 예측 불가능한 멜로디는 흥분시키는 역할과 긴장감을 제공할 수 있으며 이러한 속성은 리듬에서도 동일하게 작용될 수 있다. 두 개 이상의 음이 동시에 울리는 것으로 하나 이상의 음이 수직적으로 동시에 생성되어 선율에 추가되는 음을 화음이라고 부른다. 화음은 멜로디가 표현하고자하는 감정을 풍성하게 지지해 주며, 어울리지 않는 소리는 감정의 긴장과 갈등을 유발하고 불유쾌한 감정을 조성하는 반면, 어울리는 소리는 이완과 조화를 통한 안정감을 제공한다.

음악치료의 목적은 치료 대상자의 행동 변화와 관련되는 '음악 외적인 것'이며, 음악활동을 통해서 이를 바람직한 행동으로 변화시키기 위해 치료 목적을 설정한다. 즉, 치료사는 환자와의 만남을 통해 진단(assessment)하고, 그 결과에 따라 치료 목적과 목표를 설정하며, 그 치료 목표에 따라 구체적인 치료 계획을 세우고 치료를 시작하고, 정기적인 평가를 통해서 치료 목표가 달성되었다고 생각되면 치료를 종결하게 된다(이순화, 2010). 초창기의 음악치료는 치료를 필요로 하는 대상자들에게 즐거움과 편안함을 제공하고 그들의 활동을 도와주는 차원에서 제공되었으나 점차 치료의 목표와 방법이 구체화되면서 각각의 음악치료 영역이 나누어지고 확립되었다. 음악치료에서 치료를 위한 전제로 이루어져야 하는 것은 음악 환경에서 보인 행동들이 비음악적 환경으로 전이되는 것으로, 음악치료사는 음악활동을 통해 치료에 참여하는 내담자의 잠재력을 개발시켜 이러한 변화와 성장이 외부환경에 전이되고 확장시켜 주는 역할을 한다(정현주, 2015).

음악치료사는 이러한 음악적 활동을 음악 외적인 치료 목표 달성을 위해 계획하는데, 목표 설정을 위해서 인간의 행동을 발달 영역별로 나누어 인지, 신체/운동, 언어/의사소통, 사회, 정서 영역별 기능과 기술을 분석하고 목표로 설정할 수 있다. 인지적인 영역에서는 소리를 음악으로 지각하는 인지적인 과정을 거쳐 복합과제로 구성된 음악활동들을 사용하여 학습적인 부분과 연결이 이루어진다. 신체/운동 영역에서는 인간의 내재화된 신체리듬과 동조화(entrainment) 성향을 바탕으로 긴장이완을 위한 호흡 훈련을 비롯하여 신체기능 강화를 위한 대근육, 소근육의 재활훈련 치료 도구로도 적용이 가능하다. 언어/의사소통 영역에서는 호흡을 사용한 발성, 발성을 바탕으로 노래 가사를 활용한 음운처리 과정 그리고 의사소통을 위한 의미론과 구문론에 개입이 가능하다. 또한 노래의 멜로디와 리듬, 악센트 등의 음악적 요소를 활용한 언어리듬과 억양 강화에도 치료적인 중재가 이루어진다. 사회 영역에서는 대인관계 형성 및 상호작용, 타인과의 교류에 필요한 기본적인 기술 습득이 필요하다. 타인과의 관계 맺기는 타인인식과 환경에 대한 인식을 바탕으로 이루어지며 음악치료에서는 언어적 비언어적인 교류가 이루어지도록 목표를 설정할 수 있다. 이를 바탕으로 이루어진 사회적 기술은 다른 사람과의 공감대를 형성하기 위한 합창이나 합주 활동으로 소속감, 협동심 등 기본적인 사회적 기술을 강화하는 데 도움을 줄 수 있다. 정서 영역을 살펴보면 음악치료에서는 개인 내적 심리 및 감정을 정서로 의미한다. 모든 인간 내면에 음악에 반응하는 음악아이(music child)를 실현하는 것이 음악치료의 목적이므로, 음악 안에서 자기 존재의 확인과 함께 음악적인 즐거움을 경험하는 활동은 자신의 음악을 수용하여 성취감을 경험할 수 있도록 한다. 이러한 긍정적인 음악경험은 자존감, 충동조절, 자기표현, 성취감, 자기실현 등 개인 내적 요인과 관련을 가진다.

음악치료에서는 치료 목표를 달성하기 위하여 여러 종류의 음악과 다양한 음악활동을 적용한다. 수동적으로 음악을 듣는 활동, 능동적으로 노래를 부르는 활동, 악기 연주, 노래 회상, 노래 즉흥연주, 기악 즉흥연주, 노래를 만드는 활동, 음악 연주, 노래와 관련하여 토의하는 활동, 심상 여행하는 활동, 음악극 등을 적용할 수 있다(이순화, 2010). 음악치료 활동에는 이와 같이 다양한 활동이 적용될 수 있으나, 그 환자의 음악 체험이나 성격, 적응도 등에 의하여 치료활동의 선정이 달라진다. 음악치료는 음악을 치료적 도구로 활용함으로써 치료 환경 안에서 흥미와 동기를 유발하는데, 독특한 치료 방식으로 그 효과를 드러낸다. 치료적 음악 경험은 편안한 환경에서 신뢰 관계를 맺어 주는 중재 역할을 한다. 대상자의 문제해결을 위해 치료적 도구로 사용할 수 있는 대표적인 음악치료 접근과 기법으로는 음악감상, 노래 부르기, 작곡, 노래심리치료, 악기 연주, 즉흥연주 등이 있다.

음악감상은 우리에게 매우 친숙한 형태로 쉽게 접근하고 경험할 수 있는 음악접근법 중의 한 형태다. 모든 개인은 각자의 개성에 따른 선호하는 음악적인 형태가 있으며(정현주, 2011), 감상경험이 이루어질 때는 음악을 통한 위로와 공감을 비롯한 심리적인 형태로, 음악감상을 통한 긴장 이완과 각성이 이루어질 때는 생리적인 형태로, 그리고 음악을 듣고 소리를 인지하거나 연상이 이루어질 때는 인지적인 형태와 같이 음악감상은 다양한 형태로 우리에게 영향을 미친다. 음악감상은 수용적인 음악치료의 대표적인 접근 방법이지만 감상경험 그 자체는 듣는 데 그치는 것이 아니라 적극적인 감상의 행위가 이루어져야 하므로 수동적인 경험이라기보다는 매우 적극적인 경험으로(Kasayaka, 1991) 이루어져야 한다. 감상 후에 이루어지는 음악에서의 감정이나 느낌, 연상과 관련된 기억에 대해 이야기를 나누어 보는 활동은 개인 및 집단의 이슈를 탐색하고 자신 및 타인을 이해하고 수용하는 경험을 제공하는데(최병철 등, 2015), 이는 청소년의 문제행동 개선 및 타인과의 관계기술을 맺는 능력에서도 긍정적인 영향을 미칠 수 있다. 음악감상의 치료적 목적은 다음과 같다(최병철 등, 2015).

- 수용성의 촉진
- 특정 신체 반응 유발
- 자극 또는 긴장 이완
- 청각 운동 기술 개발
- 정서 상태나 정서적 경험 유발
- 타인의 의견과 생각탐구
- 기억 환기 및 회귀의 일상화
- 심상과 상상 유발

- 감상자를 지역사회나 사회문화단체와 연계
- 감정을 고조시키며 영적 경험 자극

노래 부르기 또는 찬트하기(Chanting)는 악기나 다른 도구 없이 인간의 목소리만을 가지고 음악을 할 수 있는 가장 보편적이고 쉬운 방법 중 하나로, 개별적으로 혹은 집단이 함께할 수 있는 활동이다. 노래 부르기를 통해 개인은 자신의 감정을 표현하고 타인의 감정을 수용할 수 있다. 노래의 음악적 특성(가사와 조합된 멜로디)은 한 개인의 표현과 의사소통의 양식에 직접적인 영향을 미친다. 아동과 노래 부르기 활동을 할 때는 자신의 경험을 이야기할 수 있으면서 단순하고 아름다운 노래 가사의 선택이 좋으며, 멜로디와 리듬은 비교적 단순하고 반복되는 것을 선택하여 만족감을 줄 수 있어야 한다. 초기 단계일수록 익숙한 곡을 활용하는 것이 효과적일 수 있다.

노래심리치료는 노래라는 우리에게 익숙한 매체를 사용하여 실시되는 심리치료 기법이다. 노래는 인지적인 언어와 감정적인 언어의 결합으로 치료에 참여한 사람들의 인지와 감정을 자극하고 감정과 생각의 변화를 쉽고 풍부하게 이끌어 낼 수 있는 장점이 있으며(정현주, 2015), 노래의 가사는 경험과 기억을 회상시키는 강력한 촉매제가 되어 언어와 상상력을 자극시키기에 충분한 수단이 된다(Boxill & Chase, 2007). 노래를 부르고, 노래를 만들며, 노래가사와 관련된 토의를 하는 활동을 통해 문제해결 능력 향상 및 스트레스를 비롯한 부정적인 감정을 해소하여 심리적인 안정감을 가지고 오는 데 효과적으로 사용될 수 있으며(최병철 외, 2015), 가사와 관련된 다양한 활동을 통해 스스로 문제를 탐색하고 통찰하도록 도울 수 있다(정현주, 김동민, 2013). 가사와 함께 멜로디, 리듬, 강약과 음색 등 다양한 음악적 요소를 함께 활용하여 감정과 의사소통을 위한 수단과 통로로 사용될 수도 있는데(최미환, 2006), 이를 바탕으로 한 공감의 경험이 의사소통 향상과 함께 사회성 향상에 직접적으로 영향을 미칠 수 있다. 노래심리치료는 노래 대화하기, 노래 부르기, 노래 회상하기, 노래 만들기로 구성되어 있다. 노래 대화하기는 노래를 듣고 치료사 혹은 집단원들과 함께 가사에 대한 개인적인 생각이나 느낌을 만드는 것을 의미하며, 노래 부르기는 목소리로 음색, 선율, 가사 등을 직접 표현하는 방법으로 기존의 노래 혹은 새로운 곡을 불러 보는 활동을 포함하는 목소리를 사용하는 모든 음악적인 형태다. 노래 회상하기는 과거의 일을 회상하기 위한 작업으로 과거의 의미 있는 기억이나 사건들을 정리하고 재경험해 보는 작업을 의미하며, 노래 만들기는 가사의 빈칸을 채워 넣는 노랫말 채우기, 기존의 노래 가사를 자유롭게 바꾸어 불러 보는 개사하기, 가사나 멜로디 혹은 노래의 악기편성, 리듬 등을 재구성하는 개별성과 창의성이 반영되는 노래변주(Song variation), 새로운 가사를 만들어 보는 작사 등으로 구성되어 있다.

작곡(Songwriting)은 음악치료 방법 중 흔히 사용되는 방법으로, 자신과 타인의 감정을 경험 · 확인 · 표현 · 교류하며, 감정적 행동의 조절 및 변형을 촉발하기 위해 구성되고, 개인의 내면세계를 탐색하도록 한다(최병철, 2015). 주로 자기를 표현하고, 자아존중감을 증진시키며, 억압된 감정과 욕구를 표현하는 것을 목적으로 시행하는데, 스스로 작사를 함으로써 재인식의 과정을 거쳐 새로운 인지 체계를 형성하는 방법으로 사용될 수 있다. 또한 집단으로 송라이팅을 행할 경우 다른 집단 구성원의 감정과 경험을 공유하고, 상호교류를 증진시키며, 함께 노래를 만들어 가는 과정 속에서 완성감을 통해 신뢰감이 형성되며 자아존중감도 증진된다(Sharma & Jagdev, 2012). 또한 송라이팅은 청소년을 대상으로 집단 응집력과 자기표현, 자아개념 향상을 위해 사용되고, 청소년의 심리적 안정에 기여하며, 부정적 정서와 사고의 패턴을 바꿔 주어 보다 긍정적인 정서를 경험하고 재인식하도록 할 수 있다(Uhlig, Jansen, & Scherder, 2018).

악기 연주는 다양한 악기를 가지고 내담자들이 자유롭게 연주하는 것으로 모든 악기가 다 사용된다. 연주할 수 있는 악기는 큰북, 작은북, 탬버린, 핑거심벌즈, 실로폰, 피아노, 트라이앵글, 마라카스, 카바사, 에그쉐이커, 롤리팝 드럼, 핸드벨, 오션 드럼, 레인스틱, 귀로, 우드블록, 리듬스틱, 윈드챠임, 메탈로폰, 자일로폰 등 리듬악기에서 멜로디악기에 이르기까지 매우 다양하다. 음악감상 활동이 수동적이라면, 악기 연주 활동은 음악활동 중 가장 적극적인 활동 중 하나라고 할 수 있다. 악기를 통해 연주하는 사람과 감상하는 사람은 모두 다양한 자극을 받고, 그에 따른 즉각적인 반응과 피드백이 이루어지게 된다. 이에 따라 연주하는 사람은 자아에 대한 새로운 동기를 유발하고, 듣는 사람은 상대방을 수용하고 지지해 줄 기회를 가질 수 있다. 집단에서 동료들과 함께 음악을 만드는 과정에서 다른 사람의 소리에 주의를 기울이고 자신이 맡은 역할에 책임을 다하고 지시를 따르게 되는데, 이러한 활동은 책임감과 협동심 그리고 높은 주의집중력을 필요로 한다. 이러한 과정을 거치며 음악을 완성시킬 때 이로 인한 성취감은 자신감으로 이어진다. 지체가 심한 경우도 리듬악기/타악기를 사용할 수 있다. 악기 재료 자체의 다양한 질감이 제공하는 촉각과 악기가 가진 시각적인 특징 그리고 연주를 통한 청각 자극 등 다양한 자극이 치료 효과를 더욱 촉진할 수 있다. 탬버린으로도 상호작용, 상호 관련성, 대인관계 기술 등을 향한 통로를 열어 줄 수 있다. 치료사는 음성, 피아노, 기타 등으로 음악적인 지지를 해 줌으로써 소리 자극을 창조하여 리듬악기를 칠 수 있도록 동기를 부여한다. 선택된 악기가 무엇이든지 감각운동적 활동은 의식을 신체적 · 정서적으로 활성화하는 즉각적이고 감각적이며 청각적인 피드백을 낳는다. 즉각적인 피드백은 한 단계 더 발전된 행동을 하도록 동기를 부여한다. 이 같은 악기 연주를 통해 정신운동성 기술, 근육운동 감각적 경험, 협응, 지각운동 기술 등이 활성화된다. 악기 연주는 3단계로 설명할 수 있다. 1단계는 치료사와 아동이 신뢰하는 관계를 형성하여 악기를 탐색하게 되는데, 이때 치료사는 아동의 성향을 진단한다. 2단계는 아동이 악기 연주를 통하여 다양한 음악적 경험을 가짐으로써 정서를 표현하는 단계다. 3단계는 아동의 문제를 해결하고 타인과 교류할 수 있도록 도와준다.

즉흥연주(Improvisation)는 즐겁고 창조적인 음악치료 형태다. 음악치료의 꽃이라 불리는 즉흥연주는 말 그대로 사전에 계획하지 않고 즉흥적으로 연주하는 것을 의미한다. 즉흥적으로 음악을 만들고 연주하는 활동으로 실제 음악치료에서 사용되는 방법 중에 가장 널리 사용되는 방법이다. 여기에는 특별히 음악적 훈련을 받지 않은 대상이라도 참여할 수 있으며, 이것은 단순히 소리를 가지고 어떤 패턴과 구조를 이루어 연주하는 것으로, 연주되는 소리가 자유연상되는 대상이나 자신의 투사된 모습일 수 있다(Bruscia, 1998). 즉흥연주는 동시적 상징과 직접적인 행동을 나타내는 것으로, 어떤 특정한 인식이 없이 감정적인 에너지의 해소를 통해 강한 감정의 표현과 정신적 자유를 제공할 수 있고, 자기표현을 증진시키며, 정서적 변화와 함께 면역기능의 긍정적인 변화까지도 유도할 수 있다(Robb, 2000). 음악치료에서 많이 사용되는 치료적 방법 중 하나인 즉흥연주는 치료적인 목적에 따라 악기나 목소리를 사용하여 소리나 음악의 형태를 음악을 즉흥적으로 만들어 내는 것을 의미하며 대상자의 사전 음악 기술을 필요로 하지 않는다. 즉흥연주는 매우 능동적이고 체험적인 활동으로 'music'과 'making'을 합성한 '음악만들기(musicing)'라고도 불리며(Crowe & Rio, 2014), 이러한 능동적인 작업을 통해 음악적인 요소들이 자기표현과 동시에 주고받는 형식으로 음악적인 대화가 이루어질 수 있도록 유도할 수 있다(Bruscia, 1998). 이러한 자신에 대한 경험과 음악적인 환경에서 경험하는 사회적인 부분은 사고와 문제해결을 위한 사고력 향상과 창의성에도 긍정적인 영향을 줄 수 있으며 비언어적인 교류를 통한 의사소통과 대인관계를 원활하게 해 줄 수 있다(정현주, 2015; 최병철 외, 2015). 즉흥연주는 동시적 상징과 직접적인 행동을 나타내는 것으로, 어떤 특정한 인식이 없이 감정적인 에너지의 해소를 통해 강한 감정의 표현과 정신적 자유를 제공할 수 있고, 자기표현을 증진시키며, 정서적 변화와 함께 면역기능의 긍정적인 변화까지도 유도할 수 있다(Robb, 2000). 간단한 멜로디 연주나 리듬을 쉽게 만들어 낼 수 있는 즉흥연주를 통해 음악적인 결과물을 만들어 내는 활동은 성공적이고 긍정적인 음악경험을 얻도록 할 수 있으며 즉흥연주가 이루어지는 대상들에게 음악적인 만남을 제공할 수 있다(Aldridge & Aldridge, 2008).

음악적 동작이란 리드미컬한 대근육운동, 기기, 걷기, 뛰기 등 기본적인 이동, 구조화된 자유로운 정신운동 동작, 지각운동 활동, 창조적인 동작/무용, 사교무용, 리드미컬하게 말하기/노래 부르기/찬트하기와 결합된 동작 그리고 악기 연주와 결합된 동작 등을 가리킨다. 심한 정신지체인이나 중복장애인은 음악적 동작이라는 감각운동적 자극을 통하여 직접적으로 다루어진다. 신체 움직임을 통해 음악을 경험하는 것과 음악을 통하여 신체 움직임을 경험하는 것은 주의집중, 기억, 공간과 신체의 지각, 타인과의 접촉, 사회적 상호작용, 상상력, 민감성 그리고 창의력을 증진하는 데 도움이 된다(Pandian, 2019).

3) 프로그램의 목표

이 프로그램은 ADHD 청소년의 1차적 징후인 부주의와 충동성을 개선하고, 2차적 징후인 부족한 사회기술을 향상시켜서 올바른 대인관계를 가지도록 돕는 사회기술 훈련 프로그램이다. 이 프로그램의 목표는 다음과 같다.

- ADHD 청소년의 문제행동인 부주의와 충동성을 개선하도록 돕는다.
- 또래관계에서 중요한 사회기술인 자기주장하기와 타인에 대한 공감 능력을 기른다.
- ADHD 청소년의 부족했던 또래관계를 경험하게 한다.
- 학습한 사회기술을 생활에 적용할 수 있도록 돕는다.

4) 프로그램의 구성

이 프로그램의 전체적인 내용은 크게 관계 형성 단계, 자기인식과 타인인식 단계, 문제해결과 사회기술 습득 단계, 종결 단계로 구성되어 있다. 먼저 청소년들이 즐겁고 편안한 분위기에서 자신의 모습을 돌아볼 수 있도록 집단 구성원 간의 관계 형성에 중점을 두었다. 또한 충분한 관계 형성 속에서 자신과 타인의 다른 점을 인식하고, 자신의 모습을 되돌아볼 기회를 제공하였다.

ADHD 청소년들은 부주의로 인해 타인에게 쉽게 주의를 기울이지 않는다. 그래서 자신의 행동이 타인에게 어떤 영향을 미치는지, 타인의 감정이 어떤지를 인식하지 못하는 경우가 많다. 타인뿐만 아니라 자신의 감정이 무엇인지도 정확하게 알지 못하는 경우가 많다. 그래서 자신의 감정과 타인의 감정을 인식하도록 도왔다. ADHD 청소년들은 부주의와 충동성으로 인해 타인과 적절하게 관계하는 데 어려움을 가진다. 그래서 프로그램에서는 ADHD 청소년들의 주의집중력을 증진시키고 충동성을 감소시키는 것을 도와서 타인의 말을 끝까지 경청하고 반응할 수 있도록 도왔다.

또 ADHD 청소년들은 그들의 문제행동으로 인해 작업을 완벽하게 끝내고, 무엇인가를 이루었다는 성공 경험이 많지 않다. 이 프로그램에서는 개인 또는 또래들과의 공동 작업에서 '함께하는 성공 경험'을 할 수 있도록 도왔다. 마지막으로 프로그램을 종결하면서 아동이 변화되고 변화된 모습이 지속되도록 격려하였다.

미술과 음악이라는 표현 매체를 사용하면 일반적인 인지적 방법보다 청소년들의 저항이 덜하고, 흥미와 재미를 가지고 적극적으로 프로그램에 참여할 수 있기 때문에 더 흥미롭게 사회기술을 배울 수 있다. 이 프로그램에서는 매체를 탐색할 시간을 충분히 주어서 청소년들이 프로그램에 흥미를 가지도록 유도하였고, 미술과 음악 매체를 다양한 방법으로 활용하여 프로그램에 대한 흥미를 계속적으로 가지고 프로그램에 참여하도록 유도하였다.

(1) 관계 형성 단계(1~2회기)

이 단계에서는 프로그램에 참여하는 청소년들 간의 서먹함을 감소시키고 친밀감을 형성하도록 돕는다. 청소년들은 편안하고 신뢰할 수 있는 분위기에서 자신들을 더 많이 노출한다. 상담사는 청소년들이 프로그램에 편안하게 참여하고 서로 간의 친밀감을 고취시키기 위해 이완 활동을 비롯한 다양한 활동을 제공한다. 또 프로그램에 대한 이해를 높이고 좀 더 적극적으로 프로그램에 참여하도록 돕는다. 전체 회기 동안에 청소년들의 자발적 참여와 집단의 원활한 운영을 위해 규칙을 정하며, 그 규칙을 청소년들이 스스로 지킬 수 있음을 다짐한다.

(2) 자기인식 및 타인인식 단계(3~4회기)

이 단계에서는 청소년 자신이 가지고 있는 문제에 대해서 스스로 인식한다. 청소년들은 ADHD의 특성으로 인해 스스로에게도 부주의하다. 그래서 자신이 욕구가 무엇인지, 자신의 감정이 무엇인지 잘 모른다. 따라서 청소년 자신에 대해서 신중하게 생각해 보는 기회를 제공한다. 또 청소년들에게 자기와 타인이 개별적인 사람으로서 서로 다른 존재라는 것을 인식하는 기회를 제공한다.

(3) 문제해결 및 사회기술 습득 단계(5~10회기)

이 단계에서는 ADHD 청소년의 문제행동을 개선하고 부족했던 사회기술을 습득하고 연습해 보는 기회를 제공한다. ADHD 청소년들의 문제행동인 부주의와 충동성을 다양한 활동을 통해서 개선시킨다. 또 청소년들이 친구를 사귀는 데 필요한 타인에 대한 공감 능력과 자신의 감정과 생각을 올바르게 전달하는 방법을 배우고 연습해 본다.

(4) 종결 단계(11~12회기)

마지막 종결 단계에서는 지금까지 배운 것들을 실생활에 사용할 수 있도록 격려하고, 프로그램 동안에 자신의 모습이 어떻게 바뀌었는지 이해하며, 그 바뀐 모습을 계속해서 유지할 수 있도록 돕는다. 청소년은 전체 프로그램 동안에 느꼈던 다른 집단원들의 장점을 칭찬해 주고, 자신이 몰랐던 장점도 이해함으로써 자신의 자존감도 높아진다.

표 8-2 ADHD 청소년의 사회기술 향상을 위한 음악치료 프로그램의 전체 구성

단계	회기	주제	활동 목표	활동 내용
관계 형성	1	음악과 함께해요	• 집단원들의 긴장된 분위기 해소 • 프로그램 참여 동기 부여 • 서로에 대한 친밀감과 신뢰감 형성	- 〈Hello-song〉과 함께 지도자 및 프로그램 소개 - 자기소개 하기 - 음악적 선호도 파악 등 서로에 대해 이해하기 - 집단에 필요한 규칙 함께 정하기 - 서약서 작성하기 - 〈Good-bye song〉으로 마무리하기
	2	음악과 movement	• 친밀감과 신뢰감 형성 • 공동체감 느끼기	- 간단한 이완 활동 - 〈징기스칸〉〈붉은 노을〉 노래 이야기 나누기 - 옥타밴드를 이용하여 동작 만들어 함께하기 - 소감 나누기
자기 인식 및 타인 인식	3	희망사항	• 타인에 대한 관심 가지기 • 자신과 타인의 모습을 있는 그대로 이해하고 수용하기	- 간단한 이완 활동 - 〈희망사항〉 노래에 구성원들의 이름 혹은 특징으로 특정 부분 가사를 바꾸어 불러보기 - 자신과 타인에 대해 이해한 부분에 대해 이야기 나누기 - 소감 나누기
	4	리듬으로 소통하기	• 타인의 욕구와 감정에 대한 민감성 증진 • 다른 사람과 관련되어지는 다양한 양상 탐구	- 간단한 이완 활동 - 다양한 리듬 악기 중 자신이 선호하는 악기를 선택하여 자신의 감정을 악기로 표현해 보기 - 배경음악과 함께, 그리고 배경음악 없이 자유롭게 즉흥연주 경험하기 - 연주과정 동안 다른 사람과 어떻게 교류했는지 등 소감 나누기
문제 해결 및 사회 기술 습득	5	누구 목소리? 누가 연주?	• 주의력 증진 • 성공감 증진	- 간단한 이완 활동 - 〈멍멍멍〉 노래를 익히고, 의성어 부분을 이용하여 음악게임 하기 - 아동이 선호하는 악기를 선택하고, 음악적 구조에 따라 BINGO 연주 - 소감 나누기
	6	에그 쉐이커 pass	• 주의력 증진 • 자기 조절 능력 향상 • 지속력 증진	- 간단한 이완 활동 - 〈내 손 안에 있는 달걀을〉 노래를 부르면서 박자를 인식할 수 있도록 하기 - 소감 나누기

(계속)

7	콰이어 차임 연주	• 자기 조절 능력 향상 • 충동성 감소 • 집중력 증진 • 성공 경험 증진	– 간단한 이완 활동 – 과제 점검 – 〈똑같아요〉〈over the rainbow〉의 콰이어차임 연주 – 녹음하여 들어 보면서 활동에 대한 이야기 나누기 – 활동에 대한 소감 나누기
8	나로 말할 것 같으면	• 자신에 대한 이해 높이기 • 성공경험하기 • 현실적인 자기행동 목표 세우기	– 간단한 이완 활동 – 〈나로 말할 것 같으면〉 노래에 대해 이야기 나누기 – 자신을 생각해 보면서 자신만의 가사 만들기 – 가사를 바꾼 노래를 함께 불러 주기 – 소감 나누기
9	꿍따리 샤바라	• 분노 감정을 표현하고 이해함으로써 공격성 감소 • 충동성 감소 • 자기표현의 경험 제공	– 간단한 이완 활동 – 〈꿍따리 샤바라〉 노래 이야기 나누기 – 노래의 특징과 가사 등 노래에 대한 느낌 나누기 – 화가 났을 때의 대처 방법에 대한 이야기 나누기(나–전달법) – 소감 나누기
10	네 박자 리듬	• 자기통제를 통한 충동성 감소 • 외부 환경에 귀 기울이고 반응하기 • 협력 기술 증진	– 간단한 이완 활동 – 네 박자 안에서 자신만의 리듬을 만들어 즉흥 연주하기 – 리더의 지시에 따라 빠르거나 느리게, 크거나 작게 등 다양한 연주 경험하기 – 모두가 지도자 경험할 수 있게 하기 – 소감 나누기
종결	11	유일한 나만의 노래	• 자신에 대한 믿음과 변화에 대한 결심	– 간단한 이완 활동 – 구성원들이 함께 장점을 적은 편지 완성 – 돌림편지의 내용의 자신의 장점이 적힌 내용을 보고, 노래의 가사로 완성해 보기 – 소감 나누기
	12	나의 성장 이야기	• 자신과 집단 정리해 보기 • 행동 변화를 위한 성장	– 간단한 이완 활동 – 〈나의 마음 속에〉 노래 익히면서 자신의 마음에 대한 여러 가지 생각 떠올려 보기 – 나의 나무 – 그동안의 활동 전체에 대한 소감 나누기 – 인사하기(추후 모임에 대한 언급)

1회기 **음악과 함께해요**

◻ 활동 목표
- 집단원들의 긴장된 분위기를 해소한다.
- 프로그램 참여에 대한 동기를 부여한다.
- 친밀감과 신뢰감을 형성한다.

◻ 준비물 서약서, 기타 혹은 피아노, 플레이어

◻ 활동 내용
1. 시작을 알리는 〈Hello-song〉과 함께 지도자를 소개하고 함께할 프로그램에 대해 설명해 준다.
2. 매 활동을 시작을 알리는 〈Hello-song〉이 익숙해질 수 있도록 반복하여 부른다.
3. 〈Hello-song〉의 특정 부분에 다른 집단원의 이름을 넣어 노래 부르도록 한다.
4. 좋아하는 노래가 무엇이 있는지 등의 내용을 포함하여 간단한 자기소개 활동지를 완성한다.
5. 가사, 리듬, 가수, 퍼포먼스 등 음악의 어떤 부분이 마음에 드는지 등에 대해 이야기를 나누면서 음악적 선호도를 파악하고 서로에 대한 이해를 돕도록 한다.
6. 함께 듣고 싶은 음악이 있다면 음악감상 시간을 가져 보도록 한다.
7. 다 함께 규칙을 정한다.
8. 서약서를 작성하고 사인한다.
9. 〈Good-bye song〉 노래로 활동을 마친다.

◻ 응용
- 〈Hello-song〉과 〈Good-bye song〉은 기존의 곡을 이용하여 가사를 바꾸어

도 되고, 혹은 간단한 곡으로 만들어도 좋다.

• 자신을 독창적으로 표현할 수 있는 닉네임을 넣어 표현할 수 있도록 한다.

음악의 치료적 원리

• 노래로 묻고 답하는 형식은 음악 구조 속에서 자기 자신을 표현하게 하는 것인데, 이는 청소년의 마음을 편하게 하며 자신의 생각과 느낌을 다른 사람과 소통할 수 있도록 하고, 다른 사람의 것을 받아들이는 것을 돕는다.

• 익숙한 노래와 음악을 감상하면 안정감을 유도하며 쉽게 활동에 참여하도록 한다.

2회기 음악과 movement

⬚ **활동 목표**

• 친밀감과 신뢰감을 형성한다.
• 공동체감을 느낀다.

⬚ **준비물** 옥타밴드(Octaband), 반주악기, 플레이어

⬚ **활동 내용**

1. 〈Hello-song〉과 함께 안부를 나누고 대상자들을 맞이한다.
2. 〈징기스칸〉 또는 〈붉은 노을〉 노래를 듣고 반복되는 구절과 후렴 등 노래의 특징에 대해 이야기 나누어 본다.
3. 옥타밴드를 중심으로 원을 그리고 선다.
4. 치료사의 모델링에 따라 우(오른손, 오른쪽), 하(왼손, 왼쪽) 부분에 옥타밴드를 움직여 본다.
5. 후렴 부분에 옥타밴드를 위아래로, 혹은 자연스럽게 움직여 본다.
6. 구성원들이 만든 동작으로 진행하도록 한다.
7. 네 박자로 꼭짓점을 만들어 옥타밴드로 팔 동작을 하거나 팔 동작과 함께 꼭짓점 댄스를 추며 함께 움직여 본다.
8. 지도자가 되었을 때의 느낌과 다른 집단원들이 자신을 따라서 연주했을 때의 느낌을 이야기해 본다.

⬚ **응용**

• 구성원들이 선호하는 노래를 이용할 수 있다.
• 집단을 나누어서 활동을 진행할 수 있다.

⬚ **음악의 치료적 원리**

• 노래를 부르는 과정 속에서 치료사가 청소년에게 지시하는 가사가 포함되는

활동은 청소년이 자연스럽게 치료사의 지시를 받아들이도록 돕는다.

• 쉬운 노래를 통해 멜로디와 가사를 인지하는 과정은 사회성 교류와 인지적인 학습에 부담을 주지 않으면서 참여를 유발할 수 있고, 이로 인해 집중력과 지속력을 향상시킨다.

• 약간 빠른 템포의 익숙한 노래는 적절한 행동의 반응을 위한 자극을 제공한다. 또한 동질감을 일으키고, 긴장을 풀 수 있도록 하며, 친밀감을 높이는 효과를 가져와 치료적 환경에 필요한 즐거움을 제공한다. 이는 능동적인 활동 참여를 증가시키는데, 결국 개인을 집단으로 통합하는 역할을 한다.

3회기 **희망사항**

🗇 **활동 목표**

• 타인에 대한 관심을 가진다.

• 자신과 타인의 모습을 있는 그대로 이해하고 수용한다.

🗇 **준비물** 가사판, 악보, 반주악기, 플레이어

🗇 **활동 내용**

1. 간단한 이완 활동을 한다.
2. 〈희망사항〉 노래를 익힌다.
3. 노래 가사와 노래의 느낌에 대해 이야기 나눈다.
4. 일정 부분의 가사에 어울릴 만한 구성원이 누가 있는지 생각해 보면서 노래를 불러 본다.
5. 구성원들의 이름으로 채워진 노래를 템포를 느리게 하여 불러 본다.
6. 자신의 이름을 다른 구성원들이 일정 부분에 채워 준 것에 대해 이야기 나누는 시간을 가진다.
7. 스스로 생각하는 자신의 이미지와 다른 사람이 자신을 어떻게 바라보는지에 대해 자연스럽게 이야기 나눈다.
8. 활동을 마무리하며 소감을 나눈다.

🗇 **응용**

• 개사 범위를 확장하여 구성원의 장점으로 가사를 새롭게 만들어 보도록 한다.

🗇 **음악의 치료적 원리**

• 노래를 노래의 구조와 가사를 인식하여 주고받으면서 불러 보는 활동으로 타인인식 및 자기인식을 바탕으로 교류 증진이 이루어진다.

• 노래 가사에 맞게 현재 자신 및 다른 구성원들의 욕구에 대해 함께 이야기를

나누어 보는 활동은 자신 및 타인의 모습을 있는 그대로 받아들이도록 돕는다.
- 어렵지 않고 흥미로운 노래를 불러 보는 활동은 활동 참여에 대한 동기를 부여하고 참여를 증진시킨다.

4회기 리듬으로 소통하기

활동 목표
- 타인의 욕구와 감정에 대한 민감성을 증진한다.
- 다른 사람과 관련되는 다양한 양상을 탐구한다.

준비물 다양한 리듬악기(패들 드럼, 카바사, 마라카스, 귀로, 오션 드럼, 비브라슬랩, 쉐이커, 핑거심벌즈, 우드블럭 등)

활동 내용
1. 좋아하는 음악에 맞춰 스트레칭 하는 등 간단한 이완 활동을 한다.
2. 리듬악기를 종류별로 모아 가운데 두고 집단 전체가 빙 둘러앉는다.
3. 구성원이 악기를 하나씩 선택하도록 한다. 이때 구성원들이 여러 가지 악기를 탐색해 보면서 자신이 선호하는 악기를 선택할 수 있도록 여유를 준다.
4. 돌아가며 자신의 감정을 악기로 표현한 후, 모두 함께 악기를 연주해 본다.
5. 배경음악 없이 자연스럽게 전원이 함께 연주를 시작하거나 한 사람이 연주를 시작하여 이에 다른 구성원이 연주를 첨가하는 식으로 연구해 본다.
6. 연주가 종결되면 연주 과정에서 어떻게 교류했는지 서로 의견을 나눈다.
7. 활동을 마무리하며 소감을 나눈다.

응용
- 학교생활, 친구 등 구성원에게 적합한 주제를 제시하여 연주를 이어갈 수 있다.

음악의 치료적 원리
- 음악 구조 속에서 비언어적으로 의사소통을 하는 활동은 결국 언어적 의사소통을 도우며, 이러한 구조는 친숙하게 활동을 유지시킨다.
- 비관련적 즉흥연주는 집단에서 함께하는 기술을 발달시키고, 다른 사람과 관련되는 다양한 양상을 탐구하도록 한다.

5회기   **누구 목소리? 누가 연주?**

🗍 **활동 목표**

• 주의력을 증진한다.

• 성공감을 경험한다.

🗍 **준비물** 눈가리개, 기타, 다양한 악기

🗍 **활동 내용**

1. 간단한 이완 활동을 한다.

2. 〈멍멍멍〉

   - 새로운 노래를 익힌다.

   - 의성어(멍멍멍) 부분을 한 명의 집단원이 부른다.

   - 목소리를 변형해도 된다는 것을 이해시킨다.

   - 술래를 한 명 정하고, 눈을 가리도록 한다.

   - 다 함께 노래를 부르고, 의성어 부분은 술래 모르게 지적받은 청소년이 혼자 부른다.

   - 술래는 그 목소리를 듣고 누구의 목소리인지 생각해 보고 알아맞혀 본다.

   - 가능한 한 모든 청소년이 성취감을 경험할 수 있도록 기회를 제공한다.

3. 〈BINGO〉 연주하기

   - 팀을 나누어서 'BINGO' 노래 중 지시한 부분만 연주하는 게임을 한다.

4. 활동을 마무리하며 소감을 나눈다.

🗍 **응용**

• 리듬악기 각각의 소리를 들려준 후, 의성어 부분에서 연주하여 청소년이 맞추게 함으로써 목소리에서 다른 악기의 음색 요소로 관심을 확장하는 것도 가능하다.

🗐 **음악의 치료적 원리**

• 특정한 의성어를 포함하고 있는 노래의 구조 속에서 진행되는 음악적 진행은 주의를 집중하고 아동의 흥미를 유발하도록 돕는다.

• 게임 형식으로 연결되는 활동은 긴장과 이완을 제공하여 활발한 사고활동을 가져오게 하는데, 이는 자연스럽게 주의력과 판단력을 기르는 데 도움을 준다.

• 일정 부분에서 자신만의 목소리를 내면서 자기표현을 할 수 있게 하는 경험은 맞추는 과정과 더불어 자신감을 가지게 한다.

에그쉐이커 pass

□ **활동 목표**

- 주의력을 증진한다.
- 자기조절 능력을 향상시킨다.
- 지속력을 증진시킨다.

□ **준비물** 기타, 에그쉐이커

□ **활동 내용**

1. 간단한 이완 활동을 한다.
2. 〈내 손 안에 있는 달걀을〉 노래를 익힌다.
3. 노래를 부르면서 에그쉐이커를 왼쪽에서 오른쪽으로 전달한다.
4. 활동이 익숙해지면 속도와 방향을 바꾸어서 수준을 높여 나간다.
5. 눈을 감고 에그쉐이커를 전달한다.
6. 에그쉐이커의 개수를 늘리면서 전달한다.
3. 에그쉐이커를 떨어뜨리지 않으려면 어떻게 해야 하는지 이야기하며 활동을 마무리한다.

□ **응용**

- 노래가 멈추면 특별히 표시가 된 에그쉐이커를 가진 구성원이 준비된 쪽지를 뽑고 그 내용에 해당되는 행동을 하는 등 게임을 확장할 수 있다.

□ **음악의 치료적 원리**

- 음악을 통해 리듬감을 익히게 하고, 이는 곧 몸의 조절 능력 향상을 도와준다.
- 리듬을 정확하게 인지하고 동작으로 연결하는 것은 집단 내의 응집력을 도우며, 성공적 수행을 통한 자긍심 향상에 기여한다.

7회기 콰이어차임 연주

🗀 활동 목표
- 자기조절 능력을 향상시키고 충동성을 감소시킨다.
- 집중력을 증진하고 성공 경험을 증진한다.

🗀 준비물 피아노 혹은 기타, 콰이어차임, 색깔 악보, 녹음기

🗀 활동 내용
1. 간단한 이완 활동을 한다.
2. 콰이어차임의 연주 방법을 설명하고 시범을 보인다.
2. 〈똑같아요〉 〈작은 별〉과 같은 쉬운 곡을 연주해 보면서 콰이어차임 악기의 연주법을 익힐 수 있도록 한다.
3. 〈Over the rainbow〉 연주하기
   - 자신의 콰이어차임에 붙어 있는 색깔과 노래 가사 위에 붙은 색깔을 확인한다.
   - 함께 지도자의 반주에 맞춰 연주해 본다.
   - 연주한 것을 녹음하여 함께 들어 본다.
4. 활동을 마무리하며 소감을 나눈다.
   - 듣기 좋은 연주와 듣기 싫은 연주의 차이는 무엇인지 이야기해 본다.
   - 좋은 연주를 위해서 어떻게 행동해야 하는지 구체적인 방법에 대해 이해하고 적용한다.

🗀 응용
- 활동한 곡과 같은 조성의 곡을 하나 더 준비하여 연주하도록 한다.
- 멜로디를 연주하는 방법과 화음으로 연주하는 방법 중 선택할 수 있도록 한다.

⬚ 음악의 치료적 원리

- 곡이 진행되면서 자신이 맡은 부분에서만 박자에 맞춰 연주하는 것은 시간에 입각한 행동과 적응적 행동을 발달시킨다.
- 자신의 순서를 인식하고, 차례를 인식하여 연주하는 과정은 행동을 조절하고, 조절을 통해 곡이 완성되는 것을 경험함으로써 집단 속에서 공동체감을 느끼면서 함께하는 성공 경험을 가지게 한다.
- 함께한 작품이 청각적으로 제공될 때 결과물에 대한 보상과 함께 자신이 표현한 모습이나 상황에 대해서도 정확히 인식하는 데 도움을 준다.

8회기 **나로 말할 것 같으면**

🗀 활동 목표
- 자신에 대한 이해를 높인다.
- 성공 경험을 찾을 수 있다.
- 자신의 긍정적·부정적 측면을 이해하고 현실적인 행동목표를 세울 수 있다.

🗀 준비물 가사판, 플레이어, 필기도구

🗀 활동 내용
1. 간단한 이완 활동을 한다.
2. 마마무의 〈나로 말할 것 같으면〉 노래를 함께 부르도록 한다.
3. 노래 가사의 느낌과 본인의 느낌을 비교하고 한 명씩 이야기하도록 한다.
4. 자신의 특성에 대해 어떤 점이 만족스럽고, 어떤 아쉬움이 있는지 깊게 생각하고 좀 나은 자신을 찾아보게 한다.
5. 스스로의 장점, 예전의 성공 경험, 희망 등을 생각하여 자신만의 가사를 만들어 보게 한다(자신감 있는 여자 → 책임감 있는 ○○).
6. 가사를 바꾼 노래를 구성원의 이름을 넣어 함께 불러 주도록 한다.
7. 활동을 마무리하며 소감을 나눈다.

🗀 응용
- 감상보다는 직접 부르도록 하는 것이 좀 더 적극적인 방법이 될 수 있다.

🗀 음악의 치료적 원리
- 자기표현을 할 수 있는 작곡 경험은 자신의 생각과 느낌을 다른 사람과 소통하도록 해 준다.
- 긍정적인 가사로 이루어진 노래는 동질성의 원리에 의해 삶에 대한 수용적인 태도를 갖게 하고 인간의 행동이나 감정 표현의 변화를 일으킬 수 있다.

꿍따리 샤바라

□ **활동 목표**

- 분노 감정을 표현하고 이해함으로써 공격성을 감소시킨다.
- 충동성을 감소시킨다.
- 자기표현 경험을 제공한다.

□ **준비물** 다양한 악기, Player

□ **활동 내용**

1. 클론 혹은 아이유의 〈꿍따리 샤바라〉 노래를 함께 불러 본다.
2. 노래의 분위기와 가사에 대해 이야기하도록 한다.
3. 가사에 나오는 것처럼 분노와 같은 부정적 감정이 일어날 때가 있었는지, 어떻게 대처했는지에 대해 이야기를 나눈다.
4. 가장 화가 났을 때를 떠올리며 본인이 선택한 악기로 자유롭게 표현한다.
5. 화가 났을 때의 대처 방법에 대한 이야기를 나눈다.
6. 부정적 감정을 적절하게 표현할 수 있는 방법(나-전달법)에 대해 배운다.

□ **응용**

- 노래의 의성어 부분에 즐거움을 표현하는 다른 의성어를 넣어 불러 본다.
- 활동이 잘 이루어질 경우 가사의 일부분을 바꿀 수 있다.

□ **음악의 치료적 원리**

- 악기 연주를 통한 감정 표현은 안전한 환경이다. 긍정적인 감정뿐만 아니라 부정적인 감정도 편안하고 건설적으로 표현할 수 있게끔 돕는다. 악기로 자신의 감정을 표현하고 이를 대화로 이어 가는 과정은 보다 자발적으로 자신의 생각과 느낌을 표현하도록 돕는다.

네 박자 리듬

□ 활동 목표

• 자기통제를 통한 충동성을 감소시킨다.
• 외부 환경에 귀를 기울이고 반응한다.
• 협력 기술을 증진시킨다.

□ 준비물 기타, 패들 드럼, 개더링 드럼

□ 활동 내용

1. 간단한 이완 활동을 한다.
2. 4박 즉흥연주
   – 4박자 안에서 자신만의 리듬을 만들어 보도록 한다.
   – 만들어진 리듬을 다른 구성원들과 함께 공유하고 연주해 본다.
3. 〈다 같이 연주〉
   – 1~4 중 마음속에 좋아하는 숫자를 하나 정하고 리더가 제시하는 박자에 맞
     춰 자신이 선택한 숫자에 악기를 연주한다.
   – 리더의 지시에 따라 빠르게 느리게, 작게 크게 연주해 본다.
   – 치료사의 시범 후 청소년 모두가 지도자의 경험을 할 수 있도록 한다.
4. 활동을 마무리하며 소감을 나눈다.

□ 응용

• 활동이 익숙해지면 좀 더 복잡한 리듬을 만들어 적용해도 좋다.
• 다른 리듬악기를 선택할 수도 있다.

□ 음악의 치료적 원리

• 다루기 쉬운 리듬악기는 청소년 스스로 자신의 리듬을 정하게 하고, 소리의 크
  기를 선택 및 결정하게 한다. 이러한 과정은 자긍심을 높이는 기회를 제공하

며, 만족감과 성취감을 줄 뿐만 아니라 보다 적극적인 감정 표현이 가능하도록 돕는 중재 역할을 감당한다.

- 음악 속에서 제공되는 크기와 템포의 변화에 따라 반응하는 것은 비언어적으로 다른 사람의 의견을 수용하도록 돕는다.
- 잘 짜인 음악 구조는 청소년으로 하여금 주의를 집중하도록 하며, 흥미를 유발하여 적극적으로 활동에 참여하도록 한다. 타인의 의견을 받아들여 자신의 행동으로 악기의 세기를 조절하는 활동은 청소년 자신에 대한 조절감과 만족감을 느끼도록 돕는 역할을 한다.

11회기 일한 나만의 노래

🗍 **활동 목표**
• 자신에 대한 믿음을 키우고, 변화에 대한 결심을 한다.

🗍 **준비물** 필기도구, Player

🗍 **활동 내용**
1. 간단한 이완 활동을 한다.
3. 롤링페이퍼를 작성하기
  - 친구들의 장점을 적은 편지를 완성한다.
  - 편지에 적힌 자신의 장점으로 노래를 만들어 불러 본다(iKON의 〈사랑을 했
    다〉 혹은 빌리지 피플의 〈YMCA〉 멜로디 등을 이용할 수 있다).
3. 활동을 마무리하며 소감 나누기
  - 칭찬을 들었을 때의 기분을 이야기해 본다.
  - 다른 친구들이 바라보는 자신의 모습이 어떠한지 이해한다.

🗍 **응용**
• 각 구성원에게 가장 어울리는 내용을 선정해 주고 이야기를 나눌 수도 있다.

🗍 **음악의 치료적 원리**
• 타인에게 자신의 장점을 듣고, 또 장점을 가사로 하여 노래로 불러 주는 음악
  활동은 서로에게 믿음과 신뢰를 가져와 대인관계의 향상을 돕는다.
• 자신을 수용하게 해 주고, 정서적인 내용을 담은 가사는 감정이입을 가져와 자
  존감을 증진시켜 준다. 음악은 사람의 마음과 몸 그리고 감정에 영향을 주며,
  나아가 인간의 행동이나 감정 표현에 변화를 일으키기 때문이다.
• 장점을 가사로 하여 노래로 불러 주는 음악적 교류(inter-musical)는 곧 동료와
  의 관계로 투영된다.

12회기 나의 성장 이야기

🗀 활동 목표
- 자신과 집단을 정리해 본다.
- 보다 나은 자신의 행동으로 변화시킬 수 있다.

🗀 준비물 규칙판, 토큰판, 기타, 크레파스, 사인펜, 도화지

🗀 활동 내용
1. 음악게임 등 구성원들의 음악 선호도를 고려하여 이완 활동을 한다.
2. 〈나의 마음속에〉 부르기
   - 〈나의 마음속에〉 노래를 익히면서 자신의 마음에 대한 여러 가지 생각을 떠올려 본다.
   - '버리고 싶은 마음'에 대해 각자가 생각해 보고, 자신만의 생각을 담아 노래를 완성해 본다.
   - '가지고 싶은 마음'에 대해 각자가 생각해 보고, 자신만의 생각을 담아 노래를 완성해 본다.
3. 나의 나무 표현하기
   - 도화지를 반으로 나눈다.
   - 자신이 집단에 참가하기 전과 참가한 후의 모습을 나무로 표현해 본다.
   - 친구들에게 어떤 모양의 나무인지 이야기한다.
4. 집단을 마무리하기
   - 그동안의 활동 전체에 대한 소감을 나눈다.
   - 집단 프로그램에서 배운 것을 다시 한번 상기하고, 실생활에 사용할 것을 다짐한다.
   - 추후 모임에 대해 설명하고, 집단을 마무리한다.

🗐 응용

• 제이레빗 〈happy things〉, 추가열 〈행복해요〉 등의 노래 등을 이용하여 활동을 마무리할 수 있다.

🗐 음악의 치료적 원리

• 노래를 통해 자신의 감정을 탐색해 보고, 이를 표현하는 활동은 사고와 표현의 경험을 자극하여 언어로만 지시하는 것보다 확장되고 자유로운 참여를 가능하게 하며, 보다 안전하게 감정을 표현할 수 있도록 돕는다.

• 버리고 싶은 마음과 가지고 싶은 마음을 표현한 노래 가사는 평소 자신에게 문제가 되는 행동과 심리적인 상태를 돌아보게 하고, 자신의 현 상태를 인식하여 변화하고 싶은 마음을 가사에 담아 의지를 표현하는 경험을 유도할 수 있다.

✳ 참고문헌

강금이(2012). 차치료 프로그램이 청소년의 자아존중감과 스트레스에 미치는 영향. 원광대학교 동양학대학원 석사학위논문.

강민경, 이근매, 김진희(2019). 활동중심 집단미술치료가 ADHD성향 아동의 주의집중력 및 자기조절에 미치는 효과. 정서행동장애연구, 35(4), 167–188.

강삼희(2004). 집단 미술활동이 ADHD 아동의 충동성 및 자기통제력에 미치는 효과, 대구대학교 특수교육대학원 석사학위논문.

강은주, 이효신(2002). 미술활동을 통한 ADHD 특성 아동의 문제행동 개선 연구. 특수아동교육 연구, 4(2), 1–16.

강이순, 김명식(2005). 여자 고등학생의 시험불안에 영향을 주는 인지특성에 관한 연구. 청소년상담연구, 13(2), 75–84.

건강보험심사평가원(2018). 진료비 통계지표. 원주: 국민건강보험공단 의료정보관리부.

고명자(2001). REBT 집단상담이 고등학생의 자아존중감, 스트레스대처방식과 생활적응에 미치는 영향. 대구가톨릭대학교 교육대학원 석사학위논문.

고미영(2004). 이야기치료와 이야기의 세계. 서울: 청목출판사.

고지희(2000). 시험불안 감소를 위한 인지–행동적 상담의 활용. 사회과학연구, 9, 77–96.

고진옥(2004). 집단 미술치료 프로그램이 ADHD 특성을 지닌 아동의 문제 행동에 미치는 효과. 인제대학교 교육대학원 석사학위논문.

공계순, 서인해(2009). 지역아동센터에서의 사례관리 실천방안에 관한 연구. 한국가족복지학, 14(4), 155–178.

곽금주(2006). 한국의 왕따 및 학교 폭력: 특징과 한국형 예방프로그램. 한국심리학회 연차 대회 논문집.

교육과학기술부(2011). 초 · 중등학교 독서 활성화 방안. (검색일: 2012. 7. 15.).

교육부 보도자료(2019. 8. 27.). 2019년 1차 학교폭력 실태조사 결과 발표 보도자료.

구자경, 황진숙(2007). 청소년의 가정, 학교 및 대중매체환경과 자아정체성 간의 관계. 상담학연구, 8(4), 1623–1636.

권석만(2008). 긍정심리학: 행복의 과학적 탐구. 서울: 학지사.

권이종(1991). 청소년세계의 이해. 서울: 교보문고.

권혜영, 김춘경(2006). 독서치료가 왕따 당하는 초등학생의 집단따돌림 피해 수준과 자아개념에 미치는 효과. 놀이치료연구, 10(1), 117-136.

김관일(1995). 심리재활과 음악치료. 한국재활심리학회 학술대회 6호, 39-53.

김동연, 이영순, 최은영(2000). 또래협동 미술활동이 주의력 결핍 과잉행동아동 문제 행동과 사회능력에 미치는 효과. 미술치료연구. 7(1), 139-164.

김동연(2000). 미술치료의 이론과 실제. 대구: 동아문화사.

김미라, 이영만(2008). 인지행동적 분노조절 훈련이 아동의 분노조절능력과 교우관계에 미치는 효과. 초등상담연구, 7(2), 101-115.

김미숙, 김주찬(2013). 미술치료가 비행(非行) 청소년의 소년원 수용생활에 미치는 효과. 소년보호연구, 22, 113-141.

김봉환, 강은희, 강혜영, 공윤정, 김영빈, 김희수(2013). 한국상담학회 상담학 총서 6: 진로상담. 서울: 학지사.

김봉환, 정철영, 김병석(2006). 학교진로상담. 서울: 학지사.

김성태(1981). 발달심리학. 서울: 법문사

김성혜, 김춘경(2002). 또래 괴롭힘 당하는 초등학생을 위한 사회적 기술 향상 프로그램의 적용 효과. 초등교육연구, 15(1), 59-86.

김수연, 차유경(2016). 인지치료와 명상을 기반으로 한 분노 조절 융합프로그램의 효과 검증: 청년기를 대상으로, 학습자중심교과교육연구, 16(7), 381-407.

김숙희(2018). 교정시설 수용자의 아동기 외상, 초기부적응도식, 영성 및 정서행동 문제 간 구조분석. 경북대학교 대학원 박사학위논문.

김윤경(2018). 청소년소설 〈내 인생의 스프링 캠프〉의 공간적 서사 구조와 서사적 정체성 형성 과정. 우리말글, 76, 241-273.

김은숙(2004). 점토조형활동이 ADHD 아동의 자리이탈 및 주의산만 행동에 미치는 영향. 우석대학교 교육대학원 석사학위논문.

김은정(2009). 한국 청소년들의 학생으로서의 정체성 수용과정. 한국사회학, 43(2), 85-129.

김이준, 김숙향, 김혜경, 김정희(2014). 청소년 진로역량 워크북. 서울: 정민사.

김재분(2003). 부모의 비합리적 신념과 청소년 자녀의 비합리적 신념간의관계와 또래수용도. 이화여자대학교 교육대학원 석사학위논문.

김정란(2019). 자살생각 관심군 청소년을 위한 미술치료 프로그램의 개발과 효과. 경성대학교 대학원 박사학위논문.

김종운, 강정남(2020). 중학생이 지각한 부모양육태도, 자아탄력성 및 분노조절능력이 공격성에 미치는 영향. 학습자중심교과교육연구, 20(11), 237-256.

김종운, 천성문(2005). 따돌림 예방 집단상담 프로그램이 따돌림 아동의 자아존중감과 자기 주장 및 따돌림 피해에 미치는 효과. 상담학연구, 6(4), 1335-1349.

김지영(2012). 일본의 학교폭력 대처방안: 일본의 학교폭력 현황과 대처 및 예방을 위한 정책. 교육정책네트워크 교육정책포럼, 225, 27-32.

김지향, 안은정, 안향선, 이창숙(2016). 두근두근 꿈과 마주하기. 서울: 미소북스.

김창대, 김형수, 신을진, 이상희, 최한나(2011). 상담 및 심리교육 프로그램개발과 평가. 서울: 학지사.

김춘경, 이수연, 최웅용(2006). 청소년상담. 서울: 학지사

김춘경(2004). 아동상담 이론과 실제. 서울: 학지사.

김춘경, 박지현, 손은희, 송현정, 안은민, 유지영, 이세나, 전은주, 조민규, 한은수(2015). 청소년 집단상담 프로그램. 서울: 학지사.

김춘경, 정여주(2001). 상호작용놀이를 통한 집단상담: 이론과 실제. 서울: 학지사.

김현국(2003). 비합리적 신념이 지연행동에 미치는 영향. 계명대학교 대학원 석사학위논문.

김현희, 서정숙, 김세희, 김재숙, 강은주, 임영심, 박상희, 강미정, 김소연, 정은미, 전방실, 최경(2001). 독서치료. 서울: 학지사.

김형철(2000). 초등학교 아동의 스트레스와 학교생활 적응과의 관계. 전남대학교 교육대학원 석사학위논문.

김혜경(2008). 학교부적응 청소년을 위한 이야기치료 프로그램 개발. 서울여자대학교 대학원 박사학위논문.

김혜경(2010). 학교부적응 청소년을 위한 이야기치료 프로그램 개발. 한국심리학회지: 상담 및 심리치료, 2(2), 329-349.

김혜민, 손정락(2013). 분노 조절 프로그램이 사회복귀시설 거주 정신장애인의 분노, 대인관계기술 및 자아 존중감에 미치는 효과. 스트레스연구, 21(2), 109-119.

김희진(2014). 통합예술치료 프로그램이 학교폭력 피해 청소년의 자아존중감 및 또래관계에 미치는 효과. 문화예술교육연구, 9(6), 133-156.

목경수, 구자경(2013). 고등학생의 부모애착과 진로정체감의 관계에서 자기격려의 매개 효과. 상담학연구, 13(3), 1119-1139.

민수홍(2005). 청소년의 자기통제력이 비행과 범죄에 미치는 영향: 종단적 분석. 제2회 한국청소년패널 학술대회 자료집, 317-339.

민혜숙, 최인화(2019). 학교부적응청소년의 분노조절에 대한 집단상담프로그램 효과. 한국청소년활동연구, 5(3), 89-115.

박아청(2003). 한국형자아정체감검사의 타당화 연구. 교육심리연구, 17(3), 373-392.

박재명(2003). 중학생의 완벽주의와 자기효능감 및 시험불안과의 관계. 경성대학교 교육대학원 석사학위논문.

박종효, 진석언, 최지영, 곽윤정(2012). 우리들의 행복한 교실. 서울: 교육과학기술부.

박지현, 김춘경(2009). 인지행동 집단상담이 여고생의 시험불안 감소에 미치는 효과. 사회과학담론과 정책, 2(2), 335-360.

박태진(2010). 청소년기 자아의 치료와 정체성을 찾는 저널 쓰기 연구: 저널 도구 '대화'쓰기의 사례를 중심으로. 작문연구, 11, 9-44.

박현주, 김봉환(2006). 고등학생의 심리적 독립과 진로결정수준 및 진로준비행동의 관계. 한국심리학회지: 상담 및 심리치료, 18(2), 419-439.

배숙경(2015). ADHD성향 아동의 창의성 증가와 부주의성 및 과잉행동충동성 감소를 위한 인지학 집단 미술치료프로그램 개발 및 효과. 조선대학교 대학원 박사학위논문.

백세영(2020). 임상 현장에서의 문학치료의 의미와 방법 고찰: 후속세대로서의 문학치료 임상경험을 중심으로. 문학치료연구, 57, 83-112.

백승대, 안태준(2015). 대구와 경북 지역 다문화청소년과 일반청소년의 국민정체성 비교 연구, 지역사회연구, 23(3), 27-47.

변학수 외(2006). 문학치료와 현대인의 정신병리: 우울증의 문학치료적 중재. 뷔히너와 현대문학, 26, 257-288.

서덕남, 박성희(2009). 감사프로그램이 아동의 분노조절에 미치는 효과. 초등상담연구, 8(1), 79-94.

서봉연(1997). 자아정체감 형성에 관한 연구. 경북대학교 대학원 박사학위논문.

서수균, 권석만(2005). 비합리적 신념, 자동적 사고 및 분노의 관계. *Korean Journal of Clinical Psychology, 24*(2), 327-339.

서울특별시교육연구원(1991). 학부모를 위한 진로지도 100문 100답. 서울시 교육연구원.

서울특별시교육연구원(2000). 디지털시대의 진로교육. 서울시 교육연구원.

서정훈, 고영란(2011). 집단미술치료가 ADHD 시설아동의 자기통제와 자아존중감에 미치는 영향. 재활심리연구, 18(2), 36-60.

성상희, 홍창희, 김귀애(2014). 자기조절능력 향상 프로그램이 남자 비행청소년의 자기통제력, 충동성 및 공격성에 미치는 효과. 한국심리학회지: 사회 및 성격, 28(2), 157-178.

성윤숙, 구본호, 김현수(2020). 학교폭력 예방 어울림 프로그램의 효과적 적용방안 탐색. 청소년학연구, 27(2), 363-383.

송순만, 백진아(2016). 부모방임이 청소년의 학교생활적응에 미치는 영향: 자아정체성과 삶의 만족도의 매개효과를 중심으로. 디지털융복합연구, 14(10), 327-337.

송태호(2001). 미국교정시설의 수용자 교정교육프로그램에 관한 연구. 교정연구, 13, 31-55.

신은진, 구자경(2010). 학교 부적응 중학생의 자아정체성 향상을 위한 집단독서치료 프로그램 연구. 청소년보호지도연구, 16, 5-30.

신임선, 장윤옥(2012). 커리어포트폴리오형 및 교사주도형 진로탐색 프로그램이 중학생의 진로성숙도와 진로정체감에 미치는 효과. 한국가정과교육학회지, 24(1), 85-104.

안세지, 김세일, 강은주(2012). 중학생 진로집단상담 프로그램의 활동내용 분석. 인문학논총, 29, 345-386.

양명희, 김은진(2007). 청소년의 분노와 자기개념 명확성, 성격 특성과의 관련성 탐구. 한국청소년연구, 18(1), 163-184.

염시창, 박현주(2005). 일반계 여고생의 완벽주의, 학업적 자기효능감 및 시험불안의 관계 모형 검증. 한국심리학회지: 학교, 2(2), 19-35.

염행철, 조성연(2007). 청소년의 스트레스와 생태학적 변인과의 관계. 청소년복지연구, 9(2), 1-21.

오세란(2015). 청소년문학의 정체성을 묻다. 경기: 창비.

오아름(2012). 독서치료가 초등학생의 자아탄력성에 미치는 효과. 대구교육대학교 교육
　　대학원 석사학위논문.

원재순(2018). 청소년 집단상담 프로그램 효과에 대한 메타분석: 국내 프로그램 개발 논
　　문 중심으로. 경북대학교 교육대학원 박사학위논문.

유은호(2017). 성격 강점과 현실치료 기법을 활용한 중학생 진로탐색 프로그램 개발 및
　　효과 검증. 계명대학교 대학원 박사학위논문.

유한익, 김건우(2008). 청소년기 정상발달과 흔한 정신장애. *J. Korean Neuropsychiatr
　　Assoc, 47*(5), 415-429.

윤보나, 유형근, 권순영(2009). 초등학교 고학년을 위한 공감 중심 집단 따돌림 예방 프로
　　그램 개발. 아동교육, 18(4), 171-183.

이경아, 정현희(1999). 스트레스, 자아존중감 및 사회적 지지가 청소년의 학교적응에 미치
　　는 영향. 한국심리학회지: 상담 및 상담치료, 11(2), 213-226.

이경희(2010). 고등학생의 완벽주의, 귀인 성향 및 진로정체감과 시험불안 간의 관계. 경
　　남대학교 교육대학원 석사학위논문.

이미옥(2000). 가족체계 진단 척도로서의 동적가족화(KFD) 타당성 연구. 영남대학교 대
　　학원 박사학위논문.

이미진(2012). 이야기치료를 활용한 문학치료 프로그램이 초등학교 고학년의 학업 스트
　　레스 감소와 자기효능감 향상에 미치는 효과. 경북대학교 대학원 석사학위논문.

이보영(2012). 핀란드 끼바코울루(Kiva Koulu) 프로젝트. 교육정책네트워크 교육정책포럼,
　　225, 25-26.

이순욱(2007). 부부갈등 가정의 아동을 위한 집단상담 프로그램 개발과 효과: 독서치료
　　집단상담 프로그램과 이야기치료 집단상담 프로그램의 비교. 경북대학교 대학원 박
　　사학위논문.

이순화(2010). 아동음악치료의 이론과 실제. 서울: 한진.

이윤주(2004). 초등학생의 자아탄력성과 부모갈등이 학교생활 적응에 미치는 영향: 상급
　　생을 중심으로. 상담학연구, 5(2), 435-449.

이은희, 임은정, 홍경자(2003). 아동의 공격성 감소에 있어서 독서 치료와 분노조절 훈련
　　의 효과 비교. 한국심리학회지: 건강, 8(3), 443-455.

이장호, 김연수(1992). 집단상담의 원리와 실제. 서울: 법문사.

이장호, 김정희(1998). 집단상담의 원리와 실제. 서울: 박영사.

이재숙(2000). 음악치료가 초등학생의 주의 산만의 개선에 미치는 효과. 순천향대학교 산
　　업정보대학원 석사학위논문.

이재창(1997). 중퇴생 예방을 위한 진로상담 강화 방안. 진로교육연구, 7(1), 53-79.

이정기(2003). Centering으로서의 상담: 청소년의 정체성 형성을 위한 한 모델-E. Erikson
　　을 중심으로. 한국기독교상담학회지, 6, 239-271.

이정애, 최웅용(2008). 진로가치 명료화 프로그램이 대학생의 진로정체감, 진로결정수준,

진로결정자기효능감 및 진로성숙에 미치는 영향. 상담학연구, 9(1), 129-148.

이종석, 김은수, 정득(2017). 농촌과 도시 청소년의 자아정체성 영향요인에 대한 비교연구: 학습정응도의 매개효과를 중심으로. 미래청소년학회지, 14(3), 1-25.

이현경(2008). 이야기치료: 이론과 실제. 서울: 양서원.

이현림, 김봉환, 김병숙, 최웅용(2003). 현대진로상담. 서울: 학지사.

이형국, 권오관, 최윤경(2015). 역량기반 진로설계. 서울: 한올.

이형득(1992). 집단상담의 실제. 서울: 중앙적성출판사.

이효철, 홍민하, 오창근, 심세훈, 전연주, 이석범 외(2015). 주의력 결핍과잉행동장애와 스마트폰 중독, 우울, 불안, 자존감에 대한 청소년. 정신의학, 26(3), 159-164.

이희석(2005). 인지행동적 집단 미술치료가 주의력 결핍 과잉행동장애 청소년의 충동성에 미치는 효과. 대구대학교 재활과학대학원 석사학위논문.

임경희(2014). 교사를 위한 생활지도와 학교상담. 서울: 아카데미프레스.

임하연. (2015). 주의력 결핍 과잉행동 장애 초등학생을 대상으로 집단미술치료를 수행한 미술치료사의 체험연구. 서울여자대학교 대학원 박사학위논문.

장선철(2015). 진로상담의 이해. 서울: 태영출판사.

장정은(2017). 분석심리학과 문학치료: 상담적 개입의 치료 효과에 대한 논의를 중심으로. 문학치료연구, 45, 9-34.

전도근(2011). 진로직업교육. 서울: 학지사.

전주연, 송병국(2014). 청소년이 지각한 긍정심리자본이 진로장벽과 진로준비행동에 미치는 영향. 청소년학연구, 21(3), 171-200.

정경심(2012). 스트레스 관리 프로그램이 고등학생의 스트레스, 스트레스 대처행동, 자아존 중감에 미치는 효과. 전남대학교 교육대학원 석사학위논문.

전연진, 권경인, 김종범(2010). 청소년 집단상담. 서울: 한국청소년상담원.

정옥분(2006). 발달심리학: 전생애 인간발달. 서울: 학지사.

정옥분, 정순화, 김경은, 박연정(2008). 국내 집단따돌림 관련연구의 경향 분석. 인간발달연구, 15(1), 115-137.

정은해, 김춘경(2003). 아동의 수줍음 감소를 위한 독서치료 프로그램의 효과. 초등교육연구, 16(1), 317-340.

정종진(2012). 학교폭력상담 5: 이론과 실제 편. 서울: 학지사.

정철영, 정진철, 이종범, 정동열, 임효신, 이서정, 임정훈(2015). 우리나라 진로교육 현황 및 발전 방향 연구. 진로교육연구, 28(3), 155-171.

정현주(2011). 인간행동과 음악. 서울: 학지사

정현주(2015). 음악치료의 이해와 적용(2판). 서울: 이화여자대학교출판부

조민자, 유진이(2006). 가족화와 청소년의 정체성 연구. 청소년시설환경, 4(2), 45-55.

조선화, 최명선, 박희현(2007). 청소년 연구자를 위한 심리발달척도. 경기: 교문사.

조아미(2012). 다문화가정 청소년의 정체성 혼란과 대응방안. 청소년 행동연구, 17, 1-13.

조영미(2003). 청소년의 완벽주의성향 및 자기효능감이 시험불안에 미치는 영향. 이화여

자대학교 대학원 석사학위논문.

조윤영, 최봉도(2019). 부모의 방임 및 학대가 청소년의 자아정체감에 미치는 영향: 종교 활동의 조절효과. 종교연구, 79(1), 133-160.

진로직업컨설팅연구소(2019). 진로와 직업. 서울: 정민사.

채인선(2018). 나는 나의 주인. 서울: 토토북.

채혜정(2004). 학령기 아동의 분노 경험 및 특성에 관한 연구. 아동과 권리, 8, 671-703.

천성문, 설창덕, 배정우(2004). 우리나라 집단상담의 현황과 과제. 학생상담연구, 5, 61-74.

천성문, 함경애, 박명숙, 김미옥(2017). 집단상담의 이론과 실제. 서울: 학지사.

청소년상담원(1999). 청소년의 우울. 서울: 한국청소년상담원.

청소년폭력예방재단(2013). 2012년 전국 학교폭력 실태조사 결과 발표 보도자료.

최미환(2006). 음악치료 기법과 모델. 서울: 학지사.

최병철, 문지영, 문서란, 양은아, 여정윤, 김성애(2015). 음악치료학(3판). 서울: 학지사.

최슬기, 이은아김(2017). 여고생의 완벽주의가 시험불안에 미치는 영향에서 마음챙김의 조절효과. 한국심리학회지: 학교, 14(2). 129-147.

최원혜, 문은식(2004). 고등학생의 완벽주의 성향에 따른 시험불안의 차이. 교육심리학회지, 18(1), 23-35.

최은영(2009). 집단미술치료가 해외거주 청소년의 자아존중감과 우울 및 분노에 미치는 효과. 서울여자대학교 특수치료전문대학원 석사학위논문.

최인희(2005). 청소년의 자기애 성향과 시험불안과의 관계. 서울여자대학교 대학원 석사학위논문.

최현옥(2011). 만다라 집단 미술치료 프로그램이 여고생의 스트레스와 자아존중감에 미치는 영향. 대구가톨릭대학교 사회복지대학원 석사학위논문.

통계청(2018). 청소년건강행태조사. 세종: 보건복지부.

통계청(2019a). 2019년 사망원인 통계결과. 대전

통계청(2019b). 청소년 통계집.

하정희(2006). 비합리적 사고와 완벽주의의 기능. 한양대학교 대학원 박사학위논문.

한국미술치료학회(2000). 미술치료의 이론과 실제. 대구: 동아문화사.

한국청소년상담원(1999). 청소년의 우울. 한국상담문제연구보고서, 1-149.

한은수(2012). 초등학생 또래 괴롭힘 예방을 위한 관련 변인들 간의 관계 구조분석과 독서 치료 프로그램 효과. 경북대학교 대학원 박사학위논문.

한은수, 김춘경(2013). 초등학생 또래 괴롭힘과 관련 변인들 간의 구조관계 분석: 자아탄력성의 매개효과. 상담학 연구, 14(6), 3307-3322.

형남출(2017). 청소년을 위한 학교기반 진로가치명료화 집단상담 프로그램 개발. 계명대학교 교육대학원 박사학위논문.

홍성열(2000). 범죄심리학, 서울: 학지사.

홍종관(2003). 초등학교 상담의 진단과 발전 과제, 한국 학교상담의 현재와 미래. 한국학교 상담학회 2003년 학술대회 및 워크숍 자료집.

홍후조, 민부자, 이병호, 조호제, 박하식, 하화주(2012). 일반고등학교 진로집중과정 편성·운영 매뉴얼 개발 연구. 서울: 교육과학기술부.

황매향, 김연진, 이승구, 전방연(2011). 진로탐색과 생애설계(2판). 서울: 학지사.

Achenbach, T. M. (1991). *Manual for the youth self-report and 1991 profile. Burlington: Department of Psychiatry.* University of Vermont.

Aigen, K. (2014). Music-centered dimensions of Nordoff-Robbins music therapy. *Music Therapy Perspectives, 32*(1), 18-29.

Aldridge, D., & Aldridge, G. (2008). *Melody in music therapy: A therapeutic narrative analysis.* Jessica Kingsley Publishers.

American Psychiatric Association. (2013). *Diagnostic and statistical manual of mental disorders*(DSM-5®). Washington DC: American Psychiatric Pub.

American School Counselor Association. (2005). T*he ASCA national model: A framework for school counseling programs*(2nd ed.). Alexandria, VA: Author.

Amundson, J. K. (2001). Why narrative therapy need not fear science and 'other' thing. *Journal of Family Therapy, 23*, 175-188.

Andersen, H. C. (2006). *The Complete Hans Christian Andersen Fairy Tales.* 윤후남 역(2016). 어른을 위한 동화: 안데르센 동화전집. 경기: 현대지성.

Anderson, K. P., LaPorte, D. J., Brandt, H., & Crawford, S. (1997). Sexual abuse and bulimia: Response to inpatient treatment and preliminary outcome. *Journal of Psychiatric Research, 31*(6), 621-633.

Angold, A., & Costello, E. J. (1993). Depressive Comorbidity in children and adolescemts: Empirical, theoretical, and methological issues. *American Journal of Psychiaty, 150,* 1779-1791.

Antons, K.(1973). *Praxis der Gruppendynamik.* Göttingen.

Aspinwall, L. G., & Staudinger, U. M. (2003). *A psychology of human strengths: Fundamental questions and future directions for a positive psychology.* Washington, DC: American Psychological Association.

Bandura, A. (1977). *Social learning theory.* Englewood Cliffs, NJ: Prentice-Hall.

Bandura, A., Caprara, G. V., Barbaranelli, C., Pastorelli, C., & Regalia, C. (2001). Sociocognitive self-regulatory mechanisms governing transgressive behavior. *Journal of Personality and Social Psychology, 80*(1), 125-135.

Barklery R. A. (1991). Diagnosis and assessment of attention deficit hyper activity disorder. *Comprehensive Mental Healty Care, 1*(1), 27-43.

Barnett, M. A. (2008). Economic disadvantage in complex family systems: Expansion of family stress models. *Clinical Child and Family Psychology Review, 11*(3), 145-161.

Baron, R. A., & Byrne, D. E. (1984). *Social psychology: Understanding human interaction*. Boston : Allyn & Bacon.

Biswas Diener, R., & Dean, B. (2007). *Positive Psychology Coaching: putting the science of happiness to work for your clients*. 서희연 역(2009). 긍정심리학 코칭. 서울: 아시아코치센터.

Borton, T. u.a.(1976). *Emotionales und soziales Lernen in der Schule*. München.

Boxill, E. H., & Chase, K. M. (2007). *Music therapy for developmental disabilities*. NY: Pro Education.

Brimhall, A. S., Gardner, B. C., & Henline, B. H. (2003). Enhancing narrative couple therapy process with an enactment scaffolding. *Contemporary Family Therapy, 25*(4), 391-414.

Broeck, A., Ruysseveldt, J., Smulders, P., & Witte, H. (2011). Does an intrinsic work value orientation strengthen the impact of job resources? A perspective from the Job Demands-Resources model. *European journal of and Organizational psychology, 20*(5), 581-609.

Bruscia, K. E. (1998). *The dynamics of music psychotherapy*. Gilsum, NH: Barcelona Publishers.

Buchinger, K. u.a.(1975). *Gruppe und Bildung*. Berlin.

Buitron, V., Hill, R. M., Pettit, J. W., Green, K. L., Hatkevich, C., & Sharp, C. (2016). Interpersonal stress and suicidal ideation in adolescence: An indirect association through perceived burdensomeness toward others. *Journal of Affective Disorders, 190*, 143-149.

Burger, K., & Samuel, R. (2017). The role of perceived stress and self-efficacy in young people's life satisfaction: A longitudinal study. *Journal of youth and adolescence, 46*(1), 78-90.

Buss, A. H., & Durkee, A. (1957). An inventiry forassesing different kinds of hostility. *Journal of Consulting Psychology, 21,* 343-349.

Buss, A. H. (1961). *The psychology of aggression*. Wiley.

Carr, A. (1998). Michael White Narrative Therapy. *Contemporary Family Therapy, 20*(4), 485-503.

Carrell, R. W. (2005). Cell toxicity and conformational disease. *Trends in Cell Biology, 15*(11), 574-580.

Carrell. S. (2000). *Group ezercises for adolescents: A manual for therapits* (2nd ed.). Thousand Oaks, CA: Sage.

Carrier, I. (2009). *La petite casserole d'Anatole*. 권지현 역(2014), 아나톨의 작은 냄비. 서울: 씨드북.

Chance, P. (2013). *Learning and behavior* (7th ed.). 김문수 외 공역(2015). 학습과 행

동. 서울: 센게이지러닝코리아.

Cohen, P., & Cohen, J. (1996). Life values and adolescents mental health Mahwah, NJ: Lawrence Erlbaum Associates.

Cohn, R. C. (1975). *Von der Psychoanalyse zur Themenzentrierten Interaktion.* Stuttgart.

Corey, G. (1995). *The theory and practice of group counseling.* 조현춘 외 공역(2000). 집단심리상담의 이론과 실제. 서울: 시그마프레스

Corey, G., & Corey, M. S. (1992). *Groups: Process and practice* (5th ed.). Pacific Grove, CAL Brooks/Cloe.

Cripe, F. (1986). Rock Music as therapy for children with attention deficit disoder. *Journal of Music Therapy,* 819-822.

Crites, J. O. (1981). *Careeer counseling: Models, methods and materials.* mcgraw-Hill.

Crowe, B. J., & Rio, R. (2004). Implications of technology in music therapy practice and research for music therapy education: A review of literature. *Journal of music therapy, 41*(4), 282-320.

David, J. K., Linda, L. L., & Kiane, S. (1990). Inpatient social cognitive skill training groups with conduct disordered and attention deficit disordered children. *Journal of the Child Psychology Psychiatry, 31*(5), 737-748.

Davis, W. B., Gfeller, K., & Thaut, M. (1999). Music therapy and elderly populations. In W. B. Davis, K. E, Gfeller, & M. H. Thaut (Eds.), *An introduction to music therapy: Theory and practice,* 118-147.

Doll, E. J., & Doll, C. A. (1997). *Bibliotherapy with young people: Librarians and mental health professionals working togethe*r. Englewood, CO: Libraries Unlimited.

Donnon, T. (2010). Understanding how resiliency development influences adolescent bullying and victimization. *Canadian Journal of School Psychology, 25*(1), 101-113.

Douglas, V. I. (1983). Attentional and cognitive problems. In Rutter (Ed.), *Developmental Neuropsychiatry*(pp. 280-292). New York: Guilford.

Dulcan, M. K. (1986). Comprehensive treatment of children and adolescents with attention deficit disorder: The state of the art. *Clinical Psychology Review, 6*(6), 539-569.

Dupaul, G., & Stoner, G. (2014). *ADHD in the Schools Third Edition Assessment and Intervention Strategies.* New York: The Guilford Press.

Elliott, S. N., & Gresham, F. M. (1993). Social skills interventions for children. *Behavior Modification, 17*(3), 287-313.

Ellis, A. (1962). *Humanistic Psychotherapy: The Rational-Emotive Approach*. New york: Crown Publishers and Mcgraw-Hill Paperbacks.

Ellis, A., & Knaus, W. J. (1986). *Overcoming procrastination*. New York: Lyle Stuart.

Enright, R. D., & Fitzgibbons, R. P. (2000). *Helping clients forgive: An empirical guide for resolving anger and restoring hope*. American Psychological Association.

Erikson, E. H. (1968). *Identity: Youth and Crisis*. New York: W. W. Norton & co.

Finkelstein, D. M., Kubzansky, L. D., Capitman, J., & Goodman, E. (2007). Socioeconomic differences in adolescent stress: The role of psychological resources. *Journal of Adolescent Health, 40*(2), 127-134.

Ford, J. D., Fisher, P., & Larson, L. (1997). Object relations as a predictor of treatment outcome with chronic posttraumatic stress disorder. *Journal of Consulting and Clinical Psychology, 65*(4), 547-559.

Frederic, S., & Lowenstein, G. (1999). *Hedonic psychology: Scientific Approaches to Enjoyment, Suffering and Well-Being*. New York: Russell Sage Foundation.

Fremouw, W. J., De Perczel, M., & Ellis, T. E. (1990). *Suicide risk: Assessment and response guidelines*. New York: Pergaman Press.

Fuchs, C. E., Sinnema, G., van Geelen, S. M., Hermans, H. J. M., & Kuis, W. (2008). Self-Investigation to explore the impact of juvenile arthritis on adolescent life a case study. *Patient Education and Counseling, 72*(1), 163-167.

Galassi, J. P., & Akos, P. (2007). *Strengths-based school counseling: promoting student development and achievement*. Mahwah, NJ: Lawrence Erlbaum.

Gazda, G. M. (1989). *Group Counseling: A developmental approach*. Boston: Allyn & Bacon.

Gazda, G. M., Ducan, J. A., & Meadows, M. E. (1969). *Theories and Methods of Group Counseling in School*. Illionis: Chalsc- Thomas-Publisher.

Ginott, H. G. (1985). *Group psychotherapy with children*. New York: Merrill.

Gladding, S. T. (1996). *Group Work: A counseling specialty*. New York: Harper & Rowe.

Gordon, M. (2005). *Roots of empathy: Changing the world child by child*. Toronto: Thomas Allen Publishers.

Graham, S., Hudley, C., & Williams, E. (1992). Attributional and emotional determinants of aggression among African-American and Latino young adolescents. *Developmental Psychology, 28*(4), 731.

Gregory, K. E., & Vessey, J. A. (2004). Bibliotherapy: A Strategy to help students with bullying. *The Journal of School Nursing, 20*(3), 127-133.

Grossman, D. C., Neckerman, H. J., Koepsell, T. D., Liu, P., Asher, K. N., Beland, K., Frey, K., & Rivara, F. P. (1997). Effectiveness of a violence prevention curriculum among children in elementary school: A randomized controlled trial. *Journal of the American Medical Association, 27*, 1605-1611.

Hansen, I., Warner, R., & Smith, F. J. (1980). *Group counseling: Theory and practice.* Chicago: Rand McNally.

Henker, B. & Whalen, C. K. (1989). Hyperactivity and attention deficits. *American Psychologist, 44*, 216-223.

Hermans, H. J. M., & Hermans-Jansen, E. (1995). *Self-Narratives: The construction of meaning in psychotherapy.* New York: The Guilford Press.

Hesser, B. (2001). The Transformative Power of Music In Our Lives: A Personal Perspective. *Music Therapy Perspective, 19*, 53-58.

Horn, W. F., Chatoor, I. & Conner, C. K. (1983). Additive Effects of Dexedrine and self-control training: A multiple assessment. *Behavior Modification, 7*, 383-402.

Hulse-Killacky, D., Schumacher, B., & Kraus, K. (1996). *Meetings: A group work design.* Prepublication draft.

Jacobs, Ed. E., Masson, R. L., & Harvill, R. L. (2002). *Group Counseling: Strategies and Skills* (4th ed.). Belmont, CA: Thomson Brooks/Cole.

Jacobs, Ed. E., Schimmel, C. J., Masson, R. L., & Harvill, R. L. (2016). *Group Counseling: Strategies and Skills. 8th.* 김춘경 역(2016). 집단상담: 기술과 전략. 서울: 시그마프레스.

Jacobs, S., Dendoncker, N., Martín-López, B., Barton, D. N., Gomez-Baggethun, E., Boeraeve, F., ⋯ & Washbourne, C. L. (2016). A new valuation school: Integrating diverse values of nature in resource and land use decisions. *Ecosystem Services, 22*, 213-220.

Jeong, M. J., Jeong, H. J., Lee, S. H., & Jeon, Y. J. (2007). *Foundations of Family Therapy.* Seoul: Hakjisa.

Johnson, D. W., & Johnson, F. P. (1987). *Joining together: Group theory and group skills.* Boston: Allyn & Bacon.

Kasayaka, R. (1991). To meet and match the moment of hope: Transpersonal elements of the Guided Imagery and Music Experience (Doctoral dissertation, New York University, 1991). *Dissertation Abstracts International, 52*(6), 2062

Kastner, J. W. (1998). Clinical change in adolescent aggressive behavior: *A group therapy approach. Journal of Child and Adolescent Group Therapy, 8*(1), 23-33.

Kendall, P. C. (2000). *Child and adolescent therapy: Cognitive, Behavioral procedures.* New York: The Givilforl Press.

Kottler, J. A. (1994). *Advanced group leadership.* Pacific Grove, CA: Brooks/Cloe.

Kirschenbaum, H. (2013). *Values clarification in counseling and psychotherapy: Practical strategies for individual and group settings.* New York: Oxford University Press.

Kramer, E., & Ulman, E. (1982). Art Therapy. In C. R. Reynolds & T. B. Gutkin (Eds.). *The handbook of school psychology* (pp. 656-666). New York: Jhon Wiley & Son.

La Greca, A. M., & Harrison, H. M. (2005). Adolescent peer relations, friendships, and romantic relationships: Do they predict social anxiety and depression? *Journal of Clinical Child and Adolescent Psychology, 34*(1), 49-61.

Lekes, N., Gingras, I., Philippe, F. L., Koestner, R., & Fang, J. (2010). Parental autonomy-support, intrinsic life goals and well-being among adolescents in China and North America. *Journal of Youth and Adolescents, 39*(8), 858-869.

McFerran, K. (2009). Quenching a desire for power: The role of music therapy for adolescents with ADHD. *Australasian Journal of Special Education, 33*(1), 72-83.

McKay, M., Rogers, P. D., & McKay, J. (2003). *When anger hurts: Quieting the storm within*. New Harbinger Publications.

Milich, R., Loney, J., & Landau, S. (1982). The independent dimension of hyperactiviy and aggression: A validation with playroom observation data. *Journal of Abnormal Psychology, 91*, 183-198.

Moka(1995). *Ma Vengeance sera terrible.* 최윤정 역(1999). 어디, 뚱보 맛 좀 볼래?. 서울: 비룡소.

Morgan, A. (2000). *What is narrative therapy? An easy-to-read introduction of preferred realities*. New York: WWNorton.

Morganett, R. S. (1990). *Skills for living: Group counseling activities for young adolescents.* 김춘경 역(2002). 삶의 기술: 중고등학교 학생들을 위한 집단상담. 서울: 학지사.

Nambrug, M. (1966). *Dynamically oriented art therapy: Its principles and practices.* New York: Grune & Statton.

Newlon, B. J., & Arciniego, M. (1992). Group counseling: Cross-cultural considerations. In D. Capuzzi & D. R, Gross (Eds.), *Introduction to group counseling* (pp. 285-307). Denver, CO: Love.

O'Connor, T. J., Davis, A., Meakes, E., Pickering, R., & Schuman, M. (2004). Narrative Therapy using a Reflecting Team: An Ethnographic Study of Therapists' Experiences. *Contemporary Family Therapy, 26*(1), 23-39.

O'Connor, T. J., Meakes, E., Pickering, R., & Schuman, M. (1997). On the Right Track: Client Experience of Narrative Therapy. *Contemporary Family Therapy, 19*(4), 479-495.

Ohlsen, M. M., Home, A. M., & Lawe, C. F. (1988). *Group counseling* (3rd ed.). New York: Holt, Rinehart & Winston.

Olweus, D. (1993). *Bullying at school: What we know and what we can do*. Oxford:

Blackwell.

Pandian, M. D. (2019). Sleep Pattern Analysis and Improvement Using Artificial Intelligence and Music Therapy. *Journal of Artificial Intelligence, 1*(2), 54-62.

Pardeck, J. T. (1990). Using bibliotherapy in clinical practice with children. *Psychological Reports, 67*, 1043-1049.

Peterson, C., & Seligman, M. (2004). *Character strengths and virtues: A handbook and classification*. New York: Oxford University Press.

Polanczyk, G. V., Willcutt, E. G., Salum, G. A., Kieling, C., & Rohde, L.A. (2014). ADHD prevalence estimates across three decades: an updated systematic review and meta-regression analysis. *International journal of epidemiology, 43*(2), 434-442.

Posthuma, B. W. (1996). *Small groups in therapy settings: Process and leadership*. Boston: Allyn & Bacon.

Raths, L. E., Harmin, M., & Simon, S. B. (1978). *Values and teaching: Working with values in the classroom* (2nd ed.). Columbus, OH: Charles E. Merrill.

Robb, S. L. (2000). The effect of therapeutic music interventions on the behavior of hospitalized children in isolation: developing a contextual support model of music therapy. *Journal of Music Therapy, 37*(2), 118-146.

Saleebey, D. (1997). *The strengths perspective in social work practice* (2nd ed.). New York: Longman.

Schlichter, C. L., & Burke, M. (1994). Using books to nurture the social and emotional development of gifted students. *Rooper Review, 16*, 280-283.

Seligman, M. E. P. (2002). *Authentic happiness: using the new positive psychology to realize your potential for lasting fulfillment*. New York: Free Press.

Seligman, M. E. P. (2009). Positive education: positive psychology and classroom interventions. *Oxford Review of Education, 35*(3), 293-311.

Sharma, M., & Jagdev, T. (2012). Use of music therapy for enhancing self-esteem among academically stressed adolescents. *Pakistan Journal of Psychological Research*, 53-64.

Shashi, K. B., & Subhash, C. B. (2007). Childhood and adolescent depression. *Am Fam Physician, 75*(1), 73-80.

Shechtman, Z. (1999). Bibliotherapy: An Indirect Approach to Treatment of Childhood Aggression. *Child Psychiatry and Human Development, 30*(1), 39-53.

Shulman, I. (1984). *The skills of helping: Individuals and groups* (2nd ed.). Itasca, IL: F. E. Peacock.

Siepker, B., & kandaras, C. (Eds.) (1985). *Group therapy with Children and adolescents*. New York: Human Sciences Press.

Sink, C. A. (2005). *Contemporary school counseling: theory, research and practice*. New York: Houghton Mifflin Company.

Smith, E. J. (2006). The strenghth-Based Counseling Model. *The Counseling psychologist, 34*(1), 13-79.

Smith, P. K. (1999). England and Wales. In P. K. Smith, Y. Morita, J. Junger-Tas, D. Olweus, R. F. Catalano, & P. Slee (Eds.), *The nature of school bullying: A cross-national perspective*. London: Routlege.

Sullivan, M. J., Jones, L., & Mathiesen, S. (2010). School change, academic progress, and behavior problems in a sample of foster youth. *Children and Youth Services Review, 32*(2), 164-170.

Swanson, J. L., & Woitke, M. B. (1997). Theory into practice in career assessment for women: Assessment and interventions regarding perceived career barriers. *Journal of Career assessment, 5,* 443-462.

Swearer, S. M., Espelage, D. L., & Napolitano, S. A. (2009). *Bullying prevention and intervention: Realistic Strategies for schools*. New York: Guilford Press.

Taub, J., & Pearrow, M. (2006). Resilience through violence prevention in schools. In S. Goldstein & R. B. Brooks (Eds.), *Handbook of resilience in children* (pp. 357-371). New York: Springer.

Thapar, A., Collishaw, S., Pine, D. S., & Thapar, A. K. (2012). Depression in adolescence. *Lancet, 379*(9820), 1056-1067

Thoits, P. A. (2010). Stress and health major findings and policy implications. *Journal of Health and Social Behavior, 51*(1), 41-53.

Thomas, R., Sanders, S., Doust, J., Beller, E., & Glasziou, P. (2015). Prevalence of attention-deficit/hyperactivity disorder: a systematic review and meta-analysis. *Pediatrics, 135*(4), 994-1001.

Tomm, K. (1989). Externalizing the problem and internalizing personal agency. *Journal of Marital and Family Therapy, 8,* 54-59.

Trotzer, J. (1989). *The Counselor and the group* (2nd ed.). Muncie, IN: Accelerated Debelopment.

Uhlig, S., Jansen, E., & Scherder, E. (2018). "Being a bully isn't very cool…": Rap & Sing Music Therapy for enhanced emotional self-regulation in an adolescent school setting-a randomized controlled trial. *Psychology of music, 46*(4), 568-587.

Van Coillie, H., Van Mechelen, I., & Ceulemans, E. (2006). Multidimensional individual differences in anger-related behaviors. *Personality and individual differences, 41*(1), 27-38.

Vopel, K. W. (1994a). *Handbuch für Gruppeu Leiter/Inneu. 7 Auflage*. München.

Vopel, K. W. (1994b). *Interaktionsspiele für Kinder, Teil 1 bis 4, 6. Auflage.*

Salzhausen 1.

Vopel, K. W. (1994c). *Interaktionsspiele für Jugendliche, Teil 1 bis 4, 5. Auflage*. Salzhausen.

Vopel, K. W. (1994d). *Interaktionsspiele, Teil 1 bis 6, 7. Auflage*. Hamburg.

Vygotsky, L. S. (1978). *Mind in society: The development of higher psychological processes*. Cambridge, MA: Harvard University Press.

Weiner, B. (1991). Metaphors in motivation and attribution. *American Psychologist*, *46*(9), 921.

White, M. (2010). *Maps of Narrative Practice*. 이선혜 외 공역. 이야기치료의 지도. 서울: 학지사.

WHO. (2010). *Mental Health; depression*. Geneva.

WHO. (2018). *Adolescents: health risks and solutions*. Geneva.

Wine, J. D.(1980). Test anxiety and direction of attention. *Psychological Bulletin, 76*, 92–104.

Yalom, I. D. (1985). *Theory and practice of group psychotherapy* (3rd ed.). 최혜림 외 공역(1996). 집단정신치료의 이론과 실제. 서울: 하나의학사.

Yinger, O. S., & Gooding, L. (2014). Music therapy and music medicine for children and adolescents. *Child and Adolescent Psychiatric Clinics, 23*(3), 535–553.

Zunker, V. G. (2002). *Career Counseling: applied concept of life planning* (6th ed.). 김완석 외 공역(2004). 커리어상담. 서울: 시그마프레스.

이상미(2020. 9. 4.). 한국 아동, 청소년 정신건강 세계 하위권 수준. (2020. 11. 20. 인출). http://news.ebs.co.kr/ebsnews/menu1/newsAllView/20356335/H?eduNewsYn=N&newsFldDetlCd=

커리어넷(2015). 진로교육자료 커리어패스 사례집.

통계청(2015). 진로교육 현황 조사. (2016. 5. 30. 인출). http://kostat.go.kr/wnsearch/search.jsp.

통계청(2016). 진로교육 현황 조사. (2016. 6. 2. 인출). http://kostat.go.kr/wnsearch/search.jsp.

✳ 찾아보기

인명

ㄱ
김정희 16

ㅇ
이장호 16
이형득 16

ㅊ
천성문 86

A
Adler, A. W. 88

B
Beck, A. T. 89
Bruscia, K. E. 369

C
Carrell, S. 86
Carrier, I. 54
Cooley, C. H. 50
Corey, G. 17, 23
Crites, J. O. 199

E
Ellis, A. 87
Erikson, E. H. 56

F
Foucault, M. 251

G
Gazda, G. M. 16, 20, 40
Gladding, S. T. 19
Gogh, V. W. 69

H
Hermans, H. J. M. 131

J
Jacobs, Ed. E. 43
Jacobson, E. 87

K
Kanfer, F. 89
Kramer, E. 322

L
Lacan, J. 51

내용

저자 소개

김춘경(Kim, Choon-Kyung)
독일 Aachen 대학교 교육학과 철학박사
현) 경북대학교 아동학부 교수

김숙희(Kim, Sook-Hee)
경북대학교 아동가족학과 이학박사
현) 경북대학교 아동학부 외래교수
　　중독상담 전문가

박지현(Park, Ji-Hyun)
경북대학교 아동가족학과 박사수료
현) 선재아동가족상담연구소 전문연구원

배선윤(Bae, Seon-Yun)
경북대학교 문학치료학과 문학치료학박사
현) 경북대학교 교육개발본부 교양교육센터
　　외래교수
　　도담문학치료연구소 소장

손은희(Sohn, Eun-Hee)
경북대학교 아동가족학과 박사수료
현) 경북대학교 평생교육원 외래교수

유지영(You, Jee-Young)
경북대학교 아동가족학과 이학박사
현) 선재아동가족상담연구소 부소장

전은주(Jeon, Eun-Ju)
경북대학교 아동가족학과 이학박사
현) 계명문화대학교 사회복지상담과 교수

조민규(Cho, Min-Kyu)
경북대학교 아동가족학과 이학박사
현) 경북대학교 아동학부 외래교수
　　경대아동가족상담연구소 소장

진이주(Jin, I-Ju)
경북대학교 아동가족학과 박사수료
현) 해윤아동가족심리상담연구소 소장

한은수(Han, Eun-Su)
경북대학교 아동가족학과 이학박사
현) 경산교육지원청 장학사

청소년 집단상담 프로그램(2판)
Group Counseling Program for Adolescents(2nd ed.)

2015년 5월 20일 1판 1쇄 발행
2020년 4월 10일 1판 4쇄 발행
2021년 5월 10일 2판 1쇄 발행

지은이 • 김춘경 · 김숙희 · 박지현 · 배선윤 · 손은희
　　　　유지영 · 전은주 · 조민규 · 진이주 · 한은수
펴낸이 • 김진환
펴낸곳 • (주) **학지사**
　　　　04031 서울특별시 마포구 양화로 15길 20 마인드월드빌딩
대표전화 • 02)330-5114　　　팩스 • 02)324-2345
등록번호 • 제313-2006-000265호

홈페이지 • http://www.hakjisa.co.kr
페이스북 • https://www.facebook.com/hakjisa

ISBN 978-89-997-2412-1　93180

정가 22,000원

교육문화출판미디어그룹 학지사

심리검사연구소 **인싸이트** www.inpsyt.co.kr
원격교육연수원 **카운피아** www.counpia.com
학술논문서비스 **뉴논문** www.newnonmun.com
간호보건의학출판 **학지사메디컬** www.hakjisamd.co.kr